處世莫作臨風草
愛主須同向日葵
王明道
1984.3.27

處世莫作臨風草，愛主須同向日葵

我一生之久從來未曾加入過任何政黨，但我不反對任何政黨，任何政權……

——王明道

……我只反對一切的罪惡，就如說謊、欺騙、造謠、誣陷、貪污、盜竊、舞弊、營私、行賄受賄、走私漏稅、損人利己、欺詐勒索、假公濟私、姦淫邪蕩、傾軋排擠、鬥角勾心、仇恨嫉妒。

——王明道

王明道的最後自白

王明道 遺稿 / 邢福增 編著

基道出版社

▼

王明道的最後自白

作者
王明道、邢福增

責任編輯
梁冠霆

裝幀設計
奇文雲海・設計顧問

■

出版 / 發行
基道出版社
香港沙田火炭坳背灣街 26 號富騰工業中心 10 樓 1011 室
LOGOS PUBLISHERS
Unit 1011, 10/F, Fo Tan Ind. Centre, 26 Au Pui Wan St., Shatin, Hong Kong
電話：(852) 2687-0331　傳真：(852) 2687-0281
網址：https://www.logos.com.hk

承印
New Artway

●

1/2013 初版　1/2020 初版 POD 版
Cat. No. LP414A
ISBN: 978-962-457-452-4

Printed in Hong Kong

本書圖片由王天鐸、張桂炎及邢福增提供，承蒙允許使用，特此鳴謝。

刷次	10	9	8	7	6	5	4	3	2	
年份	2034	2033	2032	2031	2030	2029	2028	2027	2026	2025

邢序

大約是1991年的8月，獲悉王明道在上海病逝的消息，當時心底不禁一沉，腦海裏想起他的面容，「中國教會最後一位時代巨人離開歷史舞台了！」——當年泛起的意念，在二十一年後的今天，仍然印象深刻。

1984年，讀大學本科二年級時，立志從事中國基督教史研究，好些著名的中國教會人物成為我關注的對象。仍記得當時讀了吳利明的《基督教與中國社會變遷》一書，通過趙紫宸、徐寶謙、吳雷川、吳耀宗及王明道五人不同的思想及實踐，開拓了我對信仰與社會關係的反省。後來，在崇基圖書館將這些基督教人物的著作悉數複印，並立志要更全面地評檢他們在中國基督教史的角色。

現在回想，王明道給我的印象，是頗為複雜的。一方面，大學決志信主後，便有人向我推介王明道的著作，特別是《重生真義》，仍清楚記得這是我購買的第一本王氏著作。書內闡述的「重生」教導，對初信主的我，產生了不少影響，也奠下信仰根基。後來再讀其自傳《五十年來》，更為他那種不畏強權、堅守真理的立場所感動。「王明道」三字於我，就是一位為主擺上生命的「殉道者」。

但另方面，置身於八十年代的香港社會及大學校園，無可避免地又要面對「關社」的訴求與挑戰。當帶著這問題進入王明道的思想世界時，又深深感受到那種偏向「個人」，否定「社會」的「屬靈」教導的不足與貧乏。相對而言，那時我更喜愛讀趙紫宸、吳耀宗的著作，因為這讓我看見信仰與國家、社會及文化間的關係。於是，我仍保持對王明道的信仰人格的崇敬，但卻一直沒有研究他的衝動。

1997年間，王長新的《又四十年》及《王明道日記選輯》先後出版，〔註一〕讀後大大加深了我對王明道的認識。特別是將過去華人教會「聖人化」的光環解下，還原了一個真實且有血有肉的王明道。

到2000年3月，在東門國際同工介紹下，認識了張桂炎弟兄。王明道在1980年獲釋後在上海居住，而多有機會照顧他的，就是張弟兄。從他口中更多了解晚年王明道的生活及思想點滴，〔註二〕並在2000年，與梁家麟博士訪滬時，有幸在他引薦下，與王明道的兒子王天鐸先生見面。在他們同意下，我們更獲准將王明道留下的全套日記複印回港。當日我倆把日記複印稿揹回香港的情景，至今仍歷歷在目。

日記合共四十冊（從1915至1955年，1954年缺），由香港建道神學院基督教與中國研究中心負責整理。當時我在建道任教，得以在日記的基礎上，完成了首個關於北平淪陷時期王明道的研究，[註三] 後來進行倪柝聲研究時，也引用了不少日記的內容。[註四]

2004 年 8 月轉至中文大學崇基學院神學院任教後，乘訪滬研究之便，數度拜訪張弟兄，得悉他仍保存了兩批王明道晚年的珍貴資料：一是王氏晚年的講道錄音，二是王氏撰寫的要求平反的遺稿。在王天鐸先生及張桂炎弟兄同意下，我取得了一批講道錄音的光碟（合共 28 隻 DVD）以及遺稿的複印本。2006 年 4 月至 2007 年 6 月間，獲香港中文大學文學院「直接資助撥款」（Direct Grant for Research）資助，進行「反革命分子或不順從者：王明道的最後聲音」研究。2008 至 2009 年間，再獲香港研究資助局「優配研究金」（General Research Fund, Research Grants Council）撥款，進行「『愛國』與『愛教』之爭：革命時期吳耀宗與王明道研究」（項目編號 CUHK 453508）。期間，我再利用公開的政府檔案，配合其他文獻，完成了〈革命時代的反革命：基督教「王明道反革命集團」案始末考〉的長文，[註五] 從黨國、三自組織及王明道三者間的互動關係，疏理王如何「被」判為反革命分子。論文出版後，張弟兄又給我數封王明道在五十年代給兒子的親筆信函的掃描件，補充了其中的一些重要環節。

由於王明道晚年講道錄音數量眾多，加上將其「京片子」的聲音轉化文字的工作極其繁重，故實際的整理進度比預計慢。相對而言，王留下的「平反遺稿」，雖然仍要面對識別潦草字體的難度，但整體上仍能克服。2010 年 4 月，完成了〈「反革命分子」的最後聲音——王明道晚年「平反」文稿論析〉，於中原大學通識教育中心、台灣基督教史學會及國立中央大學歷史研究所合辦的「文本解讀與經典詮釋：基督教文學」學術研討會上宣讀，後收入會議的論文集中。〔註六〕

這批王明道晚年最後留下的文字，可說是華人教會極珍貴的遺產，有見及此，筆者決定整理遺稿及作編註，讓更多人能從這位中國教會巨人的最後自白中，窺探其晚年的內心世界，並認識他所處的時代。由於文稿的主題是對反革命案的平反心願，故為讓讀者更清楚認識這起中國教會史的重大「冤案」，筆者將上述兩篇研究成果的修訂稿也收入本書內，並取名為《王明道的最後自白》。

全書分四部分：第一部分是筆者撰寫的「導讀」，闡述「平反遺稿」的內容及獨特價值；第二部分是王明道撰寫的「平反遺稿」，包括現存不同版本的遺稿。為便利讀者，除對有關文本作註解外，亦據內容作標題；第三部分「餘論」是筆者撰寫關於「王明道反革命集團案」的論文；而最後一部分則收錄了四個附錄。分別是（一）王天鐸為父親申訴平反的文件；（二）選錄兩篇史料，有助了解王明道及其所批判的基督教青年會的各自立場；（三）王明道出版著作目錄；及（四）王明道研究目錄索引。前兩者是史料的選輯，而後兩者則希望為日後有興趣研究王明道者提供方便。

末了，也是表達心裏感言的時候。任何研究成果，固然是由研究者本人獨力承擔責任，但也是由眾人支持、玉成的成果。首先必須感謝王天鐸先生及張桂炎弟兄的信任，

邢序

二

王明道為信徒施洗

將這批珍貴的文獻交託予我，沒有他們的支持，這批文獻也許仍沒有機會「出土」。在註解過程中，張弟兄多次回答我的提問，並且提供珍貴相片，令本書生色不少。其次，要感謝基道出版社願意冒險出版這本「冷門」著作。其中梁冠霆博士為本書的編製，付出大量心思，務求增加本書的可讀性，居功不少。此外，要感謝研究助理吳劍麗女士，協助我整理文稿。中大歷史系學弟許頌聲先生在研究院宗教研究學部進修哲學碩士期間，曾整理「王明道著作繫年」，感謝他慷慨將文章與我分享。台灣《中央研究院近代史研究所集刊》及國立中央大學王成勉教授同意將兩篇拙文收入本書，也一併致謝。香港中文大學批准我於 2011 至 2012 年度享用安息年假，使我有機會對書稿作最後修訂整理。欣聞本書即將付梓，也許能稍稍抒解我患上「後安息年抑鬱症」（post-sabbatical depression）的痛苦。末了，要感謝與我同行多年的愛妻葳妍，她與灝志、逑志是上帝給我最大的禮物。2012 年，剛好是我大學畢業二十五年的特別日子，謝謝她二十六年來對我的愛、接納、忍耐與包容。

回想初踏入中國教會史園地時，吳耀宗及王明道等中國教會人物闖進我的生命，二十多年後的今天，剛好先後完成關於吳耀宗及王明道的研究，讓我對中國教會史上這對處於「兩極」的「對頭人」，有更深的了解。愈來愈相信，進入歷史，不僅是認識與重構過去，也讓我對現在有更立體與透徹的體認，同時也是一次深刻的屬靈之旅。

是為序。

邢福增
香港中文大學
2012年10月31日

〔註一〕王長新：《又四十年》（多倫多：加拿大福音出版社，1997）；靈石出版社編：《王明道日記選輯》（香港：靈石出版社，1997）。

〔註二〕林秋香、章冠英：《受傷的勇士——王明道的一世紀》（台北：橄欖文化，2006）。

〔註三〕邢福增：〈王明道與華北中華基督教團——淪陷區教會人士抵抗與合作的個案研究〉，《建道學刊》，期17（2002年1月），頁1～56。修訂本收氏著：《衝突與融合——近代中國基督教史研究論集》（台北：宇宙光出版社，2006），頁103～174。

〔註四〕邢福增：《反帝．愛國．屬靈人——倪柝聲與基督徒聚會處研究》（香港：基督教中國宗教文化研究社，2006）。

〔註五〕邢福增：〈革命時代的反革命——基督教「王明道反革命集團」案始末考〉，《中央研究院近代史研究所集刊》，期67（2010年3月），頁97～147。

〔註六〕邢福增：〈「反革命分子」的最後聲音——王明道「平反文稿」論析〉，《十字架前的思索：文本解讀與經典詮釋》王成勉主編（台北：黎明文化事業出版，2010），頁319～354。

目錄

神帶我們到深水中，不是要
溺斃我們，乃是要洗淨我們。
——王明道

壹　導讀

邢福增

中國教會「巨人」的最後聲音[註一]

上江華法官書

法官先生閣下

敬啟者 閣下已經看過之一些難以寫出的[illegible]

[illegible]

一　前言——王明道的「平反遺稿」

王明道（1900～1991）是近代中國基督教史上的舉足輕重人物，被譽為中國教會的「巨人」。〔註二〕1933年，王明道在北平組織聚會，後正式命名「基督徒會堂」，是中國本土自立教會的典型。〔註三〕從1927至1955年間，他獨力編輯《靈食季刊》，即使在抗日戰亂中仍無間斷出版。《靈食季刊》合共114冊，成為中國基要派獨立出版的典範，也是中國基督教文字史上的奇葩。由於《靈食季刊》深受廣大信徒歡迎，他常應邀到全國各地主領佈道奮興聚會。在神學立場上，王明道是基督教「基要主義」（fundamentalism）的代表，公開抨擊「自由主義」神學（liberal theology）。1949年新中國成立後，王拒絕參加黨國領導的基督教三自愛國運動，〔註四〕並作公開抗爭。1955及1958年，中國政府兩度把他逮捕，1961年控以「反革命罪」的罪名判處無期徒刑。王第一次被捕後，全國各地教會投入肅清「王明道反革命集團」的運動。[註五]在某種意義下，王明道是基督教界的胡風，成為肅清反革命運動中的重要整肅對象。1980年1月，王氏提早獲釋離開山西陰營監獄，遷居上海，並繼續在家主持宗教聚會。[註六]1991年7月28日，王明道背著「反革命分子」的身分離世，終年91歲。

由於王明道在中國基督教史的重要地位，多年來已累積了不少研究成果（參本書附錄四）。中外學者對王明道的研究，主要依循神學及歷史兩大方向，前者疏理其神學思想的特色，[註七]後者則探討其生平事迹對中國基督教發展的影響，[註八]特別又以五十年代的情況最受關注。[註九]王明道曾在《靈食季刊》撰寫大量文章，並結集出版多種單行本（參本書附錄三）。這些著作，在上世紀五十年代後大多在香港及台灣等地再版重印，其中《王明道文庫》（七冊）收錄不少王氏的文章及單行本，廣泛為研究者使用。九十年代，香港靈石出版社又重印及出版若干王氏著述，補充了《王明道文庫》的不足。惟從研究的角度，直接參考《靈食季刊》及由王明道結集的小冊子，仍是較理想的做法。

王明道在1950年出版的自傳《五十年來》，回顧及整理新中國成立前的重要事件，是治史者不可忽視的重要文本。[註十]遺憾的是，這本自傳在1950年出版後，一直沒有增訂。幸好王長新在王明道離世前曾跟他進行口述歷史，整理他在建國後的重要經歷，1997年以《又四十年》為題出版，成為《五十年來》的續篇，是研究王明道者不可缺少的參考。[註十一]

自1915年起，王明道一直有撰寫日記的習慣，直至1955年8月8日他被捕前，每年一冊，合共41冊。毋庸置疑，王氏把每天發生的重要事情記在日記，雖僅片言隻語，但對於了解他對人對事的看法，及其內心感受，仍是不可或缺的史料。整套日記在王明道被捕時給公安取去，後獲發還，但卻缺少了1954年一冊。香港靈石出版社曾出版《王明道日記選輯》，〔註十二〕按「詳今略古」（即早年選錄較少，後期較多）的原則選取了1920至1955年的日記，但整理出版者只佔全數的極少比例。香港建道神學院基督教與中國文化研究中心曾獲王明道兒子王天鐸先生同意，把全套日記複印，據悉有關整理工作仍在進行，相信完成後對王明道研究將起重大推動作用。

除日記外，對王明道的研究具重要影響而尚未被充分關注及整理的新史料尚有：（一）晚年講道。大約從1984年7月開始，王明道開始在家中有正式、固定的聚會，王在聚會中有講道，大部分講道內容均有錄音。現存近三百盤錄音磁帶，記錄他最後十年間的教導。筆者在王明道家屬同意下，已取得一批數碼化的講道錄音光碟。全面整理王氏的講道，對了解他晚年教導及思想，意義重大。（二）未刊的「平反」遺稿。王氏留下百多頁遺稿，悉為寫給最高人民法院院長的信件。他晚年的最大遺願，就是要求中國政府平反其「反革命」冤案，讓眾多受其牽連的信徒得到公正的評價。

現存「平反遺稿」（下文簡稱「遺稿」）共132頁，均謄寫在500格的原稿紙上。「遺稿」有如下特點：

一　百多頁的「遺稿」並非單一文本，其中涉及最少十五個版本，分別以「上江華院長書」（十篇）、「院長閣下」（兩篇）、「院長先生閣下」（兩篇）、「前言」（一篇）為標題。內容上既有重複，又有差異之處，本章引用為原手稿頁碼，會把相同標題者以〔一〕、〔二〕、〔三〕……等作識別。

二　大部分「遺稿」是寫給「江華院長」的。江華是中國最高人民法院院長，其餘則是寫給「院長先生」。最高人民法院是王明道申訴要求平反的對象。

三　大部分「遺稿」均有頁數，最長的記錄是九十七頁，最短者僅一頁，部分又出現頁中有頁的情況（如頁 8A, 8B，或頁（4）3，（4）4 等）。「遺稿」各版本均有缺頁，並且也不是按次序保存。筆者在收到「遺稿」的複印本後，已盡力按內容及頁數作重整，但因缺頁關係，無法完整復原任何一個版本。

四　除其中一篇「遺稿」末有「1983」年外，其餘各篇均沒有註明日期。他於 1980 年 1 月離開山西蔭營後，即遷居兒子王天鐸在上海的家。「遺稿」相信是王氏在上海期間斷斷續續寫成。部分內容提及出獄後兩年的時間，由此可推論撰寫年份是 1982 至 1983 年左右。整批「遺稿」，相信均撰寫於八十年代前期。

五　「遺稿」全部由王明道親手撰寫。因王氏患眼疾（白內障）關係，字體較草，為整理工作增添難度，部分無法辨識者會以□□代替。「遺稿」內文有手民錯誤者，筆者以【】更正。

六　「遺稿」內容主要表達王明道對其「冤案」的看法，內容大多環繞他與三自運動的鬥爭過程，及他在獄中的經歷。

本文旨在介紹這批未刊「平反遺稿」，結合其他史料，探討王氏晚年要求「平反」的來龍去脈，並分析文稿內容，展現晚年王明道的思想世界。雖然「平反」是「遺稿」的主題，但環繞著這個「中心」，卻揭示出王氏對其被捕及繫獄歲月的心境重述，以至他在獲釋後對其一生的自我評價。這對王明道研究而言，乃具重要的史料價值與意義。

二　從「一切全完了」到「重新站立了起來」

1955年8月8日凌晨（王明道於凌晨被捕，他後來憶述時，會出現8月7日的說法），王明道與妻子劉景文在北京基督徒會堂被捕。王被捕後，8月至11月間全國各地三自組織及教會展開對「王明道反革命集團」的聲討。〔註十三〕1955年9月19日，北京市副市長兼公安局長馮基平在北京市一屆人大三次會議上，報告肅反工作時，提到了王明道：

> 最近我們在群眾的幫助和揭發下，破獲了王明道反革命陰謀集團案件，並且已經將

其中首要分子、一直與帝國主義和蔣匪特務相勾結的、披著宗教外衣欺騙青年、進行反革命破壞活動的王明道逮捕起來。經初步審訊，王明道已經承認了他在敵偽時期就與日本帝國主義相勾結，解放以後，更大事【肆】進行反對國家、反對人民的反革命運動。〔註十四〕

據中共北京市委向中央的報告，1955年底共破獲「教會中的反革命案件14件，嚴重打擊了基督教王明道反革命集團」。〔註十五〕

王明道被捕後，經過數十次的審訊，期間抵受不住威嚇與壓力，終於向政府認罪。〔註十六〕據王明道自述，打從公安逮捕他一刻，他便逐步走向失敗：

我在1955〔年〕8〔月〕7日夜間將近子夜時被幾個跳墻入院闖進我的房中的公安人員，趁我面向窗户間看信件時，在我背後大喝一聲：「不許動」。我站起來，轉身一看，見有一個面目猙獰的人，握著一支手槍，對准【準】了我，作射擊的姿式。我一生未見過這種可怕的情形，尤其是我一生沒有拿過任何槍支。而且我又是一個膽量很小的人。……55〔年〕8〔月〕7〔日〕夜是我一生遇到過的第一次威嚇，緊接著又有一個公安人員拿出手銬來將我銬上……我一生未見過有人用手槍對准【準】我，也沒有戴過手銬。因此便嚇得心膽俱裂坐在床沿上，呆若木雞，竟連思想也停頓了。那個拿著手槍的人仍是用手槍對準了我。幾分鐘後，本地段户籍警察康□□走了進來。我問他說：「我妻在那裡？」因為我妻是睡在外間屋裡，我不知道她那時在那裡，所以才問康。康說：「她被捕了」。這就使我的心更恐懼起來。我雖然未嘗會料到我會被捕，但因為十幾天來，北京「三自會」屢次開會並印了一張傳單，標題是「加強團結，明辨是非」。那知道那個傳單是針對我發的，但因著我的言論和發表的文章完全是在宗教信仰範圍內，我總認為政府不會逮捕我。因而毫無戒備。我在1942年「教團之役」〔註十七〕雖然嘗過青年會幹事和教會牧師的恐嚇，最後與日本興亞，文化局調查官武田且當面交談了一小時之久。但因為事前我已作好了準備，所以每次的解釋，我都未感到恐懼。55〔年〕8〔月〕7〔日〕子夜的遭遇完全和我與日本人接觸的經過截然不同。我這個□□大敵的人竟一下子被手槍和手銬嚇得驚惶失措，於是這場慘敗便開始了。〔註十八〕

王明道以「謊言」兩字來總結第一次被捕時的情況：

1955〔年〕8〔月〕8〔日〕至1956〔年〕9〔月〕29日計417天之久，我陷入了謊言深淵中。在這將近14個月中，我在草嵐子審訊室當中，在新監三統監房中所聽到的全是謊言。……我也急於出監，便也說了許多謊言。〔註十九〕

1956年9月29日，王因願意悔罪，並答允參加三自，而獲「教育釋放」。獲釋前一天，公安部幹部要求他撰寫認罪材料。離開看守所當日，他馬上被安排到北京市宗教事務處，有關官員要求他下午去見北京三自愛國運動委員會主席王梓仲。王梓仲請王明道翌日下午到青年會開會，並當眾宣讀其獲釋前撰寫的材料。原來這是北京市三自會特別召開的擴大會議，歡迎王參加三自愛國會。王迫不得已在會上讀出自己的認罪材料，後來《天風》以〈我的檢討〉為題刊登。王明道開首第一句是「我是一個犯了反革命罪行的人」，接著陳述其如何「借著宗教形式進行反革命活動」：（一）散布反動言論，破壞政府各項政策和歷次社會改革運動，並反對政府和共產黨；（二）藉著信仰不同，挑撥教徒與非教徒、教徒與政府的關係，製造對立，特別是使教徒與無神論者對立起來；（三）諷刺社會主義，影響信徒；（四）誣衊政府要藉三自運動來消滅基督教，激烈地攻擊參加三自運動的傳道人，嚴重破壞三自運動。〔註二十〕

王明道早在1935年曾在《靈食季刊》發表〈現代基督教青年會的罪惡〉，抨擊青年會的工作偏離正統信仰，聯合「不信派」與真理為敵。〔註二一〕在他眼中，青年會是「不信派」的大本營，現在他竟要公開在此宣讀自己的「認罪檢討」，對向來以捍衛真理自居的王而言，無疑是極大的羞辱及打擊：

出監的翌日（55【56】〔年〕9〔月〕30〔日〕）又去青年會的103室，當著約有

> 二百人面前，讀了一篇充滿謊言的「偽供」及「偽謊言」，但我卻連一天也沒參加「三自會」。一個四十一年之久（1914～1955）痛恨謊言，不說謊言，而且勸戒別人不要說謊言的人，竟在草嵐子獄中說了不可勝數的謊言。我還有甚麼面目見人？更有甚麼面目見神呢？〔註二二〕

由於王明道不能接受自己竟軟弱至謊話盡說，自覺沒資格再任傳道，拒絕帶領基督徒會堂，不再主領講道，並遷離會堂，與其脫離關係。他甚至一度萌生自殺的念頭，計劃先把妻子送到杭州外家後，「然後我就跳西湖自殺，以了此殘生」。不過，王氏自盡的念頭，卻被妻子劉景文洞悉，「她知道我是一個堅貞不屈，寧為玉碎，不作瓦全的人。她怕我因著這一次的慘敗會步我父親的後塵，找機會自殺。如我自殺，她不久也會死去。這樣一想，我便沒有勇氣自殺了」。〔註二三〕後來，由於公安局不批准他離開北京，王的計劃由是告吹。

可以說，王明道正陷於既不能面對自己的軟弱，又沒有勇氣作出改正的痛苦：

> 我自從1956〔年〕9〔月〕29日出監以後，到1958年4〔月〕29日共度過了整二十幾個月。我所吃的、穿的、住的都和入監前一樣。但我的心情卻和在監中一樣的痛苦。一個原因，是因為我在獄中說了許多謊言，卻不敢推翻。在以前的幾十年

中，我痛恨偶一不慎，説了謊言，便如眼中落入一顆沙礫那樣難，不把這顆沙礫弄出來，就痛苦得無法忍受。我必須向神和那個聽我說謊的人承認並收回那句謊言，才能消滅心中的痛苦。我在草嵐子中說了那麼多的謊言，我卻不敢向政府承認並收回。我知道政府最忌諱犯人翻供，一翻供，便是抗拒，便從嚴處辦。我在出監以前若翻供，便出不了監。我在出監後若翻供，便只有再進監。於是這大量的沙礫便在我眼中，日夜使我痛苦不堪。

此外還有一種痛苦，那就是我怕再進監。我已經應許政府出監後參加「三自會」。但我始終沒有參加。這便是對政府失信食言，便會再被捕入監。因此每日心中惴惴不安，不曉得那天會再被逮捕。於是我便天天找事作，以麻醉我自己，作得累了，便去遊園，看電影。以使我忘記心中的苦痛。我既不參加「三自會」，當然我也再不能在教會中擔任工作。於是我和我妻便遷出「基督徒會堂」，而住在我自己的家中，完全與那個已經變了質的會堂脱離了關係。此後，我只希望不再入獄，不再遭遇囹圄中的折磨，便知足了。……我在第一次出監後也這樣想過那時我把我所譯的一首讚美詩的副歌：「一切全奉獻，一切全奉獻，完全獻與恩主耶穌，一切全奉獻」改了一些字說：「一切全完了，一切全完了，全軍覆沒，一敗塗地，一切全完了」。〔註二四〕

由於王明道一直沒有履行參加三自運動的承諾，1958年4月29日，政府再次逮捕王氏夫婦。1961年4月，北京市人民檢察院正式據〈懲治反革命條例〉起訴他們，指「一九五六年經我政府從寬處理後，被告不但不知悔改，仍繼續進行反革命破壞活動，實屬罪行嚴重，經教不改的反革命分子」。1963年7月，北京市中級人民法院以反革命罪分別判王明道及劉景文無期徒刑及有期徒刑15年。王明道不服上訴，9月，由北京市高級人民法院刑事終審處判決維持原判。王氏的控罪，主要包括：（一）不參加並反對「三自愛國運動」及其領導人；（二）反對和破壞政治運動；（三）窩藏反革命分子梁立志。〔註二五〕

據王明道自述，他是在1965年1月在北京監獄中「重新站立了起來」。〔註二六〕現存的「遺稿」並沒有詳細述及這次經歷，我們可從《又四十年》中了解當時的情況。當王明道得悉北京市高級人民法院維持原判後，王內心處於極大的失望。他在禱告中問神：「神哪！你怎麼這樣殘忍，叫我遭遇這樣的打擊，被判無期徒刑？」這時，他想起彌迦書七章7至9節：

> 至於我，我要仰望耶和華，要等候那救我的神。我的神必應允我。我的仇敵阿，不要向我誇耀。我雖跌倒，卻要起來。我雖坐在黑暗裡，耶和華卻作我的光。我要忍受耶和華的惱怒。因我得罪了他。直等他為我辨屈，為我伸冤。他必領我到光明中，我必得見他的公義。

這段經文讓王明道領悟到，他被判無期徒刑，是因為他大量撒謊，得罪了神。「該判！就是判死刑也是應該的。我要忍受耶和華的惱怒，因我得罪了他。」於是，王明道向神禱告：「神哪！求你給我一個機會，叫我翻供。」禱告過後，他的心得到平安，並領受到神赦罪的平安與喜樂。〔註二七〕

這時，王從監獄中調至北京醫院，第二日，張監獄長和劉院長、邢獄長和他談了三個多小時。張監獄長表示，雖然判了無期徒刑，但隨時可更改為有期，甚至可以得到釋放。同時，院方又給他幾種特別待遇。「這時我開始看到政府是要釋放我。」〔註二八〕於是他決定把過去的謊言都推翻，承認除了「反對三自會」外，其餘沒有一樣是真的。〔註二九〕

1966 年，王明道被調至山西大同勞改礦場。當時他看了獄方借給他兩本批判美帝國主義利用教會學校及醫院的小冊子後，盛怒下寫了百多頁材料作駁斥。未幾，《人民日報》發表文章攻擊彭德懷、劉少奇、陸定一、羅瑞卿等政府要人，王決定對不平的事「口誅筆伐」，又寫了許多材料為劉、彭、陸、羅及吳晗、鄧拓鳴不平。結果，在 1968 年春夏間，獄方組織「九人鬥爭團」對他批判，甚至有人向他施以「肉刑」。其中一個國民黨背景的監犯在拷打王時，「用衣服堵住我的口，使我喊不出來。以免眾人聽見」。「受過了這五個多月殘酷的鬥爭以後，我再不敢寫甚麼材料了」。〔註三十〕當時，王實在忍受不住鬥爭，甚至對獄方的黎幹事說：「請求政府殺了我吧。」黎跟王說：「政府不殺

你，政府要改造你。」王說：「我怕我會使政府失望。」黎說：「政府有信心能把你改造好。」〔註三一〕

1970年春，王明道從大同轉至山西蔭營。當他從獄中的報告中得悉關於「嚴禁肉刑」的政策後，他知道不會再受皮肉之苦，便再次寫提筆材料。〔註三二〕1974年，王從兒子的來信得悉94歲高齡的岳母病逝的「噩耗」。他說：

> 在這以前，我一直盼著能出監見著她。縱使只能和她同處幾天，我也可稍得安慰。這個噩耗使我哭了好幾天。後來我忽然醒悟過來，我岳母的去世，在她不是損失，對我卻是利益。因為我不必再希望出監，當然也就不必再說謊了。〔註三三〕

他又說：

> 從1975年一月起，我完全恢復了我入獄以前的人生。我已被判了「無期徒刑」，我不希望出獄了。〔註三四〕

1979年9月，王從《人民日報》中讀到吳耀宗病逝及追悼會的報導，又寫了一份材料，題為《一個徹底的大暴露和一個大膽的挑戰》，述說他「和三自革新會戰鬥的經過和三自會的真相」，他又請獄方把這份材料送交北京國務院。〔註三五〕1979年11月12日，蔭營監獄的指導員向王明道表示他的兒子希望他能「保外就醫」，但王卻表示「我的白內障不到開口時，任何醫師也無法治療，我不出監就醫」。其實，此時獄方已發電報給王天鐸，請他來接王出獄。13日，王天鐸與大隊長一同見王，王說：「我糊糊塗塗被抓進來，我不能糊糊塗塗地出去。政府必須承認我沒犯罪。法院的判決錯誤，並給我書面證明，我才出去，否則我就仍在這裡坐監。」「我已經坐了二十多年的監，還怕再坐三年五年麼?」在兒子力勸下，王終於同意離開。豈料，當他在11月15日要求在「山西高級法院釋放證」簽名時，他看見上面列明「本犯王明道因反革命被判無期徒刑，改判一年，提早釋放」等內容後，說：「我不但沒犯反革命罪，我一生沒犯過任何罪行，就連拘留我幾日，我也不服，改判一年，我也不服。我也不需要釋放。我只需要政府承認原判錯誤，送我出監。」〔註三六〕雖然王明道堅持不離開，但到12月底，獄方以北京正派人來跟進，請王到監外等候。王不知就裡，就被「欺騙」出獄。由於他無法在監外獨立生活，最後在1980年1月隨兒子到上海，就此結束了二十多年的牢獄生涯。

王明道對自己在獄中歲月的總結是：

王明道這個三十多年曾像獅虎一樣勇猛的屬靈戰士，一度因著事先毫無準備竟在

1955〔年〕8〔月〕7〔日〕深夜被一把對準了他的手槍和一副手銬所嚇倒，變得像一隻鼠流那樣怯懦，說了許多的謊言。但他事後信靠所事奉的神終於使他在九年多以後的1965年一月，重新站立了起〔來〕，又恢復了他本來的面，成為一隻雄獅一隻猛虎了。[註三七]

從68年到79年，又改造了十一年，我不但沒有放棄信仰，而且信仰更堅強了。……

1979年末出了監獄的王明道，仍像1955春未入監前的王明道一樣，「信仰堅強，勇敢無畏」。我從1955〔年〕8月到1965〔年〕一月軟弱跌倒了九年多之久，但終轉軟〔弱〕為強，轉敗為勝了。[註三八]

三　「平反」宿願

為「王明道反革命集團」一案平反，成為王明道獲釋後一直耿耿於懷的心願：

我到如今仍是戴著「反革命」的帽子，事實我卻沒有犯過一次罪。我的案子是中國基督教會內的一個「極大的冤獄」。我從十四歲（1914）作了一個「真有信仰的基督徒」以後，一直是一個痛恨罪惡和謊言，完全守法的公民。我傳道三十年，我在財物上，男女關係上，沒有染上過一絲一毫的污點。我連謊言都不出口，我是一個「書有未曾經我讀，事無不可對人言」的人。我被邀到過二十四省的一百幾十個城市，幾百個不同的教會，對多少萬基督徒和非基督徒講過道，自己出版了二十八年之久的《靈食季刊》，寫了幾百萬字文章，得到了許許多多萬中國和外國的基督徒所尊敬信任的人，只因為捍衛真道，反對那個希圖從教會內部消滅基督教的「三自革新會」而觸怒了「有權有勢」的無神論者，以致遭到誣陷，而兩次入獄，坐了將近二十三年的牢。我所創立的那個從33年開始直到五十年代後半被政府佔用的「基督徒會堂」，直到今日仍被政府佔據作為「少年宮」。我的書刊被政府看為「禁書」，被搜查被沒收，被焚毀，我們的信徒有一些人遭到鬥爭，有一些人被逮捕，有一些人被判刑，有少的人已病死獄中，有些人雖然出了監，但仍戴著「反革命帽子」，未得到完全的平反。至於我個人則「家產被沒收」，妻子和我一同被判刑，妻子劉景文被判了十五年的「有期徒刑」，剝奪公權十五年。我則被判了「無期徒刑」，褫奪公權終身。〔註三九〕

現存百多頁的「遺稿」，除部分具函給「院長大人」外，悉以江華為收信人。江華是中國最高人民法院院長，在任期間（1975 ~ 1983）主持大量平反冤假錯案工作。據統計，從1978年10月到1981年底，全國各級人民法院經過三年多的努力，改判糾正了冤假錯案 3.1 萬餘件，涉及當事人 32.6 萬餘人。〔註四十〕獲釋後的王明道，從報刊上了解到中國政府「平反冤假錯案」的情況，並聯繫到自己的案件，於是決定寫信給江華：

> 近二三年來報上言論及政府措施較三數〔年〕以前大有轉變，我為此額手稱慶。近幾年來，中共及政府已為許多冤案盡力平反。但最不幸的是許多基督教會（包括羅馬宗、浸信宗及抗羅宗 Roman Catholic, Baptist & Protestant Churches）中之冤獄，卻擱置下來，遲遲不予平反。我的案情是中國教會中極大的冤獄之一。〔註四一〕

王堅信其判罪完全是由於他反對三自運動。他指出，「二十幾年來，種種的事實都證明了這件事實。凡反對這個運動的基督徒和傳道人都遭到迫害，甚至被捕下監，被判了重刑，輕者幾年，十幾年。我是反對這個運動最力的一個人，所判監也最重（無期徒刑），奪政治權利終身，房產被沒收，連我妻也被判了十五年」。〔註四二〕「我兩次坐監接近 23 年之久，不是因為我犯了任何法律，完全是因為我堅持真理，捍衛聖道，反對那個企圖從教會內部消滅基督教的三自革新運動。」〔註四三〕

王明道是在 1954 年底，由於面對來自政府方面的巨大壓力，體會到三自運動乃中共基督教工作中的重要環節，因而進一步把三自運動定性為共產政權消滅教會的工具。〔註四四〕他說：

「三自會」的成立就是中共想消滅教會的陰謀，中共鑒於俄共在革命後用政權大力宣傳無神論，大力逼害教會，封閉教堂，逮捕聖職人員，招來了各基督教國家的反對，它知道這種辦法是採用不得的，便從教會內部，利用潛伏在教會內的無神論者來進行這種陰謀。那個潛伏在教會內部的無神論者吳耀宗便是一個最合用的工具。這就是「三自會」成立的真正目的。〔註四五〕

文化大革命更印證了他的理解。他不點名地指三自組織中「有一位紅極一時的『牧師』」在文革時被揭露「地下黨員」的身分，〔註四六〕「我很懷疑『三自會』中那些很受無神論者的稱讚歡迎的『牧師，主教與幹事們』是不是還有一些『地下黨員』？我雖然不能肯定，但我不能不抱著懷疑」。他以為，這些教會內的「地下黨員」，壓根兒違反了「誠實無偽，內外如一」的做人原則，好像「變色龍」般，根本不是可靠的人。〔註四七〕

王明道在陳述了他跟三自運動間的根本矛盾後，便反駁一些針對他的指控。首先他回應關於不「愛國」的批評。王認為三自運動標榜「愛國」，是因為「革新」引起太多信徒反感，把「革新」改為「愛國」就是要「消除這種反感」。任何反對三自運動者，便足以「扣上一頂『反對愛國』的帽子」。〔註四八〕他根據法院的判決書，指短短三頁紙，「提到『三次〔自〕運動』，竟達十次之多」，〔註四九〕正好說明反對三自運動才是他被捕的核心。

王承認，「愛國」兩字在其著作及講道中並不常見，反倒「愛人」是基督教信仰的重心。但是，這並不等於他不愛國，關鍵只是他的「愛國」進路與政府要求者不同而已。他說：

「國」是甚麼呢？豈不是一些人所組成的麼？一大片土地上如果沒有「人」，這片土地能稱為「國」麼？「愛人」的人能不「愛」國麼？我所講的道，所寫的文章都是與人有貢獻的，有益處的，怎麼能說我不愛國呢？

相反，那些「愛國者」終日高喊「愛國」，但他們的思想和生活中都充滿了虛偽詭詐，說謊欺騙，自私自利，損人利己，貪婪嫉妒，舞弊營私，不孝不忠，淫亂邪惡，這又是真正的「愛國」麼？他不無慨歎地指出，「『愛國』這兩個字，不也是被許多人所利用了麼？」〔註五十〕他甚至批評其宿敵吳耀宗失去「愛國者」應有的道德勇氣：

吳果真「愛國」麼？文革時，劉少奇主席，彭德懷、陸定一部長、羅瑞卿總參謀長等都受到衝擊，罷免、批判，吳身為人大常委，對這種事卻一言不發，噤若寒蟬，倒是我這個在大同坐監，被誤為「屢教不改的反革命分子」的站了出來為劉、彭、陸、羅等人說了一些公道的話。結果遭了五個多月的殘酷鬥爭。及至林彪已葬身沙

口，四人幫已被打倒，吳才抱病出席批判四人幫的大會。四人幫橫行時，吳到那裡去了？〔註五一〕

其次，針對所謂帝國主義分子的指控，王明道重申，基督徒會堂從成立至 1955 年間，「20 年完全是中國人自治自養自傳」的，他本人也從沒到外國留學，與「帝國主義」沒有絲毫關係。〔註五二〕三自派對他的批評，主要因為王長期擊中青年會的要害，因而向其作出報復。〔註五三〕

王明道要求「平反」，並不是要恢復自己的聲譽。相反，他認為自己「坐了二十多年的監，名譽不但未曾受到損失，反而得到了更多的榮譽」。〔註五四〕「我卻因此得了我未料到的大福——國內國外敬愛我記念我的人，比 1955 年我未入監以前，增加了倍數。我的書在海外大量地被人重印，份數之多，銷路之廣，超過二十五年以前。」〔註五五〕王明道並非計較個人的榮辱得失，教他耿耿於懷者，是當年在寧「左」勿右的肅反氛圍下，眾多因他而受牽連者的不公平遭遇：

有的人竟從來未曾見過我的面，只看過我的書刊，特別是那本《五十年來》。他們知道我的人生和我對神的忠心。他們知道我被捕坐監，完全是為了信仰。因而同情我，為我祈禱。還有人在我被捕後，在聚會中提議為我祈禱，竟因此被猶大的門徒所誣陷而被捕，判了刑，被誣為「走王明道道路的人」，為「王明道的代理人」。有的竟被稱為「王明道反革命集團的骨幹份子」。總之，凡與王明道有些關係，有些來往的信徒，都免不了受人誣陷。〔註五六〕

我們現在已無法確查到底有多少人在肅反期間因王明道的關係受牽連。〔註五七〕但從五十年代全國各地在肅反運動厲行的氛圍下，鋪天蓋地聲討「王明道反革命集團」，〔註五八〕在當時確成為基督教界的大案。例如在江蘇徐州一場批王的會議上，主持人高喊「王明道該不該槍斃？」「同意槍斃王明道的人請舉手！」其中有一位名叫關品鶴的人因沒有舉手，結果被判五年徒刑。〔註五九〕另一位在河南醫學院工作的張育明，在 1955 年 8 月肅反期間被審查，由於他跟王明道關係密切，故被要求控訴王，張拒絕後被捕。〔註六十〕

公安部部長羅瑞卿在 1957 年底指出，「我國的肅反鬥爭已經取得了偉大勝利」。1955 至 1957 年間全國規模的肅反鬥爭，共查出 10 萬多名「反革命分子」及其他「壞分子」，另有 6.5 萬名「普通反革命分子」及各種「反動分子」和「刑事犯罪分子」。同時，在社會鎮反運動中，又有 37 萬反革命分子和其他犯罪分子。但即或如此，他仍強調：「我們同反革命的鬥爭，不僅還存在，而且在一定條件下還可能達到相當尖銳，有時甚至是十分尖銳的程度。」〔註六一〕毋庸置疑，在「不斷革命」的時代裏，任何異議者均動輒被治以「反革命」的罪名，但這些「反革命分子」中，到底有多少人蒙冤受屈，根本無從追究。〔註六二〕值得留意的是，作為肅反鬥爭的導火線，胡風的反革命罪名，在1980年7月已獲最高人民法院、最高人民檢察院及公安部黨組覆查，結果確認為「錯案錯判」。中共中央承認在當時「混淆了兩類不同性質的矛盾，將有錯誤言論、宗派活動的一些同志定為反革命分子」，故決定「凡定為胡風反革命分子的，一律改正，恢復名譽……。凡因『胡風問題』受到株連的，要徹底糾正。」〔註六三〕那麼，肅反期間破獲三起涉及基督教及天主教的重大「反革命集團案」（王明道、龔品梅及倪柝聲），黨國是否也混淆了宗教及政治兩種不同性質的矛盾，因而錯誤地定為「反革命分子」？對此，王明道心中的答案是肯定的。但政府方面，卻並沒有把對宗教領域的案件作複查及平反。

1980年10月，第三屆基督教全國會議在南京召開，標誌著中國教會在文革後開展重建工作。中共中央統戰部副部長張執一出席會議發表講話時，提及了王明道：

> 一九四九年中國人民站起來了，億萬人民歡呼，歡呼的聲音響徹了全世界的角落，也震驚了反動勢力，在歡呼聲中也包括信教的人和教牧人員。當然也有個別的教牧人員跑了，也有少數人如王明道之流當外國反動勢力的走卒，這也毫不足怪。〔註六四〕

王明道讀到《天風》上的關於張執一講話的摘要後，在「遺稿」中作出回應：

張副部長對我總算很客氣，沒有稱我為「美帝國主義的走狗」。那個二十多年被中共罵為「帝國主義」的美國，現在已不是「帝國主義」了。「走卒」也比「走狗」富貴得多。謝謝張副部長對我的抬舉。但我並不因此「感激涕零」，不過我也不「怒髮沖冠」。……我聽見「反動」這個名詞已有三十多年了。我始終不明它的意義。謝謝大同大青鎬的辛幹事，他為我解釋了□□：大家都往一個方向動，有一些人卻往相反的方向動，這就叫作「反動」。從這時起，我知道誰是「反動派」了。〔註六五〕

王明道接著卻以宗教為主體的角度來重新詮釋「反動」：

全世界大多數的人都相信有神論如基督教中的各派別……佛教□□婆羅門教、拜火教、神道教、伊斯蘭教、猶太教，只有一部分「無神論者」（唯物主義者）向著相反的方向，這些就是「反動派」，是反動勢力。

四　「雙料反動」：基督門徒，孔子弟子

王明道的「遺稿」固然以平反問題為重點，但實際上，這又密切關係到他對一生的總結。他形容，「我從14歲作基督徒起，便進入一種『戰鬥的人生』」，先後與自己的私慾、學校中品行卑污的同學、教會學校中的惡勢力、教會裏的「偽善『牧師』」、日本人及三自會展開大大小小的鬥爭。[註六六] 過去，我們主要從基督教信仰的角度來理解王明道這種「戰鬥的人生」。質言之，堅持真理，絕不在違反信仰原則的問題上妥協，是王明道一生的寫照。不過，王明道在「遺稿」中，卻揭示出除基督教信仰外，儒家傳統對他也有著同等的影響力。

檢視王明道的著作，主要均以宗教信仰關懷為主，鮮有引述儒家經典。《五十年來》只略曾提及在萃文初等小學裏，有一位老師教他背誦《四書》、《五經》。[註六七] 至於這些經典給他有何影響，則絕口不提。但在「遺稿」中，卻詳盡地表達他對儒家的欣賞：

> 我在十歲時已由我的老師徐質臣老先生的青睞教誨，讀完《四書》。我在十四歲時由於一位同學的引領作了基督徒，便開始閱讀《聖經》，漸漸感覺《四書》中的教訓與《聖經》中的道理互相吻合，便開始明了《大學》中所說：「意誠而後心正，心正而後身修，身修而後家齊，家齊而後國治，國治而後天下平」之訓。我那時是

一個小學生，當然提不到甚麼「齊家治國平天下」。但我卻能學習「誠意正心修身」的教訓。因此我從那日起便開始注重「誠意正心修身」，以後日有寸進。《聖經》與《四書》便奠定了我一生作人的基礎。此後我無論讀甚麼書都轉到注重道德。先師孔子曾嘆息著説：「已矣乎！吾未見好德如好色者也」。又説：「已矣乎，吾未見能見其過而內自訟者也」。我從十四歲以後，便成為一個「好德如好色」的人和一個「能自見其過而內自訟」的人。我兩次入監以後，我自14歲到55歲所寫的日記都曾落在政府手中，被獄中一些幹部看過，他們會從其中認識我的人生。在1950年曾出版了我的自傳《五十年來》，內容約二十餘萬字，敘述了我自出生至50歲的一切事跡。我敘述了我自己的長處和短處，優點和缺點，成功與失敗。那是一部十分翔實的記載。……我想理□我案情的幹部必有一些人看過。我是一個「書有未曾經我讀，事無不可對人言」的人。我是基督的一個門徒，我也是孔子的一個弟子。〔註六八〕

王在另一份「遺稿」，同樣以「基督虔誠的門徒」和「孔子的忠實的弟子」自居：

我得有今日這種高尚聖潔的人生和品德，得力於兩部書，就是《聖經》和《四書》。如果我沒有在幼年和青年時接受了這兩部書的培植和教誨，我很難設想我會壞到甚

麼地步了。〔註六九〕

王明道強調儒家教導與基督教的教導的共同點，主要體現在道德人格的塑造。《大學》有言：「君子有諸己而後求諸人，無諸己而後非諸人」，王明道即以此作為其立身處世的原則。「我就是這樣『有諸己』，我才敢『求諸人』，『無諸己』然後才敢『非諸人』。我所傳的都是我所信的，我所講的都是我所行的。」因此，他對中國教會一些「口言善，身行惡」的傳道人，深表痛惡。〔註七十〕

王明道在「遺稿」中以南宋末年文天祥抗元殉國時的「八句贊」（「孔曰成仁，孟曰取義，惟其義盡，所以仁至。讀聖賢書，所學何事，而今而後，庶幾無愧」）自勉，並對比其在獄中的處境：

> 我在蔭營獄中也為自己寫了八句贊語：「先知成仁，使徒取義，受命傳道，首重剛毅。熟讀《聖經》，洞曉真理，堅貞不屈，頂天立地。」文天祥不向蒙古人投降，我也不向無神論者投降。文天祥所事奉的是宋朝的皇帝，我所事奉的是天上的神。〔註七一〕

不僅如此，王在獄中更曾為孔子仗義執言。時維1974年，毛澤東指示展開「批林批孔」

運動，[註七二] 山西蔭營監獄也須作配合，動員囚犯學習。有一天，四位幹部跟王明道談孔子的問題。王竟說：「我毫不隱諱地承認孔子是我的『先師』。他的教訓對我是與《聖經》同樣的重要。我尊孔子，我接受他百分之九十九的教訓。」在獄中的王對「批林批孔」運動的了解自然不夠全面，他認為，整個運動的真正目的是批判孔子，因為孔子是「有神論者」，他宣揚的「敬天愛人」與馬克思是「無神論」及「鬥爭」哲學完全相反。「馬克思主義者如何能不反孔呢？」他又把批孔跟教會受迫害連在一起，「形式上的基督教會已被『潛伏在教會內的無神論者』拆毀了，虔誠的基督徒和真實的傳道已經下監牢被『改造』了」。中共在瓦解了基督教的影響力後，下一步就是批判影響更深的孔子。作為「篤信神的傳道人，又是孔子忠實的弟子」，王明道決定為孔子抗辯。有幹部勸他作「識時務的俊傑」，「作一個既不信神又反對孔子的『兩頭蛇』」，但王卻堅決寫材料表達不同意見。[註七三]

另方面，有數份較特別的「遺稿」，雖然也是王明道寫給江華院長的，但內容卻是列舉孔子及其他古代聖賢（孟子、荀子、文天祥、呂祖謙、范仲淹、杜牧、陶潛、袁了凡、魏徵、周文王、周敦頤等等）及其他經典（《易經》、《大學》、《左傳》）的語錄，合共百多條。[註七四] 為何王明道會徵引大量儒家語錄在其平反遺稿內？這反映出他對儒家倫理的道德修養及人格塑造的極大認同。他甚至表示：「我所出版的書，大部分是『講道德的』。」[註七五] 他所指的「講道德」，其實是指他從生活倫理及行為實踐的角度來

教導信徒。〔註七六〕在「遺稿」，便多次提及其在四十年代撰寫的〈聖【信】徒處世格言〉，並且全文附在「遺稿」內：〔註七七〕

以敬畏神為立身之基，以愛鄰舍為處世之法。待人要絕對誠實，律己務十分嚴重。貧賤的時候不諂媚，富貴的時候不驕傲。不存心嫉妒，見人得好處便與人同樂；不幸災樂禍，見人遭患難便代人同憂。與人同處看見利益自己不要向前奔跑；和人共事，遇見危害自己不要向後退縮。自己負了別人要認罪賠償，別人負了自己要寬容赦免。自己待別人有好處當看為本分，別人待自己有好處當認為恩德。經手的財物不分多寡當廉潔不苟，交接的朋友，無論男女要正大光明。不輕易對人允諾，允諾後必須努力實踐；不隨便向人借貨，借貨了必須及早償還。約束自己的性情，不急躁發怒；謹慎自己的嘴脣；不輕易開言。見鄰舍有財物不要妄起貪念，遇別人遭困難不可袖手旁觀。不要在人面前奉承恭維，不要在人背後批評論斷。為人作事要殷勤盡忠，與人交接當坦白正直。嫉惡如嫉蛇蠍，慕義如慕珍寶。不要遮掩自己的過失，不誇耀自己的優點。言談舉止處處有禮貌，身體妄履時時要清潔。惹人憎的事不要作，討人厭的話不可說。煙酒嗜好皆當戒絕，艷麗服裝務須摒棄。事事為別人設想，處處求榮耀主名。〔註七八〕

他指出，耶穌基督教訓門徒要「盡心盡性盡力愛神」，其次就是「愛鄰舍如同自己」。其中在「愛人」方面，基督與孔子學說是完全一致的。但他甚至進一步說，孔子的「敬天」，也等同基督的「愛神」。〔註七九〕那麼，「敬天」與「愛神」的共同之處何在？王明道的另一篇「遺稿」較明顯地反映了這方面的觀點。他認為在佛教傳到中國前，中國人稱神為「天」或「上帝」。例如《尚書》說：「聖謨洋洋，嘉言孔彰。惟上帝不常，作善降之百祥，作不善降之百殃。」又說：「上帝臨女、無貳爾心」、「天生烝民，有物有則。民之秉彝，好是懿德。」不論孔子、孟子及荀子所理解的「天」，其實是代表著「神」的臨在。不僅儒家經典反映出這種情況，民間社會一般「不讀書的愚民」口中的「老天爺」，事實上表達同樣的傾向。王指出，「『爺』是『父親』的意思，中國稱祖父為『爺』，意思是『父親的父親』，『老天爺』就是『天上的父親』」。可惜，中國人這種與生俱來的「信神的思想」，到東漢佛教傳入中土後，就被偶像崇拜取代了。〔註八十〕質言之，王明道的主張，在某種意義上跟晚明耶穌會士的耶儒會通，是頗為一致的。

「遺稿」展現了王明道思想所承受的「傳統」根源，如何從儒家道德倫理教導的角度來探討其基督教思想，特別是關於基督徒生活倫理方面的結合問題，相信有助我們更多了解王氏在「本色化」方面的實踐。

王明道相信，他對基督及孔子的信仰，在若干程度上，為日後被關進監獄埋下伏線：

信仰基督如果是「反動」，「尊孔」如果也是「反動」，那麼我這個既信基督又尊孔的人便是「雙料的反動」了。這就不希奇我被判「無期徒刑」了。〔註八一〕

五　時事針砭

「遺稿」展現了王明道晚年另一個新的思想領域，就是他對中國政治及社會事務的關注與批評。他曾這樣的評價中共建國以來的發展：

自中國共產黨統一中國大陸迄今，我對黨的看法有了數度的改變。1949～1950我對黨抱著很大的希望與樂觀。但自1951年我對黨的看法開始變為失望與悲觀。以後這種失望與悲觀與年俱增。到1966年，我對黨由失望而變為絕望。我覺得中國將陷於萬劫不復的境地。但自「四人幫」被打倒以後，我又逐漸對中國的前途生出了希望與樂觀。近一年來，我這種希望與樂觀更逐漸增加……〔註八二〕

毋庸置疑，令王明道絕望的「萬劫不復」處境，是指五十年代開始的極「左」政治路線。

他坦言，中共最大的失敗，就是「説謊言與行欺詐」，1957年的反右派鬥爭就是最顯著的例子。中共原先在鳴放運動中，提出「言者無罪，聞者足戒」的承諾，令知識分子「講了實話」。結果他們便為其鳴放言論承擔政治後果，被中共打成右派分子，受到嚴厲的打擊。他1958年入獄後，便曾在監中見到一名「右派」葛佩琦。〔註八三〕總括五十至六十年代多起政治運動，令無數國人在「鬥爭」中受到不同程度的衝擊，陷入極大的痛苦中：

過去二十幾年中，我國的賢士不但無名，而且遭到鬥爭、侮辱、詆毀、打擊、被罷免、下監牢，有些人甚至死於獄中。全國人民終日慢心忡忡，戰慄恐懼，敢怒而不敢言。〔註八四〕

王明道相信，文化大革命這場浩劫，其實根源於「無神論」。因為「徹底的唯物主義者是無所畏懼的」，「中國這二十幾年來，出現了我一生沒見過的『無法無天』的現象，都是『無神論』所賜」：

「十年浩劫」中，有靠山的人便打砸搶，沒有靠山的人便偷。我認為這種可怕的現象，都是大力提倡無神論所招來的。蘇共大力提倡無神論，大力迫害有信仰的人，便使蘇聯的人民陷在水深火熱之中。中共過去一些年來也大力提倡無神論，所以演

出了二十幾年的浩劫。〔註八五〕

職是之故，他對1975年及1978年由人大頒布的憲法提及的公民權利中關於宗教信仰自由一款，便深以為憂。「七五憲法」第二十八條是「公民……有信仰宗教的自由和不信仰宗教、宣傳無神論的自由。」至於「七八憲法」第四十六條為「公民有信仰宗教的自由和不信仰宗教、宣傳無神論的自由。」他在獄中閱讀《人民日報》時，便覺得有關條款，特別是「宣傳無神論」一條，確是「令人費解」的。因為「真正民主立憲的國家都不會有這樣的規定」。〔註八六〕1981年王明道抵上海後，正值「憲法修改委員會」進行修憲工作，並頒布憲法修改草案。王得悉修改草案中「『公民有不信仰宗教的自由和宣傳無神論的自由』兩句話刪去，這是很大的進步」。不過，他對修改草案第35條仍有保留，「如果我不是為眼疾所阻，我很想仔細談談，但我的目疾使我有心無力，只好不談。」〔註八七〕王明道所指的草案第35條，即是指日後正式頒布的第36條：

中華人民共和國公民有宗教信仰自由。

任何國家機關、社會團體和個人不得強制公民信仰宗教或者不信仰宗教，不得歧視信仰宗教的公民和不信仰宗教的公民。

國家保護正常的宗教活動。任何人不得利用宗教進行破壞社會秩序、損害公民身體健康、妨礙國家教育制度的活動。

宗教團體和宗教事務不受外國勢力的支配。

不過，草案部分內容卻在全國人大常委審議時被修改或刪除，其中涉及宗教信仰自由部分，在第三款「國家保護正常的宗教活動」後，尚有「任何人不得利用宗教進行反革命活動，或者進行破壞社會秩序……」。〔註八八〕其中「利用宗教進行反革命活動」最後因受到宗教界的反對而被刪除。〔註八九〕筆者相信，王明道作為未被平反的「反革命分子」，對「利用宗教進行反革命活動」一款，肯定持極大的保留。可惜因眼疾關係，王無法詳述其意見。

目睹改革開放以來中國社會的發展，逐步讓王明道走出絕望，對前途恢復樂觀的展望：

幸而天（神）佑中國，近年來全國發生了一些出人意外的變化。特別是這一年以來，勒在人民喉嚨上的繩索被解開了。二十多年失去言論自由的人民，開始能說話了。可是許多「年歲大，經驗多」的人們，鑑於1957年那□□誘敵「深入集中殲滅」

的往事，還是不敢開口。只是抱著「少説話多磕頭」的那種心理而生活。〔註九十〕

雖然王也曾經歷政治運動對他的衝擊，但他卻沒有因此而沉默不語，並密切關注剛恢復活動的中國教會。一方面，他對三自運動仍持負面的評價：

現在恢復了的「三自會」仍〔是〕以前「三自會」的繼續。不但名字依舊，內容也是依舊，所不同的只是他們在口頭上改變了他們的説法，以前他們説《聖經》上的道理是「帝國主義的毒素」，現在他們改了口吻，説《聖經》是基督徒信仰的守則，「不信派」的講法是不見了，但他們心中的真思想卻沒有改變。他們只想由「不信派」而變為「偽信派」而已，「不信派」還容易認識，「偽信派」就很難認識了。〔註九一〕

針對中國教會在五十至六十年代的遭遇，王察覺到有傾向「把逼害教會的罪都推到四人幫身上」，這完全是不符合事實的：

我的〔和〕許多反對三自運動的人被捕入獄是1955夏天的事。我和另外一些反對三自運動的人第二次被捕是1958的事。四人幫在那時還沒有出現，江青在那時還沒有過問政治，張春橋與姚文元更沒有任何勢力。至於王洪文更提不到了。難道

55年大批的基督徒和傳道人被捕下監，也由他們負責麼？北京原有五十多個大小不同的禮拜堂，到59年只剩下了四個，其〔餘〕的都被封閉或佔用了，這些事也由四人幫負責麼？〔註九二〕

能否對過去發生的歷史作客觀的評價，承認所犯的錯誤，正是王明道指出的關鍵所在。

另方面，他對政府的宗教信仰自由政策，亦流露出一絲憂慮。王明道認為，文革後各地陸續重開教堂，只是中國政府用來「告訴外國信徒説『中國有宗教信仰自由』」的手段而已。中國教會派代表團到香港及加拿大，〔註九三〕也是「藉此消滅華僑及華裔信徒並外國基督徒心中所留下的中國教會遭到迫害的印象」。王認為，「人們要看真實卻不要聽宣傳。語云：『事實勝於雄辯』，中共及中【政】府如果想消滅國外各地信徒對中國教會的印象，只有徹底改變對基督教的態度，才能收到實效。」〔註九四〕

王明道所代表的基要派，向來主張教會的使命在拯救靈魂，對社會及政治議題多保持距離。昔日的王明道也有這種自絕於社會公共領域的態度。從「遺稿」可見，王無疑表達了對若干時事問題的關注，但他的視野，大抵上仍是從「道德」及「宗教」的立場出發。例如，他把反右派鬥爭理解為「謊言」，把文革歸因於「無神論」等，均可見其限制。

六　小結

王明道在眼疾下仍撰寫平反文稿，反映出其晚年的心願。1986 年 10 月，王明道的兒子王天鐸，在父親的「遺稿」的意見上，正式擬定〈為請求複查王明道反革命案事〉，指「此案在國內是一重大案件，在基督教界影響很大，受牽連被逮捕、判刑、勞改、撤銷職務、批判的人數極多，有必要按照以事實為依據，以法律為準繩的原則，給以認真複查，以求得合理合法的處理」。他就起訴書及判決書列舉的三大罪名提出商榷：

	罪名	申訴理由
一	不參加並反對「三自愛國運動」及其領導人	「三自愛國運動是基督教界的自願參加的組織，參加與否或贊成或反對，都不違反任何法律，更不涉及反革命。而且王明道的教會本身是中國人創辦和維持的，實質上已經符合『自立自傳自養』的原則，是否符合『三自』不按著實際行動而按照是否參加「三自愛國運動」組織也不合情理。」
二	反對和破壞政治運動	「宗教宣講或著作中有與黨和政府的方針或主張相抵觸之處，應與破壞政府運動或法令有區別。」

三	窩藏反革命分子梁立志	「梁立志於解放前已脫離國民黨約一年之久，以後到昌黎自首的，在他在基督徒會堂居住時並未隱瞞其過去身份。」

王天鐸更強調，王明道一案與胡風案時間接近，而在定案前，《天風》已有批判文章，各地教會也有組織批判會，「證據的收集不是在客觀的氣氛下收集的，收集後也未見得能客觀地核實，判決時也沒有律師辯護。」再者，判決書與終審判決書「沒有嚴格按照把以推翻人民民主政權為目的和有除思想和言論以外的破壞行動為主要標準衡量是否反革命，混淆了思想與政治，政治態度與政府行為，政治行為與反革命行為之間的界限」。他最後希望，「此案能在他有生之年得到妥善處理。」〔註九五〕

不過，平反一事卻不為妻子劉景文支持。劉氏跟王說：「你說你冤枉，那我冤不冤枉？你去坐監，我也坐監，我一共坐了十九年呢！這些實在沒有甚麼可冤的，一切都是天父許可才發生的，今天我們不明白，將來我們必知曉！」〔註九六〕這種觀點，反映出基督教保守傳統認為凡事都在神的允許下發生，遇到不公平的事時，基督徒不必為自己申辯，神在終末的最後審判自會有伸張正義。由於劉景文反對關係，王的平反信件及其兒子的複查提請最終也沒有寄出。

1992 年 4 月，劉景文病逝。王天鐸在 2000 年後委託律師就王明道反革命案正式提出複查申請，結果被駁回。〔註九七〕早在 1997 年，全國人大修訂《中華人民共和國刑法》，正式取消沿用多年的「反革命罪」，並以「危害國家安全罪」取代。〔註九八〕雖然「反革命罪」已成為歷史名詞，但建國以來以此罪名破獲的「反革命案」，卻仍有待歷史給予公允的評價。中共中央迄今仍維持對 1955 至 1956 年間涉及基督教及天主教的三起重大「反革命集團」案的結論，因為「翻案」難免延伸一連串對歷史問題的重新評價，動搖了對現存官方認可宗教組織的威望及地位，不利於維持社會穩定。〔註九九〕

王明道離世已逾 20 年，但這位中國教會「巨人」的最後聲音及遺願，並沒有因時間的流逝而消失。「王明道反革命集團」一案，仍有待複查及平反。「遺稿」的整理，不僅有助研究王明道的工作的深化，更可藉此讓他的「聲音」重現，為中國現代基督教史留下珍貴的遺產。

〔註一〕本文於 2010 年 4 月 17 至 18 日宣讀於台灣基督教史學會主辦「文本解讀與經典詮釋：基督教文學」學術研討會，經修訂後刊於王成勉主編：《十字架前的思索——文本解讀與經典詮釋》（台北：黎明文化事業出版，2010）。現再作修改。

〔註二〕Leslie T. Lyall, *Three of China's Mighty Men: Leaders of the Chinese Church under Persecution* （London: Overseas Missionary Fellowship Books, 1973）.

〔註三〕Daniel H. Bays, "The Growth of Independent Christianity in China, 1900 ～ 1937," in *Christianity in China: From the Eighteenth Century to the Present*, ed. Daniel H. Bays （Stanford: Stanford University Press, 1996）, 314.

〔註四〕邢福增：〈反帝愛國與宗教革新——論中共建國初期的基督教〈革新宣言〉〉，《中央研究院近代史研究所集刊》，期 56（2007 年 6 月），頁 91 ～ 141。

〔註五〕邢福增：〈革命時代的「反革命」——基督教「王明道反革命集團」案始末考〉，《中央研究院近代史研究所集刊》，期 67（2010 年 3 月），頁 97 ～ 147。

〔註六〕晚年照顧王明道的張桂炎先生向筆者指出，王明道獲釋後，先住在上海平江路十三號王天鐸在中科院的宿舍，只有一間房。1984 年，王天鐸分配到武康路 69 弄一號的房子，有二室一廳，大約從 1984 年 7 月開始在王先生的家中有正式、固定的聚會，直至王師母離世停止。聚會人數大約有四十多人。

〔註七〕參吳利明：《基督教與中國社會變遷》（香港：基督教文藝出版社，1981），頁 158 ～ 163；林榮洪：《王明道與中國教會》（香港：中國神學研究院，1982）。Richard R. Cook, "Fundamentalism and Modern Culture in Republican China: The Popular Language of Wang Mingdao, 1900 ～ 1991," Ph. D. dissertation, University of Iowa, 2003, 107 ～ 114。

〔註八〕邢福增：〈王明道與華北中華基督教團——淪陷區教會人士抵抗與合作的個案研究〉，收氏著：《衝突與融合——近代中國基督教史研究論集》（台北：宇宙光出版社，2006），頁 103 ～ 174。

〔註九〕梁家麟：《他們是為了信仰——北京基督徒學生會與中華基督徒佈道會》（香港：建道神學院基督教與中國文化研究中心，2001），頁 103 ～ 131；Thomas A. Harvey, *Acquainted with Grief: Wang Mingdao's Stand for the Persecuted Church in China* （Grand Rapids: Brazos Press, 2002）, Ch. 4; Carsten T. Vala, "Failing to Contain Religion: The Emergence of a Protestant Movement in Contemporary China," Ph. D. dissertation, University of California, Berkeley, 2008, Ch. 3。

〔註十〕王明道：《五十年來》（香港：晨星出版社，1985）。

〔註十一〕王長新：《又四十年》（多倫多：加拿大福音出版社，1997）。關於《又四十年》的成書經過，參王長新：〈《又四十年》是怎樣寫成的〉，《生命季刊》，期18（2001年6月）。王長新曾參加基督徒聚會處，1983年離開中國，移居北美。

〔註十二〕靈石出版社編：《王明道日記選輯》（香港：靈石出版社，1997）。

〔註十三〕參見1955年9至12月的《天風》，詳細目錄參本書附錄四。

〔註十四〕馮基平：〈關於肅清反革命分子的工作〉（1955年9月19日），收入北京市檔案館、中共北京市委黨史研究室編：《北京市重要文獻選編：1955》（北京：中國檔案出版社，2003），頁627。馮基平在1955年領導北京市公安局展開肅反運動，在《馮基平傳》中，亦有提及當年馮氏參與王明道一案的情況。參劉光人等編：《馮基平傳》（北京：群眾出版社，1997），頁189～195。

〔註十五〕〈中共北京市委關於1955年鎮壓反革命情況向中央的報告〉（1955年12月31日），收入《北京市重要文獻選編：1955》，頁985。

〔註十六〕王長新：《又四十年》，頁101～138。

〔註十七〕「教團之役」指北平淪陷後王明道拒絕參加日本人支持的「華北中華基督教團」，參邢福增：〈王明道與華北中華基督教團〉，頁103～174。

〔註十八〕王明道：〈上江華院長書〉（一），手稿複印本，日期不詳，頁4～5。本章引用為原手稿頁碼，下同。

〔註十九〕王明道：〈上江華院長書〉（一），頁7。

〔註二十〕王長新：《又四十年》，頁149～152。另參王明道：〈我的檢討〉，《天風》，期515（1956年10月17日），頁7～9。

〔註二一〕王明道：〈現代基督教青年會的罪惡〉，《靈食季刊》，冊34（1935年夏），頁38至55。收本書附錄二。

〔註二二〕王明道：〈上江華院長書〉（一），頁7。

〔註二三〕王明道：〈上江華院長書〉（一），頁7。王明道的父親王子厚在義和團亂中自縊身亡。

〔註二四〕王明道：〈上江華院長書〉（一），頁7～8。

〔註二五〕〈北京市人民檢察院分院起訴書〉（六一）京檢分反起字第47號，1961年4月29日；〈北京市中級人民法院刑事判決書〉（六一）中刑反字第548號，1963年7月18日；〈北京市高級人民法院刑事終審判決書〉1963年刑終字第497號，1963年9月21日。收入王長新，《又四十年》，頁176～186。

〔註二六〕王明道：〈上江華院長書〉〔一〕，頁4。

〔註二七〕王長新：《又四十年》，頁189～190。

〔註二八〕王明道：〈上江華院長書〉〔一〕，頁6。

〔註二九〕王長新：《又四十年》，頁191～192。

〔註三十〕王明道：〈上江華院長書〉〔一〕，頁49。

〔註三一〕王明道：〈上江華院長書〉〔一〕，頁26。

〔註三二〕王明道：〈上江華院長書〉〔一〕，頁50。

〔註三三〕王明道：〈上江華院長書〉〔三〕，手稿複印本，1980年，頁3。

〔註三四〕王明道：〈上江華院長書〉〔一〕，頁49。

〔註三五〕王明道：〈上江華院長書〉〔一〕，頁4；〈上江華院長書〉〔二〕，手稿複印本，日期不詳，頁3。

〔註三六〕王明道：〈上江華院長書〉〔三〕，1980年，頁4～5。

〔註三七〕王明道：〈上江華院長書〉〔一〕，頁12。

〔註三八〕王明道：〈上江華院長書〉〔一〕，頁17。

〔註三九〕王明道：〈上江華院長書〉〔三〕，頁8～9。

〔註四十〕蕭揚：〈在紀念江華同志誕辰一百周年座談會上的講話〉（2007年7月31日），中國共產黨新聞，http://cpc.people.com.cn/BIG5/64093/64094/6054703.html；瀏覽於2009年6月27日。

〔註四一〕王明道：〈上江華院長書〉〔五〕，手稿複印本，日期不詳，頁2。

〔註四二〕王明道：〈上江華院長書〉〔二〕，頁10。

〔註四三〕王明道：〈上江華院長書〉〔二〕，頁2。

〔註四四〕邢福增：〈革命時代的「反革命」〉。

〔註四五〕王明道：〈上江華院長書〉〔二〕，頁10。

〔註四六〕他所指的是李儲文，1954年任中國基督教三自愛國運動委員會祕書長，曾任職上海青年會，後任上海國際禮拜堂牧師。

〔註四七〕王明道：〈上江華院長書〉〔一〕，頁53。

〔註四八〕王明道：〈上江華院長書〉〔二〕，頁8～9。

〔註四九〕王明道：〈上江華院長書〉〔二〕，頁10。

〔註五十〕王明道：〈上江華院長書〉（二），頁9～10。

〔註五一〕王明道：〈上江華院長書〉（二），頁9。

〔註五二〕王明道：〈上江華院長書〉（一），頁38。

〔註五三〕王明道：〈上江華院長書〉（一），頁27。

〔註五四〕王明道：〈上江華院長書〉（一），頁9。

〔註五五〕王明道：〈上江華院長書〉（三），頁9。

〔註五六〕王明道，〈上江華院長書〉（一），頁18～19。

〔註五七〕據宗教事務局的內部文件，「王明道反革命集團」的涉案人士，除了若干北京的反動骨幹分子外，更涉及廣東廣州、福建、哈爾濱、內蒙古、新疆、山東青島、甘肅蘭州、武威、天津等地。「關於反革命分子王明道的材料」，國務院宗教事務局編：〈宗教情況通報〉，（55）第十三號（1955年8月22日），頁9至11，四川省檔案館藏，50-532-630。

〔註五八〕參見1955年9至12月的《天風》，參本書附錄四。

〔註五九〕王約瑟：《王明道見證（增訂版）》（香港：中華福音服務社，2000），頁68。

〔註六十〕張育明：《血淚年華——張育明教授回憶錄》（台北：宇宙光出版社，1999），頁251。

〔註六一〕羅瑞卿：《我國肅反鬥爭的成就和今後的任務》（北京：中國青年出版社，1958），頁4～5，26～30。

〔註六二〕陳永發：《中國共產革命七十年（修訂版）》（台北：聯經出版，2001），下冊，頁677。

〔註六三〕林蘊暉：《向社會主義過渡——中國經濟與社會的轉型（1953～1955）》（香港：香港中文大學中國文化研究所當代中國文化研究中心，2008），頁522。

〔註六四〕〈中共中央統戰部張執一副部長在基督教全國會議上的講話（摘要）〉，《天風》，復期2（1981年），頁19。

〔註六五〕王明道：〈上江華院長書〉（一），頁10～11。

〔註六六〕王明道：〈上江華院長書〉（二），頁1。

〔註六七〕王明道：《五十年來》，頁8～9。

〔註六八〕王明道：〈上江華院長書〉（一），頁1～2。

〔註六九〕王明道：〈上江華院長書〉（九），手稿複印本，日期不詳，頁11。

〔註七十〕王明道：〈上江華院長書〉（一），頁19。他特別點了基督徒聚會處的倪柝聲的名。王明道有另一段錄音講話詳述他對倪的意見，參邢福增註釋：〈王明道談中國教會的人與事：1980年代一次談話考釋〉，《近代中國基督教史研究集刊》，期8（2008/2009），頁80～91。

〔註七一〕王明道：〈上江華院長書〉（一），頁11。

〔註七二〕關於毛策動「批林批孔」運動的原因，特別是為何把林彪與孔子連在一起批判，參史雲、李丹慧：《難以繼續的「繼續革命：從批林到批鄧」》（香港：香港中文大學中國文化研究所當代中國文化研究中心，2008），頁329～348。

〔註七三〕王明道：〈上江華院長書〉（三），頁3～4。

〔註七四〕王明道：〈上江華院長書〉（八），（十），（十一），（十二），手稿複印本，日期不詳。

〔註七五〕王明道：〈上江華院長書〉（一），頁48。

〔註七六〕如《基督徒的言語》（1933）、《信徒鍼砭》（1935）、《寫給受苦的聖徒》（1935）、《信徒處世常識》（1936）、《基督徒與婚姻》（1943）、《感恩的人》（1944）、《金錢不能買的幾樣東西》（1946）、《寫給青年的基督徒》（1948）、《作主精兵》（1953）、《看這些人》（二輯，1953）、《聖徒藥石》（二輯，1954）等。

〔註七七〕王明道：〈上江華院長書〉（九），頁11。

〔註七八〕王明道：〈信徒處世格言〉，《靈食季刊》，冊59（1941年秋），頁68～69。

〔註七九〕王明道：〈上江華院長書〉（九）頁11。

〔註八十〕王明道：〈上江華院長書〉（一），頁20～21。

〔註八一〕王明道：〈上江華院長書〉（九），頁11。

〔註八二〕王明道：〈上江華院長書〉（四），頁1。

〔註八三〕王明道：〈上江華院長書〉（十三），手稿複印本，日期不詳，頁10。

〔註八四〕王明道：〈上江華院長書〉（三），頁1。

〔註八五〕王明道：〈上江華院長書〉（一），頁20～21。

〔註八六〕王明道：〈上江華院長書〉（一），頁20。

〔註八七〕王明道：〈上江華院長書〉（一），頁35。

〔註八八〕許崇德：《中華人民共和國憲法史》（福州：福建人民出版社，2003），頁699。

〔註八九〕丁光訓：〈談談憲法第三十六條〉，《丁光訓文集》（南京：譯文出版社，1998），頁384。

〔註九十〕王明道：〈上江華院長書〉〔三〕，頁 2。

〔註九一〕王明道：〈上江華院長書〉〔一〕，頁 60 ～ 61。

〔註九二〕王明道：〈上江華院長書〉〔三〕，頁 10 ～ 11。

〔註九三〕馮煒文、林澤編：《主愛我們到底——中國基督教代表團訪港文集》（香港：香港基督教協進會，1981）。Theresa Chu and Christopher Lind eds., *A New Beginning: An International Dialogue with the Chinese Church, With the workshop reports"God's Call to a New Beginning"held in Montreal, Oct. 2～7, 1981*（Toronto: Canada China Programme of the Canadian Council of Churches, 1983）.

〔註九四〕王明道：〈上江華院長書〉〔一〕，頁 37 ～ 38。

〔註九五〕王天鐸：〈為請求複查王明道反革命案事〉，1986 年 10 月 1 日，打字複印本。參本書附錄一。

〔註九六〕林秋香、章冠英：《受傷的勇士——王明道的一世紀》（台北：橄欖出版有限公司，2006），頁 100。

〔註九七〕〈王天鐸先生訪問記錄〉，2009 年 8 月 13 日，上海。

〔註九八〕〈八屆全國人大五次會議〉，中華網，http://big5.china.com/gate/big5/news.china.com/zh_cn/focus/2009lh/gdxw/11073554/20090209/15315682.html ；瀏覽於 2010 年 3 月 27 日。

〔註九九〕王明道逝世後多年，官方認可的基督教組織仍視他為批判的對象。例如中國基督教兩會（三自愛國運動委員會及中國基督教協會）在 1999 年曾以「王明道『信仰』析」作《會訊》（內部刊物）主題，惟主要內容仍沿襲 1950 年代的批王材料。編者說：「海外有人把王明道捧得很高，說他如何『屬靈』、『信仰』如何純正堅定等等。這些不實之詞很影響了我們中間的一些年輕人。影響受得深了，就要以王明道為榜樣，這就糟透了。為了教育下一代，我們編了這份材料。」「人有宗教立場，也有政治立場。人們的很多問題，不是由於宗教信仰，而是由於政治立場。」〈編者的話〉，中國基督教全國兩會編：《會訊》，1999 年增刊（1999 年 12 月）。

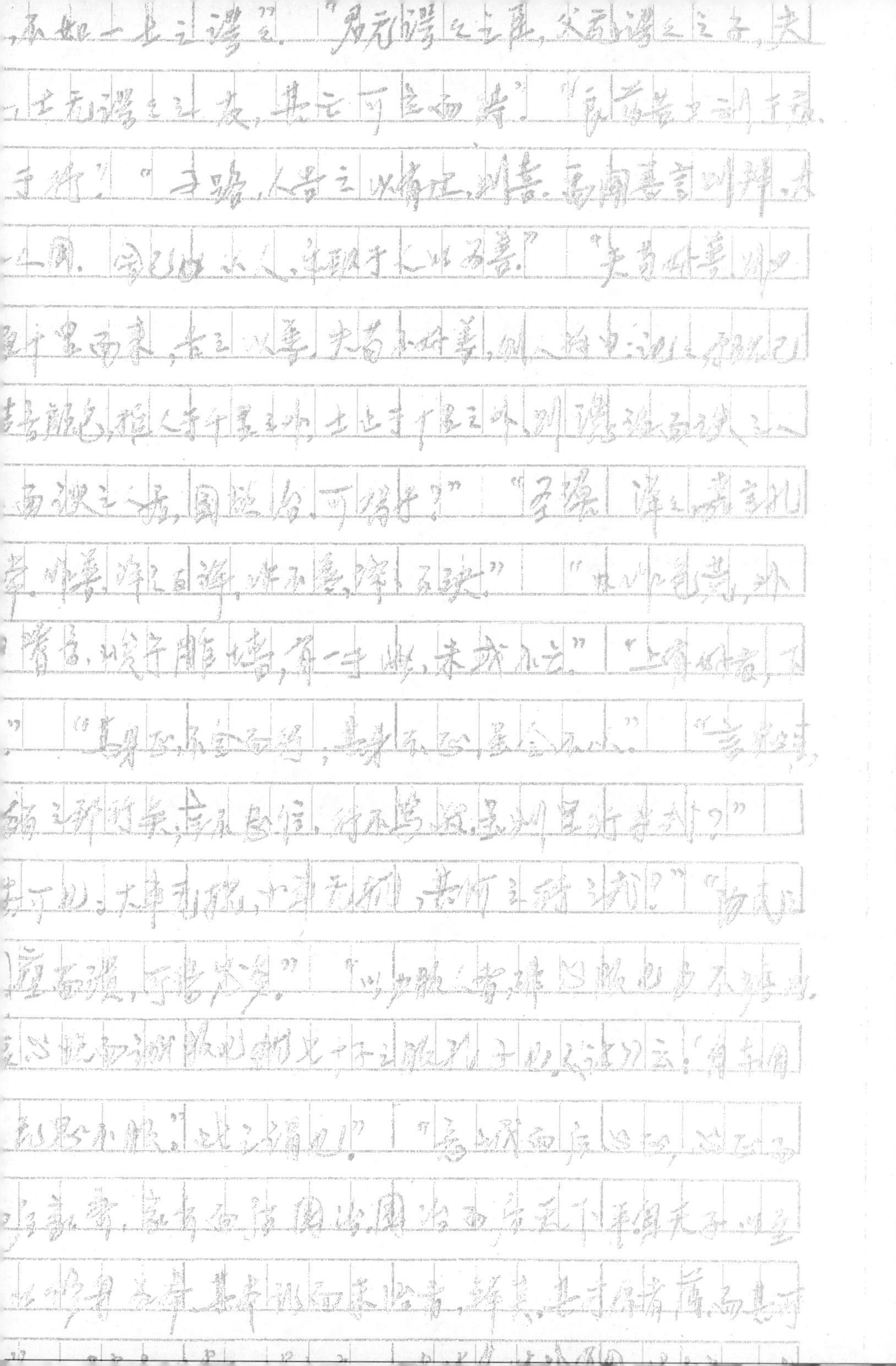

那天天預備死的人，反倒很光榮的活了許多年。

——王明道

貳　晚年平反遺稿

王明道

凡例

一　「遺稿」並非單一文本，其中涉及最少十五個版本，分別以「上江華院長書」（十篇）、「院長閣下」（兩篇）、「院長先生閣下」（兩篇）、「前言」（一篇）為標題。內容上既有重複，又有差異之處。編者以〔一〕、〔二〕、〔三〕……等作識別。

二　「遺稿」又包括散頁若干篇，特標示「遺稿・散頁」，合計二十組。編者以〔一〕、〔二〕、〔三〕……等作識別。

三　大部分「遺稿」均有頁數，最長的記錄是九十七頁，最短者僅一頁，部分又出現頁中有頁的情況（如頁8A, 8B，或頁（4）3、（4）4等）。「遺稿」各版本均有缺頁。

四　「遺稿」部分無法辨識者以□□代替。「遺稿」內文有手民錯誤者，編者以【】更正。

五　編者若對「遺稿」遺漏處作補充處，以〔〕作識別。

六　原文數目字既有以阿拉伯數目字方式書寫，也有以中文字方式書寫，一律保留原樣，不予統一。

七　原文使用引號“ ”，一律改為「」。

八　原文凡缺頁處，即標示【……缺頁】。

九　若遇原文不通之處，編者即標示【原文如此】作說明。

十　王氏在部分文句下加上註點，以示重點。現將其改為**黑體底線**。

十一　部分原稿並未完成，即標示【原文未完成】。

十二　為便利讀者，特在文內增加若干註釋。由於遺稿內容有部分重複，如在前文已標註者，則後文不再重複。

「反動」這名詞

上江華〔註一〕院長書（一）

王明道

前言

院長先生閣下

我素來不是一個善於書法的人，不過在我未患目疾以前，我所寫的字雖然不好，但還使人不難看懂。不幸，我在六〔、〕七年前在陰營〔註二〕獄中患了白內障，以後日漸

〔註一〕江華是中國最高人民法院院長，在任期間（1975 ~ 1983）主持大量平反冤假錯案工作。參蕭揚：〈在紀念江華同志誕辰一百周年座談會上的講話〉（2007 年 7 月 31 日），中國共產黨新聞，http://cpc.people.com.cn/BIG5/64093/64094/6054703.html；瀏覽於 2012 年 10 月 18 日。

〔註二〕王明道在 1958 年 4 月二度被捕後，先被關押在草嵐子胡同看守所；1959 年 11 月，遷往德勝門外

加重。近年我已經不能閱讀書報，寫字則只憑著記憶，寫完自己已看不清楚。一個在京的朋友接到我的覆信，告訴我說，他接到我的信，需要看好幾遍，才能看懂。但我幾十年來，寫信撰文都一向不請人代寫，而由自己執筆。至今仍是如此。閣下身任最高法院院長之職，肯定是日理萬機。我卻以這樣難以看懂的字，向閣下上書，實在是強人所難。但我感予「天下興亡，匹夫有責」之意，又不能緘口不言，因此冒昧上書於閣下，希望閣下能採納我「一將」之愚，撥冗看一下我這一封書信。

我是十九世紀末年（1900）生人，公元19後面的兩個數字就是我的歲數。我在十歲時已由我的老師徐賡臣老先生的青睞教誨，讀完《四書》。我在十四歲時由於一位同學的引領作了基督徒，便開始閱讀《聖經》，漸漸感覺《四書》中的教訓與《聖經》中的道理互相吻合，便開始明了《大學》中所說：「意誠而後心正，心正而後身修，身修而後家齊，家齊而後國治，國治而後天下平」之訓。我那時是一個小學生，當然提不到甚麼「齊家治國平天下」。但我卻能學習「誠意正心修身」的教訓。因此我從那日起便開始注重「誠意正心修身」，以後日有寸進。《聖經》與《四書》便奠定了我一生作人的基礎。此後我無論讀甚麼書都轉到注重道德。先師孔子曾嘆息著說：「已矣乎！吾未見好德如好色者也」。又說：「已矣乎，吾未見能見其過而內自訟者也」。我從十四歲以後，便成為一個「好德如好色」的人和一個「能自見其過而內自訟」的人。我兩次入監以後，我自14歲到55歲所寫的日記[註三]都曾落在政府手中，被獄中一些幹部看過，他們會從其中認識我的人生。在 1950 年曾出版了我的自傳《五十年來》〔註四〕，內容約二十餘萬字，敘述了我自出生至 50 歲的一切事跡。我敘述了我自己的長處和短處，優點和缺點，成功與失敗。那是一部十分翔實的記載。我在入獄〔註五〕以前曾出版了兩次，共計 5000 本，銷出並贈出的約有一半。其他的二千餘冊，想已都被政府收了去。我想理口我案情的幹部必有一些人看過。我是一個「書有未曾經我讀，事無不可對人言」的人。我是基督的一個門徒，我也是孔子的一個弟子。我所讀的書中，歷史佔其中的一大部分。我以歷史中人物的成功與優點作我的楷模，以歷史中人物的失敗與缺點作我的鑑戒。我很服膺魏征【徵】所說：「以銅為鏡，可以正衣冠；以古為鏡，可以知興替；

的功德林看守所；1960 年 2 月，再被轉往北京市自新路看守所關押。1966 年秋，王明道被押解到山西大同勞改煤礦；1968 年 4 月，又被轉押到山西省陽泉縣的一個小鎮蔭營。參〈王明道（1900 ~ 1991）〉，華人基督教史人物辭典，http://www.bdcconline.net/zh-hant/stories/by-person/w/wang-mingdao.php；瀏覽於 2012 年 10 月 18 日。

〔註三〕自 1915 年起，王明道一直有撰寫日記的習慣，直至 1955 年 8 月 5 日他被捕前，每年一冊，合共 41 冊。整套日記在王明道被捕時給公安取去，後獲發還，但卻缺少了 1954 年一冊。香港靈石出版社曾出版《王明道日記選輯》，按「詳今略古」（即早年選錄較少，後期較多）的原則選取了 1920 至 1955 年的日記，但整理出版者只佔全數的極少比例。

〔註四〕王明道：《五十年來》（北京：靈食季刊社，1950）。

〔註五〕王明道夫婦曾兩度被捕入獄。第一次是在 1955 年 8 月 8 日凌晨。不過，由於他願意悔過的關係，1956 年 9 月獲「教育釋放」。但到 1958 年 4 月，他與妻子因未履行參加基督教三自愛國組織的承諾，再度被捕，後來正式治以「反革命罪」，其後劉景文於 1977 年獲釋。

以人為鏡，可以明得失」的那幾句話。

我從14歲作了基督徒以後，便一直過著「戰鬥的生活」。最早是與我個人的私慾戰鬥，繼而與一些不良的同學戰鬥，在我十八歲末及十九歲時，又與教會學校〔註六〕中的惡勢力戰鬥。在我二十歲末及廿一歲初又與學校中干涉我信仰的勢力戰鬥，而被我任職的學校〔註七〕驅逐出校。從這時我便因信仰開始嘗到極重的折磨，經過四年之久，到我25歲開始傳道以後，又與教會及社會中的惡勢力戰鬥。1942年「華北中華基督教團」〔註八〕之役，又與日本勢力及其傀儡宗教組織「華北中華基督教團」戰鬥。那時我已經作好了準備，進日本憲兵隊的監牢。但因著神的保守，我不但未遭日本憲兵隊的逮捕，反而得到了光榮的勝利。這些經過我都叙述在《五十年來》一書中。「華北中華基督教團」中的牧師和青年會的幹事們在教團成立一週年後，竟出版了一冊《華北中華基督教團成立一週年紀念冊》，〔註九〕因此留了中國基督教會及基督教青年會的一頁丑【醜】惡的歷史。

1949年中共統一了中國大陸以後，我因著中國人民解放軍的良好紀律，對中國的前途抱了極大的樂觀。不過我因著以往聽見俄國共產黨在革命成功以後，大力宣傳「無神論」，又大力逼害教會，便不免對中國教會的前途抱著隱憂，怕中國的教會也會遭遇俄國教會的厄運。可是我在49及50年所見所聞，使我看到中國教會一切的工作都照常進行毫無阻礙。我也在49及50年被邀到天津、漢口、武昌、長沙等處的教會去講道。特別在50年春我到天津時路過舊英租界，見路旁一面磚牆上，用紅油漆寫了一呎多見方的四個大字：「宗教自由」，我更信中共大概是因著俄共逼害教會，招來了歐美各國教會的反對，因而引為鑑戒，對中國教會不再加以逼害。不幸，我因一時的現象，而把事情看錯了。

1950年我看見了一件奇怪的事，那就是吳耀宗〔註十〕和他的同伴涂羽卿〔註十一〕、艾年三〔註十二〕組織了一個「基督教訪問團」，到國內一些大城市去訪問教會，大力提倡「三自革新運動」。〔註十三〕這就為1951年所成立的三自革新會〔註十四〕作了準備。51年

〔註六〕王就讀於倫敦會的萃文初等小學、高等小學及中學（四年制）。中學畢業時因美以美會的匯文大學與長老會、公理會及倫敦會的協和大學籌組聯合（即日後的燕京大學），故入讀合併的崇文中學預科班。

〔註七〕王曾於保定縣長老會所辦的烈士田小學任教。

〔註八〕1942年淪陷區在日本支持下成立的基督教組織，前身為「華北基督教聯合促進會」。有關王明道拒絕參加華北教團一事，參邢福增：〈王明道與華北中華基督教團——淪陷區教會人士抵抗與合作的個案研究〉，收氏著：《衝突與融合——近代中國基督教史研究論集》（台北：宇宙光出版社，2006），頁103～174。

〔註九〕應為《華北中華基督教團成立周年紀念冊》（北京：華北教團，1943）。

〔註十〕吳耀宗（1893～1979），曾任青年會學生幹事及出版部主任，1954年任中國基督教三自愛國運動委員會主席。

〔註十一〕涂羽卿（1895～1975），物理學家，曾任聖約翰大學校長，中國基督教青年會全國協會總幹事。

〔註十二〕艾年三，上海中華信義會牧師。

〔註十三〕有關訪問團及基督教革新運動，參邢福增：〈反帝愛國與宗教革新——論中共建國初期的基督教〈革新宣言〉〉，《中央研究院近代史研究所集刊》，期56（2007年6月），頁91～141。

〔註十四〕中國基督教三自革新運動籌備委員會，1951年4月成立，吳耀宗任主席。

三自革新會成立以後，我又參加了一次長達二十幾年的戰鬥。我稱這個戰鬥為「三自革新會之役」。這次的戰鬥持續了二十幾年之久。我於1979〔年〕11〔月〕11〔日〕在山西蔭營獄中交給政府一份材料，我稱那份材料為《一個徹底的大暴露和一個大膽的挑戰》〔註十五〕。在這份材料中我簡略述說了我和三自革新會戰鬥的經過和三自會〔註十六〕的真相。在這份材料後邊，我請求蔭營監獄中的當局將這份材料送交北京國務院。院長閣下如果尚未嘗目，請向國務院詢問一下。我現在因目力大壞，無力再詳細寫其中的話。

這次戰役是我一生幾十年戰役中最大的一次戰役。在這次戰役中的前半，我遭遇了慘重的失敗。我前後說謊達八〔、〕九年之久。但我所事奉的神卻為我行了一件大事，使我在1965年春季，重新站立了起來。我開始向政府誠實交代了我過去幾年中對政府所說的一切謊言（包括我的「偽供詞」，「偽思想檢查材料」及「偽立功贖罪計劃」。〔註十七〕）

我從14歲作基督徒後，便痛恨謊言。因為我發現社會中種種罪惡都與謊言有大的關係。謊言也是一切罪惡的藏身所，一個人如果不說謊言，他便甚麼罪也不敢犯。即使犯了罪，他也會誠實地承認。一個人越會說謊，他也越會犯罪。說謊與各樣罪惡都有密切的聯系【繫】。我幾十年十分注重誠實，所以才在一切認識我的人中得到了他們的信任與尊重。不幸我在1955〔年〕8〔月〕7日夜間將近子夜時被幾個跳牆入院闖進我的房中的公安人員，趁我面向窗戶間看信件時，在我背後大喝一聲：「不許動」。我站起來，轉身一看，見有一個面目猙獰的人，握著一支手槍，對准【準】了我，作射擊的姿式。我一生未見過這種可怕的情形，尤其是我一生沒有拿過任何槍支。而且我又是一個膽量很小的人。在日本侵華後，我曾幾次與日本憲兵隊的憲兵和日本官吏接觸過，但都是很和平很客氣地交談，從來未受過他們的威嚇。55〔年〕8〔月〕7〔日〕夜是我一生遇到過的第一次威嚇，緊接著又有一個公安人員拿出手銬來將我銬上，並向我說：「街門鑰匙在那裡？」這時我才知道這兩個是跳墻入院的。我一生未見過有人用手槍對准【準】我，也沒有戴過手銬。因此便嚇得心膽俱裂坐在床沿上，呆若木雞，竟連思想也停頓了。那個拿著手槍的人仍是用手槍對准【準】了我。幾分鐘後，本段戶籍警康□□走了進來。我問他說：「我妻在那裡？」因為我妻是睡在外間屋裡，我不知道她那時在那裡，所以才問康。康說：「她被捕了」。這就使我的心更恐懼起來。我雖然未嘗會料到我會被捕，但因為十幾天來，北京「三自會」屢次開會並印了一張傳單，標題是「加強團結，明辨是非」〔註十八〕。那知道那個傳單是針對我發的，但因著我的言論和發表的文章完全是在宗教信仰範圍內，我總認為政府不會逮捕我。因而毫無戒備。我在

〔註十五〕有關材料未見。

〔註十六〕1954年，中國基督教三自愛國運動委員會成立，吳耀宗任主席。

〔註十七〕有關材料未見。

〔註十八〕1955年7月11日，《天風》發表題為〈加強團結，明辨是非〉的社論，首次點名批判王明道的錯誤：

1942年「教團之役」雖然嘗過青年會幹事和教會牧師的恐嚇，最後與日本興亞，文化局調查官武田〔註十九〕且當面交談了一小時之久。但因為事前我已作好了準備，所以每次的解釋，我都未感到恐懼。55〔年〕8〔月〕7〔日〕子夜的遭遇完全和我與日本人接觸的經過截然不同。我這個人□□□的人竟一下子被手槍和手銬嚇得驚惶失措，於是這場慘敗便開始了。

過了一些時候，我被帶到院中，一個人用鎂光給我照了相，在燈光之下，我看見了院中站著至少有十幾個武警公安人員，有的拿槍，有的徒手。且有幾位女的。翌年我出獄後，才知道那夜只從我們院中就逮捕去二男二女（我和我妻，並張□□和張世舜）。我們四個人都是文弱書生，這種興師動眾使用大批武裝人員對我們進行逮捕，無疑是含著威嚇的性質。不幸，我這個幾十年來「富貴不能淫，貧賤不能移」的人，竟未作到「威武不能屈」這一點。而遭到了長達八〔、〕九年之久的慘敗，直到我第二次入獄八年之後，我才由跌倒的地方站立了起來，轉敗為勝。

1965年一月政府把我由北京新監看守所調到北京醫院。第二日，張監獄長和劉院長、邢科長和我談了三個多小時。張監獄長對我說：找我談話的意思，是雖然我已判了無期徒刑，但隨時可更改為有期，甚至可以得到釋放。並從那日起，給了我好幾種特別待遇。這時我開始看到政府是要釋放我。我第一次出監是因為我保證我出監以後，參加三自會，那完全是謊言。56年夏審訊員交給我一個小冊子，名為《從《五十年來》看王明道》〔註二十〕，在其中「三自會」把我那本自傳中的叙述斷章取義，割裂歪曲，弄得面目全非。我看了以後，氣忿異常。但我因為盼著出監，我竟甚麼話也不敢說，從那時我對三自會更加深惡痛絕。我怎麼能參加這個組織呢？我在未入監以前的54年，曾在北京參觀了一次「菊花展覽」。翌年（55〔年〕）上海三自會的天風社〔註二一〕在滬開了一次「謊言展覽」。《天風》社展出的謊言可謂無奇不有，把我這個為千萬中外基督徒所尊重的傳道人，罵得體無完膚。這時我更知道三自會的真相，我怎麼能參加這個「為神人共憤的團體」呢？

（一）根本否認中國基督教被帝國主義所利用，把帝國主義的思想毒素說成是聖經的「真理」；（二）妄圖挑起基督教內部「基要派」與「現代派」間在信仰上的爭戰，藉以動搖及取消三自愛國運動的基礎；（三）自吹自捧為神的僕人，把參加三自的基督徒「判決」為「靈性墮落」和「不信派」。因此，面對王明道「假藉信仰作口實進行破壞反帝愛國」，社論呼籲愛國愛教的基督徒必須從「反帝愛國的政治原則來同王明道先生劃清是非界限」，積極投入鬥爭之中。〈加強團結，明辨是非〉，《天風》，期471～472（1955年7月11日），頁3～5。據《天風》主編沈德溶憶述，這篇「分量很重」的社論，是由上海市宗教事務處處長羅竹風執筆的。沈德溶：《在三自工作五十年》（上海：中國基督教全國兩會，2000），頁77。

〔註十九〕武田熙，日本調查官；在華北中華基督教團任列席委員。

〔註二十〕應為本刊資料室：〈從王著《五十年來》看王明道是怎樣的一個人〉，《天風》，期477～478（1955年8月15日），頁6～13。後收入天風週刊資料室編：《揭露反革命分子王明道的反動言論》（上海：廣學會，1955），頁1～16。

〔註二一〕《天風》是一份基督教週刊，1945年2月創辦於成都，主辦機構是基督教聯合出版社。1948年1月1日以後，改用「天風社」的名義出版。1951年起，《天風》成為三自革新籌委會的機關刊物。

1955（年）8（月）8（日）至1956（年）9（月）29日計417天之久，我陷入了謊言深坑中。在這將近14個月中，我在草嵐子[註二二]審訊室當中，在新監三統監房中所聽見的全是謊言。那位□□審訊員更對我說了許多謊。監房中的兩個犯人（王克道、孟國輝）也對我說了許多謊言。我也急於出監。便也說了許多謊言。出監的翌日（55【56】（年）9（月）30（日））又去青年會的103室，當著約有二百人面前，讀了一篇充滿謊言的「偽供」及「偽謊言」[註二三]，但我卻連一天也沒參加「三自會」。一個四十一年之久（1914～1955）痛恨謊言，不說謊言，而且勸戒別人不要說謊言的人，竟在草嵐子獄中說了不可勝數的謊言。我還有甚麼面目見人？更有甚麼面目見神呢？

我的檢討

王明道

王明道的「自我檢討」，刊於《天風》

我可以這樣說謊，先是被那一支手槍嚇昏，繼而怕我妻〔註二四〕病死獄中。我希望藉著說謊而出監，使我不致在監中殞命。到我們出監後，把她送回杭州交給她的母親，然後我就跳西湖自殺，以了此殘生。不料，出監後，我發現我妻已經身患重病，連幾十步也走不動。她雖然病到這種地步，還是緊緊追隨著我，隨步不離，因為她多年前已經知道我父親〔註二五〕是自殺殞命的。我們同處了二十多年，她知道我是一個堅貞不屈，寧為玉碎，不作瓦全的人。她怕我因著這一次的慘敗會步我父親的後塵，找機會自殺。如我自殺，她不久也會死去。這樣一想，我便沒有勇氣自殺了。尤其是公安局有兩位幹部（一名李□，另一個不知姓名）告訴我們說，我們不能離開北京。當然我不能將她送回交給她母親。

〔註二二〕北京草嵐子看守所在解放前專門關押政治犯，新中國成立後則關押「反革命」分子。

〔註二三〕王明道：〈我的檢討〉，《天風》，期515（1956年10月17日），頁7～9。王明道開首第一句是「我是一個犯了反革命罪行的人」，接著陳述其如何「借著宗教形式進行反革命活動」：（一）散布反動言論，破壞政府各項政策和歷次社會改革運動，並反對政府和共產黨；（二）藉著信仰不同，挑撥教徒與非教徒，教徒與政府的關係，製造對立，特別是使教徒與無神論者對立起來；（三）諷刺社會主義，影響信徒；（四）誣衊政府要藉三自運動來消滅基督教，激烈地攻擊參加三自運動的傳道人，嚴重破壞三自運動。

〔註二四〕劉景文（1909～1992），王明道妻子，1928年8月8日舉行婚禮。參施美玲：《六十三年——與王明道先生窄路同行》（香港：靈石出版社，2001）。

〔註二五〕王明道父親王子厚，在北京美以美會辦同仁醫院工作。1900年義和團亂，王子厚攜同妻女到東交民巷使館界避難。拳民圍攻使館界期間，王氏在肅王府花園自縊身亡。參王明道：《五十年來》（香港：晨星書屋，1985），頁2～4。

王明道夫婦婚照

貳 晚年平反遺稿

中年時期的王明道夫婦

我自從1956〔年〕9〔月〕29日出監以後，到1958〔年〕4〔月〕29日共度過了整二十幾個月。我所吃的、穿的、住的都和入監前一樣。但我的心情卻和在監中一樣的痛苦。一個原因，是因為我在獄中說了許多謊言，卻不敢推翻。在以前的幾十年中，我痛恨偶一不慎，說了謊言，便如眼中落入一顆沙礫那樣難，不把這顆沙礫弄出來，就痛苦得無法忍受。我必須向神和那個聽我說謊的人承認並收回那句謊言，才能消滅心中的痛苦。我在草嵐子中說了那麼多的謊言，我卻不敢向政府承認並收回。我知道政府最忌諱犯人翻供，一翻供，便是抗拒，便從嚴處辦。我在出監以前若翻供，便出不了監。我在出監後若翻供，便不有□進監。於是這大量的沙礫便在我眼中，日夜使我痛苦不堪。

此外還有一種痛苦，那就是我怕再進監。我已經應許政府出監後參加「三自會」。但我始終沒有參加。這便是對政府失信食言，便會再被捕入監。因此每日心中惴惴不安，不曉得那天會再被逮捕。於是我便天天找事作，以麻醉我自己，作得累了，便去遊園，看電影。以使我忘記心中的苦痛。我既不參加「三自會」，當然我也再不能在教會中擔任工作。於是我和我妻便遷出「基督徒會堂」[註二六]，而住在我自己的家中，完全與那個已經變了質的會堂脱離了關係。此後，我只希望不再入獄，不再遭遇囹圄中的折磨，便知足了。可是「三自會」和它的後台老板絕對不會讓我這樣活下去，在我出獄的十幾月後終於把我再弄進監牢，使我又坐了二十多年的監，並且被誣為「屢教不改的反革命份子」，判處了無期徒刑，褫奪政治權利終身，[註二七]又沒收了我那微不足道的小房十二間。當然我講道並出版的工作也就隨之停止了。這樣一來，「三自會」領袖便認為王明道在國內國外的影響便會消滅，不復存在了。我在第一次出監後也這樣想過那時我把我所譯的一首讚美詩〔註二八〕的副歌：「一切全奉獻，一切全奉獻，完全獻與恩主耶穌，一切全奉獻」改了一些字說：「一切全完了，一切全完了，全軍覆沒，一敗塗地，一切全完了」。

「完了麼？」我的工作不但沒完，在我坐監的這二十幾年中，文字的工作竟在海外大大地被推廣。**1951** 年□北京海關駐郵局辦事處邀我談話（，）告訴我此後不要再往海外寄發書刊，我明白那邊政府怕我的書刊流傳到海外，將來無法收回，我當即允諾了。從那時起，我連一冊書刊也未向海外寄發。可是當我於 **1980** 年到上海後，不久我竟發現我所出版的書完全被香港的教會出版，現在港重印。因為我久在獄中，他們無法征

〔註二六〕基督徒會堂（The Christian Tabernacle）由王明道創辦，開始時是小聚會。1933 年春借隆福寺社交堂房子聚會，4 月在前炒麵胡同甲 23 號租房。1936 年 4 月購買史家胡同 42 號，1937 年在原址新建會堂。

〔註二七〕1961 年王被北京市人民檢察院分院控以「反革命分子」罪，1963 年先後經北京市中級及高級人民法院審判，判處無期徒刑並剝奪政治權利終身。參〈北京市人民檢察院分院起訴書〉（六一）京檢分反起字第 47 號，1961 年 4 月 29 日；〈北京市中級人民法院刑事判決書〉（六一）中刑反字第 548 號，1963 年 7 月 18 日；〈北京市高級人民法院刑事終審判決書〉1963 年刑終字第 497 號，1963 年 9 月 21 日。收入王長新，《又四十年》（多倫多：加拿大福音出版社，1997），頁 176 ~ 186。

〔註二八〕原曲為 "All in Jesus I Surrender"（W. S Weeden, J. W. Van de Venter），王明道譯為「奉獻一切」，《靈食季刊》，冊 39（1939 年秋），頁 69。

【徵】得我的同意，因而無法通知我。他們將我所出版的書三十幾種[註二九]都重印了。有的重〔印〕了兩版，有的三版，有的超過三版，有的竟達到十版之多。《五十年來》竟出到六版，如果《天風》社所出的那本小冊子《從《五十年來》看王明道》曾有一部分流到海外，我不知道海外有人看過這本誣蔑王明道的冊子，他們把這本小冊子和《五十年來》對照看看一下，將有甚麼感想？誣蔑王明道又有甚麼希奇呢？「批林批孔運動」[註三十]中，不是也把二千多年來被千千萬萬讀書人所尊重景仰的聖人孔子寫得「落花流水狗血噴頭」呢？但這又何損於孔子呢？孟子說：「以德服人者，中心悅而誠服也，如七十子之服孔子也。《詩》：『自西自東，自南自北，無思不服，此之謂也』」。閣下如未能看到在香港所出版我的《角聲》中序言後面的〈港版的話〉[註三一]，再看在台灣出版的《王明道文庫》第一冊的〈編者序〉[註三二]和香港基督教文藝出版社在1981年所出的《基督教與中國社會變遷》[註三三]中第三章，還不知道國內和海外千萬個基督徒對我的評價麼？政府為許多遭受冤屈的知名人士平反時，都為他們恢復了名譽。我坐了二十多年的監，名譽不但未曾受到損失，反而得到了更多的榮譽。我出監已有兩年多了，政府對我這個基督教中最大的冤獄，始終沒有任何表示。中共中央統戰部的張執一副部長曾在所謂「全國基督教會議」上的講話，竟稱我為「外國反動勢力的走卒」。[註三四]張副部長對我總算很客氣，沒有稱我為「美帝國主義的走狗」。那個二十多年被中共罵為「帝國主義」的美國，現在已不是「帝國主義」了。「走卒」也比「走狗」富貴得多。謝謝張副部長對我的抬舉。但我並不因此「感激涕零」，不過我也不「怒髮沖冠」。1973〔年〕起先師孔子不也曾被人罵了一大陣麼？甚麼「孔老二」「巧偽人」「盜丘」，但這又何曾損傷孔子一絲一毫？清者自清，濁者自濁，人的舌頭豈能改變這個事實。

張副部長還提議為「三自〔主〕席」吳耀宗立傳呢？〔註三五〕這又有甚麼需要？吳主席在「三自會」中的豐功偉績和他人所寫的文章已經足以為他立傳了。千千萬萬的基督徒早已知道他是潛伏在教會中的無神論者了。真誠的基督徒對吳主席的人生和功績早已有口皆碑，何用張副部長提倡為吳立傳呢？好在張副部長在那一篇講詞的末了一句：「我就講到這裡，如有不對的地方，由我個人負責」。這麼一來，他就把這篇講話的責任完全由他一個人承擔起來，而與中共無關了。但我懷疑，他這篇講稿是否經過上級的

〔註二九〕參本書附錄三「王明道出版著作目錄」。

〔註三十〕1974年1月18日至6月期間一場以批判林彪及孔子為主題的政治運動。

〔註三一〕王明道：《角聲》（香港：晨星出版社，1978年三版）。《角聲》初版於1930年出版。

〔註三二〕王正中：〈編者序〉，《王明道文庫》，冊一（台中：浸宣出版社，1977），頁1～4。文庫全六冊。

〔註三三〕吳利明：《基督教與中國社會變遷》（香港：基督教文藝出版社，1981），頁133～169。

〔註三四〕張執一（1911～1983），1979年起復任中共中央統戰部副部長。他在1981年召開的第三屆基督教全國會議上，曾點名批評王明道，指「也有少數人如王明道之流當外國反動勢力的走卒」。參〈中共中央統戰部張執一副部長在基督教全國會議上的講話（摘要）〉，《天風》，復總2期（1981年），頁19。

〔註三五〕張執一在講話的第五部分中，建議「為吳耀宗先生立傳」。參〈中共中央統戰部張執一副部長在基督教全國會議上的講話（摘要）〉，頁23～25。

吳耀宗，1954 年任中國基督教三自愛國運動委員會主席

審目與許可？我固然不能肯定，但我不能不抱著疑團。

我聽見「反動」這個名詞已有三十多年了。我始終不明它的意義。謝謝大同大青的辛幹事，他為我解釋了□□：大家都往一個方向動，有一些人卻往相反的方向動，這就叫作「反動」。從這時起，我知道誰是「反動派」了。全世界大多數的人都相信有神論如基督教中的各派別（浸禮宗、羅馬宗、東正宗、抗羅宗、阿比西尼亞宗），佛教□□婆羅門教、拜火教、神道教、伊斯蘭教、猶太教，只有一部分「無神論者」（唯物主義者）向著相反的方向，這些就是「反動派」，是反動勢力。王明道是一個真誠的基督徒，他篤信神，雖然他曾一度因著一枝手槍□威，又坐了好幾個月的監，一度對神產生了懷疑，但後來他終於從跌倒的地方重新站立了起。他一度的失敗並未使他受到損失，反而使他的信仰比以前更加堅強。南宋丞相文天祥在元朝京城大都坐監三年之久，元世祖派人勸他投降，他始終堅強不屈，最後殉了國。他殉國以前在他的衣帶上□□的衣帶上寫了八句贊語說：「孔曰成仁，孟曰取義，惟其義盡，所以仁至。讀聖賢書，所學何事，而今而後，庶幾無愧。」□贊語注重的是在「成仁」與「取義」兩件事上。我在蔭營獄中也為自己寫了八句贊語：「先知成仁，使徒取義，受命傳道，首重剛毅。熟讀《聖經》，洞曉真理，堅貞不屈，頂天立地。」文天祥不向蒙古人投降，我也不向無神論者投降。文天祥所事奉的是宋朝的皇帝，我所事奉的是天上的神。我還能落在文天祥的後面麼。孟子說：「天將降大任於斯人也，必先苦其心志，勞其筋骨，餓其體膚，空乏其身，行拂亂其所為，所以動心忍性，增益其所不能。」我坐了將近二十三年的牢，確實得了這些益處或□，感謝神以外，又感謝「三自會」和它的支持者，吳耀宗弄巧成拙，王明道因禍得福。

張執一副部長稱我是「外動【國】反動勢力的走卒」，豈是沒有用意的？我□□測他的用意是「敲山鎮虎，打草驚蛇」，一方面使我懼怕，一方面是使信徒不敢再接近我。蛇是小小的爬行動物，有人一打草就把他嚇跑了。但虎□不怕敲山，獅和虎都是獸中最勇猛的動物。我在十幾歲時候讀梁啟超〔註三六〕在《飲冰室文集》中的一篇，稱譽少年中國和中國少年的一篇文章，在其中用了四個比喻，形容中國少年與少年中國。他說：「紅日初升，其道大光。河出伏流，一瀉汪洋。潛龍騰淵，鱗爪飛揚。乳虎嘯谷，百獸震惶。鷹隼試翼，風塵吸張。奇花初胎，矞矞皇皇。幹將發硎，有作其芒。天戴其蒼，地履其黃。縱有千古，橫有八荒。前途似海，來日方長。美哉我少年中國，與天不老！壯哉我中國少年，與國無疆！」獅虎不怕任何走獸，但任何走獸卻怕獅虎。敲山怎麼能嚇怕老虎呢。王明道這個三十多年曾像獅虎一樣勇猛的屬靈戰士，一度因著事先毫無準備竟在1955〔年〕8〔月〕7〔日〕深夜被一把對准【準】了他的手槍和一副手銬所嚇倒，變得像一隻鼠□那樣怯懦，說了許多的謊言。但他事後信靠所事奉的神終於使他在九年多以後的1965年一月，重新站立了起〔來〕，又恢復了他本來的面，成為一隻雄獅一隻猛虎了。「乳虎嘯谷，百獅震惶」，他還怕人「敲山」麼？山西院內的王明道已經不是北京草嵐子中的王明道了。我在北京監獄中的□□看見有的人出監，便心中嘆息著說：「我甚麼時候才能出監呢？」就是這個王明道於1979年的十一月中，竟在山西陰營監獄中演了一幕「拒絕出監」□□□。凡被關在監獄中的人都渴望出監，像大旱之望雲雨一樣，誰能拒絕出監呢？

1979〔年〕11〔月〕15〔日〕我被領到陰營監獄的辨公室中，營管教科的李幹事交給我一張文件，對我說：「你看看這個，如果你沒有意見，就在下面簽一個名。」我看了以後，見那是「山西高等法院」所發的一張「釋放證」，上面說：「押犯王明道因反革命罪被判無期徒刑，改判一年，提前釋放」，下面還有一些話我已不記得了。我看過後，便對李幹事說：「我不簽名，因為這裡的話與事實不符」。李幹事問我有甚麼不符呢？我說：「我不但沒犯過反革命罪，我一生也沒犯過一次國法，判我無期徒刑，我根本就不服，改判一年，我也不接受。又說：提前釋放，我也不走。若不把我的事情弄得一清二楚，證明我被逮捕，被判決都是錯誤的，我決不離開陰營」。李幹事另拿了一張紙，對我說：「你把不簽字的理由寫明」，我就寫完了在這張紙上簽了名，他拿印色盒，叫我按按指模。我說：「犯人才按指紋呢。我不是犯人。我是守法的公民，我不按指紋，我簽名就夠了。」我們的談話就這樣結束了。我稱這一幕為「拒絕出監」。

〔註三六〕梁啟超（1873～1929），中國近代著名思想家。

在此以前我兒子〔註三七〕接過一封電報，說：「見電速來接王明道」。我兒子誤以為電是我發的，便於十一月十三日來營接我。我被領到中隊長屋中，大隊長和我兒子都早到了那裡。我兒子說他特來接我到上海。我說：「若不把我的事弄清楚，我決不走」。大隊長和我兒子都切切勸我。大隊長說：「監獄不是好地方，還是早些回家吧」。我說：「我坐了二十多年監，還不明白監獄不是好地方麼？不過我已經應付了這個環境了，再坐幾年，又有甚麼關係呢？」我們談了很久，我始終拒絕同他返滬。到了中午，大隊長說：「我們都該吃飯了，你回去再好好考慮一下，到下午再談。」我回到監房並未再加考慮。下午我兒子和中隊長又和我談，我兒子說：「不但媽惦記著你，上海還有許多你認識的人也都想希望見您和您談談。但相隔幾千里，他們很難來看您。而且來也不能有長時間同您談。您一回滬，大家便□□□了。他又告訴我說，他離滬前已拍電到他表妹婿處，請他也來接我。正趕上，他哥哥石大柱到晉看他時便也到了蔭營，您若不走會使他徒勞往返。我因此答應他走。他已經給我帶來了全套衣服和帽子。中隊長說：「你可以穿這套公家所發的衣服回去。」我兒子仍是把他帶來的交給了我，並催我快回去收拾東西。希望我今晚能同他一起住在招待所。我沒有走的準備，回去後趕快收拾東西，我還有不少食物，不便帶走，就把這些分給幾個有病的人。我兒子曾給寄來許多書，我因為不便攜帶便分給一些愛看書的人。等候我兒子來接我，但到了天黑後，隊中執事的犯人告訴我說我兒子今天不來了。第二天我穿了我兒子帶來的衣帽，等著兒子來接，到了午間隊中執事的犯人告訴我説我兒子明天才來，讓我在監房再住一夜。隊中的犯人看見我換了自己的衣服和帽子，知道我要出監了，便紛紛同我□福。這時已有一些犯人帶東西出來□。這都是十一月十四日的事。到了十五日，就發生了我拒絕出監的那一幕。下午我兒子和石大柱又都來和中隊長懇切的勸我同他們一起往滬，我仍堅持不走。我説：「我糊糊塗塗地被逮捕了來，我不要再糊糊塗塗地出去。我在政府沒有為我平反以前，我決不離開蔭營。」我兒子見我堅決不走，他知道我是意志很堅強的人，便和石大柱一起走了。我回號以後又換了監中所發的囚衣。本號的人都知道了我拒絕出監的事。但別號的人次日見我又穿上脱下的囚衣，便很驚奇，他們問我為甚麼又不走了。我説：「現在還不是我走的時候。」幾天之內，又有幾批人出了監，我為他們很高興，因為他們可以同久別的家人見面了。我也為我自己很高興，因為我能貫徹我的主張了。那時我拒絕出監的事，在監中成了新聞。有些人為我惋惜，只有兩個對我表同情，對我伸出大姆指來。這兩個人是我的同房約有半月之□我們隊走了的犯人約有全隊的一半。我們每日詳細閱讀《人民日報》，收工後有一個中年人請我教他英文，他學習很用心，很有長進，這使我更高興教他。我的白內障日見屋中的光線較差，我便在大家都〔收〕工以後，坐

〔註三七〕王天鐸，王明道獨子，1929年7月生。1951年畢業於北京農業大學，幾十年來從事植物羣體光合作用、產量形成過程與水分利用效率的數量分析與數學模擬研究。現為中國科學院上海生命科學研究院研究員。在王明道著作中，稱其為「鐸兒」。

在院中看報，□□院中只剩下很少的人。因此環境非常安靜。轉瞬呆了一個半月。1979〔年〕12〔月〕29日我又被帶到中隊長屋內，李幹事和胡隊長和我談話，李幹事說：你既決定不離開蔭，我們絕不強迫你離開。不過，你頂好出到監外有一個地方，可以住著，等北京法院派人到這裡同你細談。你也可以寫材料，直接送到監門外的郵局，寄到北京，在這比在監裡方便得多。我當〔即〕允諾了，誰想到這竟是一個計策，誘我出監。他又拿出一張文件給我看，上面寫著「山西高等院裁定書」，話語仍和以前的那張「釋放證」一樣。我說：「我不承認這上面的話」。他說：「你可以寫明你的意見」。我便在另一張紙上寫了，以後簽了名。他叫我拿著這張「裁定書」，可以出大門。我因為已經允諾出去，不便反□，可是李幹事和胡隊長又與我談了一些一些有關信仰的事，主要是「洗禮」與「浸禮」的事，我也就詳細回答他們。我並未想到談這些有甚麼意思。原來他們是派了人到我的監房為我收拾我的東西，怕我一回監內，再改變主意，不肯出監。這兩幹部想得真是周到。

有一個人告訴我說：「我送你出去，你的東西隨後送到。」那個人帶著出大門時，竟沒有人看我所拿的那張「裁定書」。那個人帶我出了監門，走了約有半里路，把我領〔到〕一個山坡上。我看見那裡有五間小房，兩間和另外三間，相隔約有三四尺。那個人帶我到那兩間房內，坐了一時【些】時候，以後有人把我帶進對面那間房內。我看我幾件東西都放在炕上，他問我東西齊了沒有？我說：「還有一包我兒子給我送來的衣帽

王天鐸幼年時與父母的合照

沒有在這裡」。那個人說：「那包衣服在指導員那裡，他沒有口〔，〕等他回來再交給你」。我說：「我的馬扎也沒拿來」。他說：「後來給你送來」。但到底沒有送來。在監房我必須坐馬扎在炕上寫字，沒有馬扎便無法寫作，更大困難就是我不能到食堂去吃飯。因為食堂離這裡還有一段，而且需要走下山坡。這時我的白內障已經很重，我不敢走下這個小坡，也不能走到食堂。這裡有火爐刀鍋，可以自己做飯。我21～24歲時曾在家中做過四年飯，但79年到「三間房」，我已因目疾，再不能做飯。萬分無奈，又將口人為，我買了五斤江米，每天熬粥果腹。此外還有一個困難，就是我在78年就曾患重病住院一個多月，出院後已經不能蹲著大便。監中廁所內有三個馬桶，為不能蹲坑的人大便之用，「三間」只有一個糞坑，我蹲下後便站不起來，只得用手扶地，良久才爬了起來。一個人不能吃飯，不能大便，怎麼能活下去呢？想再回監是絕對辦不到了。惟一辦法就是寫信囑囗兒子來接我。我便在一張明信片上寫了十二個〔字〕：「天鐸，決定赴滬，望速來接，爸爸」。然後將這張明信片囗妥【托】人送到郵局，作「掛號件」發出。那個人想是把這張明信片先給監中的領導看了。馮指導員和明隊長當即來看。他們很高興地：「你曾把一些不便帶走的書送給了獄中的犯人，是否還有甚麼不想帶走的書，可以送我們幾本？」我當即留下十本《史記》、三本《三國志》和另外幾本書。此外就由他們二人選擇拿去一些。他們臨走時對我說：「你走時如果我們沒有時間，就不來送你了。」我在蔭營住了約有七年，獄中的一些幹部始終是對我很客氣。最有趣的，就是那位在大同領著幾個犯人鬥爭了我五個多月的辛幹事，竟到「三間房」看了我一眼，而且對我點了點頭。我那時因為記憶力大見衰退，一時竟想不起他是誰，到他走後，我才想起他來。我還記得 1968 年夏，我受到殘酷鬥爭時，曾對他說：「我受不了這種痛苦，我請求政府殺了我吧！」他說：「政府不殺你，政府要改造你」。我說：「我怕我會使政府失望」。辛幹事說「政府不失望，政府有信心，能把你改造好」。我明白他所說的改造好，就是使我放棄對神的信仰。改造好麼？從 68 年到 79 年，又改造了十一年，我不但沒有放棄信仰，而且信仰更堅強了。我揣想辛幹事早已從蔭營的一些幹部聽見我的情形了。1979 年末出了監獄的王明道，仍像 1955〔年〕春未入監前的王明道一樣，「信仰堅強，勇敢無畏」。我從 1955〔年〕8 月到 1965〔年〕一月軟弱跌倒了九年多之久，但終轉軟為強，轉敗為勝了。「君子之過，如日月之食焉。過也，人皆見之，更也，人皆仰之」。子貢說的話說得很對。子夏也說過：「小人之過也必文」。我不是小人，我絕不「文過飾非」我失敗過達到九年多之久，我不僅敢對政府承認，我也敢對那些敬愛我的眾基督徒說，我也敢把我的失敗告訴千萬個敬愛我的信徒說。我在我的自傳《五十年來》的序言中也說過我過去的一切缺點，我不像許多牧師們（主教與會督也在內）那樣為吃飯而傳道，那些人是牆頭的草，颳北風往南倒，颳西風往東倒，他們「秦強則事秦，楚強則事楚，甚至朝事秦而暮事楚，也不以為恥」。「疾風知勁草，板蕩識忠臣」。王明道是「勁草」是「忠臣」，是基督的忠臣。我到上海後有好幾〔個〕來看我的信徒對我說：「你坐在這裡，就是神的見證」。

我國真正的讀書人最注重「節操」。說得多詳細一些，就是「氣節」與「操節」。南宋丞相文天祥在他的〈正氣歌〉中所提的那些人都是具有氣節的人：「在齊太史簡，在晉董狐筆，在秦張良錐，在漢蘇武節，為嚴將軍頭，為嵇侍中血，為張睢陽齒，為顏長山舌，或為遼東帽，清操厲冰雪，或為出師表，鬼神泣壯烈，或為度江楫，慷慨吞胡羯，或為擊賊笏，逆豎頭破裂」。我從在中學讀書時，就景仰這些節烈之士。在《聖經》中，我也羨〔慕〕那些勇敢忠烈的先知和使徒。我能與他們並列，真是我最大的光榮。我是在 1955〔年〕夏至 1965〔年〕春遭到九年多慘痛的失敗。但終於在九年多之後，重新站立了起來。55 年第一次出監後，因著一支手槍和一副手銬的恐嚇，信仰一時搖動，一隻雄獅竟變得膽小如鼠□九年之後，恢復了原有的信仰，便又恢復了雄獅的原狀，信仰之為用大矣哉！

我從80年一月十日由晉到滬之後，這兩年中我聽說在以往二十年中，國內基督徒遭遇大迫害時始終堅持信仰，絕不屈服。有的竟死在獄中，又有些人坐監達十五年、十八年、二十年，始終堅持信仰，絕不放棄，更使我感動。就是有些人因為與我有□□，接受我的教導，和我同樣地反對那個想從教〔會內〕部搞跨基督教。因而判刑坐監，被稱為「王明道反革命集團分子」〔註三八〕的信徒，不但不仇恨我，反而更敬愛我。遭到迫害的信徒，有的人竟從來未曾見過我的面，只看過我的書刊，特別是那本《五十年來》。他們知道我的人生和我對神的忠心。他們知道我被捕坐監，完全是為了信仰。因而同情我，為我祈禱。還有人在我被捕後，在聚會中提議為我祈禱，竟因此被猶大的門徒所誣陷而被捕，判了刑，被誣為「走王明道道路的人」，為「王明道的代理人」。有的竟被稱為「王明道反革命集團的骨幹份子」。總之，凡與王明道有些關係，有些來往的信徒，都免不了受人誣陷。當然也有人因為受不住重大的壓力，因而軟弱控訴我。但我相信他們的心中也明白他們所說的並不是真話。1955〔年〕8〔月〕當我被關在北京草嵐子時，《天風》曾刊登了許多誣蔑我的話，但他們卻不能舉出我一件我犯罪的事實來。他們只能乞靈於造謠。人們犯罪主要是在「財」「色」兩點上。我傳道三十年之久，沒有在「財色」兩件事上沾染過絲毫的污點。這是有目共睹的事實。不然，我也不敢這樣大聲疾呼，痛斥教會及社會中的種種罪惡。《大學》上說：「君子有諸己而後求諸人，無諸己而後非諸人」。我就是這樣「有諸己」，我才敢「求諸人」，「無諸己」然後才敢「非諸人」。我所傳的都是我所信的，我所講的都是我所行的。荀子說：「口能言之、身能行之，國寶也；口不能言、身能行之，國器也；口能言之、身不能行，國用也；口善言、身行惡，國妖也。」有些基督徒口不能言，但身能行，又有些基督徒口能言而身不能行。但最好的基督徒是「口既能言，身又能行」。我就是這樣，口既能言，手又能寫，身也能行的一個傳道人，所以傳道三十年之久，能得著國內外千千萬萬基督徒的敬愛。有些傳道人，口言善，身行惡。……**【……缺頁】**

七十年代中國的憲法修改了兩次〔註三九〕，都在《人民日報》上發表了。其中關於「公民權利與義務」一條中有兩句令人費解的話，就是「公民有信仰宗教的自由和不信仰宗教的自由，並宣傳無神論的自由」。從民國成立以後，頒布了好幾次憲法，從來沒有強迫公民必須信仰宗教的條款。我想一切真正民主立憲的國家都不會有這樣的規〔定〕。〔至〕於公民有「宣傳無神論的自由」，更令人不解了。民國成立後幾十年間，幾次公布的憲法都沒有禁止公民宣傳無神論。世界各民主國家大約也不會禁止公民宣傳無神

〔註三八〕有關王明道反革命集團案，參邢福增：〈革命時代的「反革命」——基督教「王明道反革命集團」案始末考〉，《中央研究院近代史研究所集刊》，期67（2010年3月），頁97～147。現收入本書第三章。

〔註三九〕「七五憲法」第二十八條是「公民……有信仰宗教的自由和不信仰宗教、宣傳無神論的自由。」至於「七八憲法」第四十六條為「公民有信仰宗教的自由和不信仰宗教、宣傳無神論的自由。」

肅清王明道的反動影響

評

全國許多地區的同道都已紛紛展開肅清王明道反動影響的學習，在學習中許多同道逐步深入地認識了王明道的真實面目，從而開始劃清了和王明道反革命集團的敵我界限。有些地區和單位——如南京金陵協和神學院和廣州——並揭露了本單位和當地的一些王明道分子的反動罪行。這些材料使我們認識到，王明道反革命集團絕不僅僅在北京進行他們的反革命活動，他們還有計劃地通過一些地區的王明道分子展開活動，彼此呼應。因此，我們就必須深入展開肅清王明道反動影響的學習，使同道們都能從學習中不斷提高識別能力，從而把隱匿的一些王明道分子揭露出來。

由於王明道反革命集團是披了宗教外衣進行反革命活動的，因此，過去有些人就容易被他這件「外衣」所蒙蔽。在某些地區的學習中，有些同道提出的一些問題就反映出這種情況。這種情況也說明，我們必須深入展開肅清王明道反動影響的學習，幫助這些同道進一步提高認識。

如，有人說：王明道既無槍，又無刀，怎麼能算是反革命分子？這個問題其實是一個老問題，在肅清胡風反革命集團的學習中就已提出過了。的確，許多反革命分子是拿刀拿槍來進行反革命活動的，但是，也有許多反革命分子是不拿槍的。我們不能說不拿槍拿刀的就不會是反革命分子，而應該看他們活動的目的是什麼。假如是一貫從事破壞人民革命事業的活動，那不管拿不拿槍，都是與人民為敵的反革命分子。以王明道來說，他過去一貫仇視新中國，破壞國家各項中心運動，即使他沒有拿槍動刀，但是，這不是一樣地在一貫破壞人民革命事業嗎？而且，王明道的這種反革命活動，由於是以宗教外衣為掩護，因此，更能蒙蔽人，比較公開的反革命活動更陰險，危害性更大。我們要知道，有拿槍動刀的反革命分子，也有用筆動舌的反革命分子。拿槍或拿筆只不過是活動的方式，問題要看這些活動是否一貫破壞人民革命事業。

有人說：縱使王明道是作了反革命的事，但，他的信仰仍是好的。這種說法真是極危險的，因為它給披了宗教外衣的反革命分子大開了一個方便之門。主耶穌豈不是說過：凡好樹都結好果子，惟獨壞樹結壞果子，好樹不能結壞果子，壞樹不能結好果子嗎？憑著他們的果子不就可以認出他們來嗎？王明道等所幹的反革命罪行難道是好果子嗎？幹下了反革命罪行的人，他的信仰能夠是好的嗎？「善人從他心裏所存的善，就發出善來；惡人從他心裏所存的惡，就發出惡來。」（太十二35）主耶穌的這些教訓，論那些問題看來，究竟應該怎樣來解釋呢？

有人說：這些看法我都同意，但是，聽說王明道的生活是聖潔的。不錯，據說有一些人過去曾宣傳過王明道的生活聖潔。這些人中有些是只看到王明道外表的那一套，並且被這一套所蒙蔽；也有些人則是有意為王明道宣傳。可是，事實到底如何呢？現在我們知道王明道原來是一個對人刻薄，待人苛刻的人。他對待他的同工是十分刻薄的，使他的同工生活非常困苦，可是，他自己卻在銀行中存有數萬元的巨款。王明道的生活是聖潔嗎？聖潔的生活是這樣的嗎？讚揚王明道生活聖潔的人應該從事實中覺醒過來了！（化）

(794)

— 2 —

《天風》對王明道的批判

論。中國的憲法中又何必寫上這一句呢？只□□必須寫上這一句，那麼，也當寫上：公民有宣傳有神論的自由，一切宗教都是有神論的。基督教的各派別（包括羅馬天主教會）都是有神論者。阿拉伯國中的伊斯蘭教，印度的婆羅門教，印度□泰國、斯里蘭卡、泰國、日本等國的佛教，波斯的拜火教，中國的道教，日本的神道教，非洲及大洋洲上崇拜的教都是有神論者。東漢明帝把佛教迎進中以前的讀書人及【原文如此】也都是有神論者。他們稱神為「天」或「上帝」。《書經》上說：「聖謨洋洋，嘉言孔彰。惟上帝不常，作善降之百祥，作不善降之百殃。」又說：「上帝臨女、無貳爾心」又說：「天生烝民，有物有則。民之秉彞，好是懿德」。孔子說：「天生德于予，桓魋其如予何？」孔子被匡人所困時，他說：「天生德于予，匡人其如予何？」又說：「獲罪於天，無所禱也」。又說：「予所否者，天厭之，天厭之！」孟子說：「天將降大任於斯人也，必先苦其心志，勞其筋骨，餓其體膚……」又說：「雖有惡人，齋戒沐浴，則可以祀上帝」。荀子說：「天之生民，非為君也；天之立君，以為民也」。自東漢把佛教迎到中國以後，中國才有了偶像。以前中國人只敬拜一位神稱之為「天」，在中國古代的經書上提到「天」或「上帝」的話，□難計算有多少？一般不讀書的愚民則稱神為「老天爺」，「爺」是「父親」的意思，中國稱祖父為「爺爺」，意思是「父親的父親」，「老天爺」就是「天上的父親」。信神的思想是與生俱來的，無神的思想才是被人灌輸進去的。人一被灌輸進去無神的思想，他們便甚麼也不怕了。《毛選》上說：「徹底的唯物主義者是無所畏懼的」。孔子不是唯物主義者，所以他說：「君子有三畏：畏天命、畏大人，畏聖人之言」。《舊約》中的約瑟不是唯物主義者，所以當他的主母（那個淫蕩的婦人）引誘他，要與他行淫時，他回答說：「我豈可作這大惡得罪神呢？」〔《創世記》39章8〔、〕9節。〕我不是唯物主義者，所以我從來不敢說一句謊言，在一支手槍的威脅之下，我開始說謊，越說越多。說了好幾年之久，那時我心中痛苦萬分，這是因為我畏懼神。當我於1965〔年〕一月在政府面前承認我的供詞都是因懼怕而作出的偽供，我把它完全推翻，我立時恢復了我原來的人生和喜樂：我傳道30年之久，遇見過種種的試探誘惑，就因為我畏懼神，所以我在錢財和男女的關係上，沒有染上□□的污點。我不是唯物主義者，我也永遠不想作一個唯物主義者。因此我才能「出淤泥而不染，濯清漣而不妖」。我以為中國這二十幾年來，出現了我一生沒見過的「無法無天」的現象，都是「無神論」所賜。最近公佈的憲法修改草案，把「公民有宣傳無神論的自由」這一句可怕的話去掉[註四十]，這是中國的一件大喜事。我想「修改憲法委員會」的委員們，大概也看見了這一點，所以才把這一句話去掉。政府近年大力提倡「五講四美」[註四一]，提倡「講道德」，這真是「當務之急」。如果仍是大力宣傳「無神論」，便永遠不用想人民能夠講道理。「十年浩劫」[註四二]中，有靠山的人便「打、砸、搶」，沒有靠山的人便「偷」。我認為這種可怕的現象，都是大力提倡無神論所招來的。蘇共大力提倡無神論，大力迫害有信仰的人，便使蘇聯的人民陷在水深火熱之中。中共過去一些年來也大力提倡無神論，所以

演出了二十幾年的浩劫。報紙上說：「十年浩劫」，但我所看【……缺頁】

進了監牢，大家就更清楚明白了。我於1980〔年〕1〔月〕10〔日〕到滬以後，上海認識我的信徒便接連不斷地來訪問我，也有人問我是否得到了平反。我只有將我出監的情形告訴了他們。他們不但仍像以前那樣愛我，而且加了一個「更」字。接著我到滬的消息很快地就傳到國內和海外。信函便紛紛寄來，大家為我欣幸，為我感恩，並盡各人所能，供給我的需要，衣服，用品，食品，款項源源而來。有幾位遠在數千里之外的信徒竟專程趕來上海看我。同我握手時竟感激到淚下，我也因之淚下沾襟。還有人自海外來訪我，訊問我有甚麼需要？我告訴他們說：我一切都很充足，請他們放心。

這兩年多之久，一切來看我的人沒有一個問我為甚麼坐監，因為他們都十分明白我

〔註四十〕指「八二憲法」。在八二憲法起草過程中，六位宗教界全國人大代表（班禪、施如璋、張家樹、丁光訓、趙樸初、張杰）於1980年五屆全國人大第三次會議期間，聯名提出把「七八憲法」第四十六條「公民有信仰宗教的自由和不信仰宗教、宣傳無神論的自由」修改為「中華人民共和國公民有宗教信仰的自由」。1981年五屆全國人大第四次會議期間，有十多位代表提出保留「七八憲法」第四十六條。對此，全國政協宗教界十多位委員就修改憲法四十六條問題舉行座談會，並駁斥保留四十六條的觀點。有關爭論引起憲法修改委員會的重視，最後在「八二憲法」第三十六條中取消了「不信仰宗教、宣傳無神論的自由」的規定。參許崇德：《中華人民共和國憲法史》（福州：福建人民出版社，2003），頁798～800。

〔註四一〕1981年2月，中共提出「五講四美」：五講指講文明、講禮貌、講衛生、講秩序、講道德；四美指心靈美、語言美、行為美、環境美。

〔註四二〕指1966年至1976年間的文化大革命。

坐監的原因。有好幾個人說：「你坐在這裡就是神的見證」。他們說對了，我現在已年過八十，坐了二十多年的監，61年我在北京獄中，曾患了一次嚴重的肺結核，臥床年多之久，已近【經】臨近了墓門。但我所事奉的神卻把我從墓門前面領了回來，使我又活了二十多年。到如今還精神充足，說話的聲音仍像四五十歲時那樣，二十幾年之久，政府千方百計要「改造」我，我不需要改造資產階級的思想，我不是地主也不是富農，我也不是資本家，我是窮人出身，我也不需要改造不勞而獲的生活。因為我幾十年來就是極勤勞的人。我未入監以前，每日工作平均在十二小時以上。我除了吃飯睡眠以外，不作工便讀書。如果不讓我作工，也不讓我讀書，只讓我終日坐在沙發上，吃喝享受，那等於使我受刑。我清楚明白政府所要改造的就是我改信，我只要說句「沒有神」，政府的目的便達到了，但這是完全作不到的。我經過二十幾年改造，信仰比從前更堅強，南宋末期的丞相文天祥被元兵擄到元京（今北京）。元世祖百計勸他降元，並應許立至他為丞相，他始終拒絕。他坐牢三年之久，最後殉了國。他寫了一首正氣歌，共六十句三百個字，我早已把它背誦得爛熟。文天祥在他殉國以前又在他的衣帶上寫了八句贊語，這就是中國讀書人所熟悉的《衣帶贊》。贊語謂：「孔曰成仁，孟曰取義，惟其義盡，所以仁至。讀聖賢書，所學何事？而今而後，庶幾無愧。」我在蔭營獄中時也為自己寫了八句贊語：「先知成仁，使徒取義，受命傳道，首重剛毅。熟讀《聖經》，洞曉真理，堅貞不屈，頂天立地。」我兩次坐監，將近23年之久，北京、大同、蔭營幾處監中的幹部，盡力想「改造」我，使我放棄對神的信仰。文的武的軟的硬的都用過了，結果是甚麼呢？我不但沒有放棄信仰，信仰反倒更加堅強了。這就叫作：「堅貞不屈，頂天立地」。68年我在大同大青窰受到五個多月殘酷鬥爭時，我實在忍受不住，便對辛幹事說：「我請求政府殺了我吧」。辛幹事說：「政府不殺你，政府要改造你」。我說：「我怕我會使政府失望」。辛說：「政府有信心能把你改造好」。從那時到現今，已經過了十四年了（1966～1982），改造好了麼？我的信仰不但沒有放棄，比入監前反而更加堅強了。南宋岳飛率軍與金人抗戰時，人們有話說：「撼山易，撼岳軍【家】軍難」。我把「岳飛」兩個字改一下，說：「撼山易，撼王明道難」。擺在面前的不正是事實麼？我自1955〔年〕8〔月〕7〔日〕，因著一支對准【準】了我的手槍和一副戴在我雙手上的手銬，並審訊員恫嚇我所說；「要腦袋」的話，確實軟弱跌倒了八〔、〕九年之久。但在1965年1月，從軟弱中又轉為剛強。從失敗中又轉為勝利。這完全是我所事奉的神所行的大事。我絕對不敢「貪天之功，以為己力」。無神論者是不信有神的。我這一生所有的經過，就是神的一個見證。若不是神在我身上行了奇事，我早已一厥【蹶】不振了，還能有今天麼？

我一生之久從來未曾加入過任何政黨，但我不反對任何政黨，任何政權，我只反對一切的罪惡，就如說謊〔、〕欺騙〔、〕造謠〔、〕誣陷〔、〕貪污〔、〕盜竊〔、〕舞弊〔、〕營私〔、〕行賄受賄〔、〕走私漏稅〔、〕損人利己〔、〕欺詐勒索〔、〕

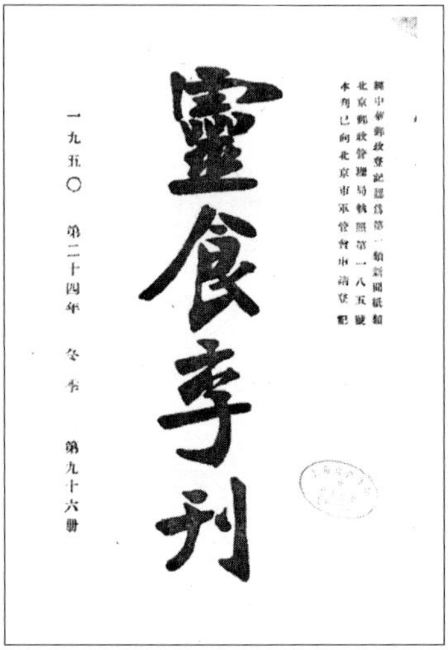

《靈食季刊》

假公濟私（、）姦淫邪蕩（、）傾軋排擠（、）鬥角勾心（、）仇恨嫉妒（。）這些罪惡，不但充滿了社會，連教會中也到處可見。我對這些「罪惡」，先是「口誅」，到1927年我創辦《靈食季刊》[註四三]以後，又加以「筆伐」。我到各處講道，聽道的人有教會裡面的，也有在教會裡【外】面的人，但恨我最深的卻是教會中一些偽善的牧師們，教會外邊的人聽我講道幾次幾次，有些人深受感動。那些怙惡不悛的人走出堂外，狠狠地罵我幾次，再不來聽，也就完了。教會裡面普通的信徒不願再聽的，便不再來也就算了，只有那些「牧師們」及男女傳道人們聽了我講道，以後有一些人痛心悔改，重新作人，他們就成了我的好友，但也有一些人因為我講的道刺傷了他們的心，但又不能不來，否則會招來信徒的批判。信徒們會說：「牧師和傳道人怎麼不來聚會呢？」還有那些坐在主席台的人，我的講道等於打他們的臉，於是他們便「恨我入骨」了。特別是我於 1935 年六月十五日在我的刊物《靈食》上發表了一篇〈現代基督教青年會的罪惡〉〔註四四〕，擊中青年會幹事們的要害，於是大多數的青年會幹事們因這篇文章，不但傷了他們的顏面，而且會打破他們的飯碗。他們竟互相商議怎樣對我進行報復。

我早已料到他們會到法院去控告我，所以那年就□我已應許到四省八個城市去講道，我動身以前把我到每一個城市的日子都留給我妻，我對她說：「如果法院來傳票，請你急促給我去電，我便立即趕回北京出庭。」我不預備請律師代我辯護，我所宣佈青年會的罪惡，我都掌握了真憑實據，我講話的技術不□□【……缺頁】

我這個為全國教會所矚目的人視為「奇貨可居」，邀我賞面與他談話。先是對我說了一些恭維的話，以後說：「王先生，你知道華北中華基督教團將要正式成立，中國人和日本人都希望你出來領導一下。不知道你的意見如何？」我當時回答說：「我們的教會在歷史上，信仰上，組織上都〔和〕其他的教會不同，我不但不能領導教團，而且他除了我們的基督徒會堂以〔外〕，我也不參加任何團體與組織。」我們談了約有一小時，

〔註四三〕從 1927 年至 1955 年間，王明道獨力編輯《靈食季刊》，即使在抗日戰亂中仍無間斷出版。《靈食季刊》合共 114 冊。

〔註四四〕王明道：〈現代基督教青年會的罪惡〉，《靈食季刊》，冊 34（1935 年夏），頁 38 ~ 55。參本書附錄二。

他見我的態度很堅決，便收斂起笑容，扳起面孔來對我說：「王先生，你當知道，華北四省三市的教會（指冀豫魯晉及京津青）都必須合一，這是政府（指華北政務委員會）既定的政策，是勢在必行的。」我還不明白「勢在必行」的意義麼？那就是說：「你願意參加或不願意參加，都必須參加。」我當時回答他說：「武田先生，我也願意你知道我已定下了決心，無論付任何代價，作任何犧牲，要我參加教團，是絕對辦不到的。」我是這樣忠勇的一名戰士，在一支手槍、一副手銬，和一句「要腦袋」的威嚇之下，竟軟弱跌倒至八（、）九年之久，在那幾年當（中），我再不敢提「教團之役」的經過。這正是俗語所說：「敗將不提當年勇」的話。現今我又站立了起來，二十八年的千錘百煉，一塊生鐵已經煉成一塊精鋼了。【……缺頁】

【……缺頁】有功，竟把斷送東北的責任歸在蔣〔註四五〕的身上，卻稱張〔註四六〕為愛國軍人。另外一個著名軍人吳子玉（佩孚）〔註四七〕才真是一個「愛國軍人」。吳是一個儒將，他在科舉時代曾中過秀才。吳是山東蓬萊人，中了秀才以後他棄文學武。在北洋軍閥時代，他成為北洋軍人當中成了一個著名人物。直奉戰他受曹錕之命率軍東征瀋陽，馮玉祥〔註四八〕受吳之命，出古北口由陸路向瀋陽進攻，吳則由京奉路進攻洛陽。馮率兵由陸路進兵，但行至石運鎮，他就按兵不動，俟吳已進至山海關，馮竟班師回京，把他所擁護的曹大總統困在□□□□□通□討吳馮的軍隊佔領了北京，吳的退路已斷。他的部下勸他退至天津，投奔他的部下（吳的部下有不少軍人都在英法租界內置有房屋，吳滿可以在津隱居，俟機再□捲土重來），但經吳拒絕。吳早有「不進租界」的決心，他真能作得到。吳由海路南下再由鐵路退至洛陽，馮則□□他的擁護過的「曹大總統」，請段祺瑞出山，稱為「段執政」，這是1925年的事。以後數年吳始終未能東山再起。9.18事變時吳正隱居北京，吳因日本佔領東北，而無人再圖收復東北，曾填有「滿江紅」一詞，對日本及當時中國政權表示憤慨。37年日人佔領北京時，吳住在北京什□花園，只憑吳所填「滿江紅」一詞，日本人就可以稱他為「抗日派」，但日本人一方面尊重他的氣節，一方面想利用他。1939年我被邀到上海全滬培靈會講道，會後又在「聖經學社」〔註四九〕講道，再後被邀到「中華神學院」〔註五十〕講課。我在上海〔看〕報紙報道，日本人土肥原賢二多次去吳府邀他出山，吳的資格聲望遠超過王克敏〔、〕王□秀等人之上。如果吳能出山，日本上會推他作華北傀儡政府的首領，但吳堅決不受日本人的利

〔註四五〕蔣介石（1887～1975），1926年任國民革命軍總司令，領導北伐。南京國民政府成立後，任國民政府主席，兼軍事委員會委員長。「九一八」事變後，主張先安內，後攘外政策。

〔註四六〕張學良（1901～2001），東北奉系軍閥張作霖長子。「九一八」事變後，率領東北軍執行不抵抗政策。1936年策動「西安事變」。

〔註四七〕吳佩孚（1874～1939），直系軍閥。

〔註四八〕馮玉祥（1882～1948），有「基督將軍」之稱。1926年參加國民革命軍北伐。

〔註四九〕上海聖經學社。

〔註五十〕1930年9月17日於上海江市郊江灣鎮成立，是一所不分宗派及沒有差會背景的獨立神學院。

吳佩孚，直系軍閥，王明道眼中的「愛國軍人」

馮玉祥，有「基督將軍」之稱

用。那時日本雖已佔領了半個中國，但上海租界仍未被日人侵入，租界內的報紙仍未受日本人的干預。有天報上刊載一段消息説，土肥原屢次對吳利誘威脅，吳被他糾纏不過，竟命人抬了一口棺材放在客廳中，土肥原一見便明白吳的意思，知道吳已經具了必死的決心，決不受日人的利用，便死了心，再不麻煩他。該年十二月我留我妻在滬她母親家中，□□我獨身乘□□京，不久見報載吳因牙疾殞命，以後有謠言説吳之死係被日人所害，但為吳診治牙疾的是有一位日本醫生和一位德國醫生，這種謠言我雖不能説不確，但也不能完全相信。日本投降後，有吳的一個部下出版了一本《吳大帥之死》，咬定了吳係被日本醫生所害，但□□書中詞句，使我不【對】這個作者的印象並不良好。那本書的內容説的，作者並不是一個有正統和文學修養的人。當吳氏小喪的那天，我站在東四南大街觀看了全部的葬儀，最前頭有兩名騎著□□憲兵□日本憲兵開路，這是表示日本人對吳的尊敬。日本少壯軍人侵華的政策先害了中國又害了日本，但日本卻是一個偉大的民族。日本人尊敬那個雖然遭到威脅卻始終不受日本人利用的吳佩孚，日本人也尊敬這個雖遭日本人威脅卻始終不受日本人利用的王明道。這段〔見〕證的始末已經詳細述説在我出版的那本《在火窰與獅穴中》〔註五一〕，也簡明敘述在我的自傳《五十年來》一書中。我是在1955〔年〕8〔月〕7〔日〕因一支對准【準】了我的手槍並一副手銬嚇得軟弱失敗了長達九年多之久，但終於在九年之後重新站立了起來，直到今日，我又恢復了被捕以前的那猛如獅虎的人生。

吳佩孚真是一個愛國軍人，只因他和他的部下蕭耀南等鎮壓了京漢〔鐵〕路的罷工運動，便嘗到中共的攻擊。張學良是一個只求享樂卻不顧國家的安〔危的人，〕只因他扣留蔣介石對中共有力，就被中共所尊重。吳耀宗因為發起並領導「三自革新會」，對消滅教會一事在中共方面立了殊勳，所以被中共所尊重。王明道因為反對這個從教會內部消滅基督教的「三自革新會」而被中共的法院誣為「屢教不改的反革命分子」。中共判一個人的好壞功過不是憑著事實，而是憑著恩怨。如何能不引起有識有德者的反感。這個□□□不徹底悔改，中國的前途怎麼能希望完全走上正軌。我的冤案在一般中國人的眼中雖然遠不及劉少奇、彭德懷、羅瑞卿等人的冤案那樣重要，但在全世界虔誠基督徒的眼中，卻看為極重要的事。我來到上海到今日（7〔月〕10〔日〕）整整兩年了，政府對我的事仍然毫無□□。我妻來滬已近五年之久，戶口仍留在邢台農場，這到底是怎麼一回事？從我的妻的事上就使全國及全世界的虔誠基督徒看到中共的所謂宗教信仰自由，仍是沒有徹底落實。事實勝於雄辯，現在面前的事實證明中共所說的宗教信仰自由，只說【是】口頭上□給人聽的虛言而已。

最近□□全國人民討論的「憲法修正草案」，把75〔年〕及78〔年〕兩次公佈的憲法中「公民有不信仰宗教的自由和宣傳無神論的自由」兩句話刪去，是一個很大的進

〔註五一〕王明道：《在火窰與獅穴中》（北平：靈食季刊，1941）。

〔註五二〕1982年4月，五屆全國人大23次常委會議提出憲法修改草案，其中第三十五條涉及宗教信仰自

步。但35條〔註五二〕中卻仍有一些費解之處。如果我不是為眼疾所阻，我很想仔細談談，但我的目疾使我有心無力，只好不談。

中共也知道宗教信仰問題是個很複雜困難的問題，但不能因此便諱疾忌醫，我以為基督教問題是一個更應徹底治理一下的問題。全世界的基督教（包括浸禮宗、羅馬宗（俗稱天主教）、抗羅宗（俗稱基督教））,全世界的基督徒總〔數〕雖然很難統計，但至少總有若干億。現今全世界大多數基督徒都清楚知道中國基督徒（包括幾個不同的派別）在過去近30年中，總遭到大迫害。其中有一些已經含冤逝去，有些人已一經放棄信仰，但更多的人表面表示屈服，也有一些比較剛強的人，仍然守正不屈。我這個被許多信徒素所尊重的人也曾一度軟弱到極點，但神卻行了奇事，使我從軟弱變為剛強，從失敗轉為勝〔利〕。61歲時曾患重病臨近了墓門，神卻使我從墓門前轉了回來。幾年之後，在極度軟弱之後又轉為剛強，我清楚知道神在我身上有特別的使命和託付。在經過二十多年的折磨之後，體力仍然充足，精神仍然飽滿，雙手仍然不顫，聲音仍然洪亮。記憶雖然衰退，但過去仍然記得不少。

我從年幼時就是一個聰明的孩子，讀書成績良好，極得師長的誇獎，但在14歲以前，一是不知道追求道德，隨著小時的同學講些污穢淫蕩的話，像吃食物一樣，大家一處說謊言更是家常便飯。幸而我的家庭貧窮，所以凡用得著花錢染上的嗜好，都不曾染上。就如賭博，飲酒，吸煙等等的事，我的膽子很小，臉皮又薄，這也使我不敢作惹禍出醜的事。十四歲時得一個比我年長五小歲同學的幫助，作了基督徒。從那時起人生便發生了一個巨大的變化，從心裡憎惡一切的罪惡，就如説謊言，口吐淫穢污穢的話，違犯學規，輕藐師長，惹母親生氣，偷東西，偷錢，我從年幼時就一點不敢作，這不是因為我心中沒有貪心，乃是因為我不敢作。這種我幼時因為臉皮薄、怕出醜，所以沒敢作許多壞事，及至十四歲以後，才從心裡厭惡一切的罪惡，羨慕一切的美德，就是誠實，清廉，聖潔，孝母，愛人，敬師，見利思義，尊敬老人，幫助同學，抵抗強權。我就是因為經過了這一度的變化，才成了一個為真理正義而戰鬥的勇士，也就是因此而坐了二十多年的監牢。

我呼籲中共及中政【原文如此】〔府〕袞袞諸公，千萬不要再「掩耳盜鈴」，再告訴外國信徒説「中國有宗教信仰自由」，這完全不是事實。這兩年來，大陸上的幾個大城市重開了幾座禮拜堂，完全是為給外國人看看，使他們認為「中國有宗教信仰自由」。這二三年來，到中國各地來旅遊的外國人中不都是完全不了解中國教會實況的人，其中有許多人雖未曾到過中國，但他們從各方面已經清楚知道中國的各種實況，尤其是有些

由，指「中華人民共和國公民有宗教信仰的自由。任何國家機關、社會團體和個人不得強制公民信仰宗教或者不信仰宗教，不得歧視信仰宗教的公民和不信仰宗教的公民。國家保護正常的宗教活動。任何人不得利用宗教進行反革命活動，或者進行破壞社會秩序、損害公民身體健康、妨礙國家教育制度的活動。宗教事務不受外國的支配」。許崇德：《中華人民共和國憲法史》，頁 699。此條經修訂後成為八二憲法的第 36 條。

來華旅遊的人中，有一些是曾在中國傳道多年的人，他們來華後曾想再到他們從前傳過道的地方看看那裡教會的近況，但他們竟受中國政府所限，不能如願以償，因為外國人只能到一些中國所指定的一些大城市，其他地方是不能隨便去的。他們曾見過一些他們從前在華所認識的信徒，從他們的口中聽到過中國信徒遭到迫害的真情。此外還有一些遇到迫害的中國信徒現在已經出到國外，他們不是偷著蹓，乃是得到中國政府的簽證，被允許出國的。他們已經不預備再回中國，他們不必再有所顧慮，他們會把中國信徒遭遇迫害的詳情告訴外國信徒的。特別是有些已【以】往二十多年中受過迫害，甚至坐過監的信徒，現在已經領到許可出到國外，他們已經毫無顧慮，他們會把他們親身所經歷的事告訴在國外的好友。這些口見的人再輾轉傳述中國信徒，海外各地的華僑基督徒和華裔基督徒對中國大陸上的基督徒在近卅年來的遭遇都早已瞭如指掌。「三自會」的幾位〔重〕要人物不惜僕僕風塵，長途跋涉，訪問香港及加拿大作一些不真實的宣傳，想藉此消滅華僑及華裔信徒並外國基督徒心中所留下的中國教會遭到迫害的印象，完全是徒勞無功。人們要看真實卻不要聽宣傳。語云：「事實勝於雄辯」，中共及中〔國政〕府如果想消滅國外各地信徒對中國教會的印象，只有徹底改變對基督教的態度，才能收到實效。「三自會」的幾位要人是吳耀宗、劉良模〔註五三〕、丁光訓〔註五四〕，和口口自殺殞命的王梓仲〔註五五〕都曾到過英美兩國。他們應當明了基督教內的浸禮宗抗羅宗中〔，〕來中國傳道的傳道人所用的經費完全是英美熱心的信徒所捐獻的，與各國的政府無關。

他們絕對不應說外國來華傳道的人是「帝國主權的先鋒」，但他們竟大肆說謊，誣蔑這些傳道人。王明道也一年也沒有參加過差會所設立的教會。他所領導的北京基督徒會堂自 1933 年開始，至 1955 年被□□二執事〔註五六〕所斷送，20 年之久完全是中國人自治自養自傳，但這個會堂迄今仍被政府所佔用，「三自會」高喊「自治自養自傳」能不□是汗顏。王明道不僅沒有留學過外國，他幾十年之久連外國的海岸也沒有看見過。這樣的一個人竟被張執一副部長誣為「外國勢力的走卒」。這種誣蔑發生了甚麼效果呢？有一位距滬數千里之外的信徒看了那一冊《天風》後，給我來信說《天風》越攻〔擊〕我他們越同情我越敬愛我。海外各地的信徒是□看到了那一冊的《天風》，他們也就越明白「三自會」與中共的關係了。吳主席已經弄巧成拙〔。〕不料〔？〕吳主席逝世不及二載，張副部長竟又踏了吳主席的覆轍，「秦人不暇自哀，而後人哀之。後人哀之，而不鑑之，亦使後人而復哀後人也。」唉！

最近我聽到了（因為我的目疾已重，再不能自己閱讀書報紙，只能聽人讀給我聽，

〔註五三〕劉良模（1909～1988），中華基督教青年會全國協會事工組主任。三自宣言發起人之一。

〔註五四〕丁光訓（1915～），聖公會背景，曾任青年會學生部幹事。1953 年任金陵協和神學院院長。1955 年祝聖為中華聖公會浙江教區主教。文革後任中國基督教三自愛國運動委員會主席及中國基督教協會會長，至 1996 年退休。

〔註五五〕王梓仲（1895～1968），華北公理會牧師，華北基督教聯合會總幹事，三自宣言發起人之一。

〔註五六〕兩人應為楊承澤（又名楊潤民）及高董俊英。

所以不說讀，而說聽）《報刊文摘》第132期上的一篇言論寫過去的歷史，不當只寫那些光榮的事跡，也當寫那些恥辱的事跡，不當只寫那些使人高興的事，也當寫那些使人痛心的事。以便後來的人引為鑑戒，以免再蹈覆轍。這篇言論寫得真好，這篇文章寫了許多過去二十幾年來中國所發生的不幸的事，也提過了幾十件最大的冤案，和幾十位蒙冤屈的人物。這些人物中，有不少已經含冤而死，但也有一些人物仍然活著，其中有一位是1955入獄的「胡風」〔註五七〕〔，〕其他一許人的冤案，幾乎都是發生在1955年之後。但有一個與胡風同年遭到關押的一個人物，他的名聲和地位在一般中國人的眼中雖然不及那幾十位人那樣被人注意，但在全國億萬個基督徒眼中，卻是一個極為他們所□悉所關心的一個人物。那就是寫這封書信的人。

我於1979〔年〕11〔月〕15〔日〕拒絕在「釋放證」上簽字時曾對李幹事說：「不把我的事弄得清〔清〕楚楚，證明我被逮捕被判刑，完全是錯誤的，並且以書面向我證明，我是決不離開蔭營的。」可是在一個多月以後，我竟離開了蔭營，到了上海，這是我失信食言麼？不是，這是我中了計。我出了監獄的大門，到了「三間房」以後，才明白我是中了計。我想再回監獄當然是絕對辦不到了。三國時的賢士徐庶，無論如何不肯歸向曹操，曹操竟□了一個計謀派人摹倣徐母的字跡寫信給徐庶，招他到曹營。徐庶是一個孝子，得了母親的信，當然不能違母命，便來到了曹營，見了母親的面，才明白了中了計，但他也再不能離開曹營。他母親一怒而自縊殞命，徐庶是一個讀書人，他肯定

所謂「身體髮膚受之父【……缺頁】

我幾十年來，無論讀甚麼書，都特別注意其中有關道德的話。我先去看去行，然後再講給人聽。我很服膺《大學》上的教訓：「有諸己而後求諸人，無諸己而後非諸人」（《大學》九章）。我自己沒有先去行的，我不敢講給人聽，我自己所沒有的過失和罪惡，我才敢於責備人。人們不但聽見我所講的教訓，而且看見我對我所講的教訓身體力行，這是我在工作上取得成就的一個大原因。荀子說：「口能言之，身能行之，國寶也。口不能言，身能行之，國器也。口能言之，身不能行，國用也。口言善，身行惡，國妖也。」我不願意作一個「國妖」，我竭力作一個「國寶」。可惜，在社會中國妖很多，國寶卻寥寥可數。在基督教會中也是如此。從許多「牧師」（主教也在內）的身上我所見到的是如此。這多麼可悲的現象啊！我所寫的這篇《聖【信】徒處世格言》，句句都是我自己努力奉行的。1955〔年〕8〔月〕8〔日〕我入監後，才發現有一句我還沒有作到。那就是「寧舍棄性命，不舍棄節操」。經過了二十多年的鍛煉，我才學好了這一步。孟子說：「君子有三樂」第二樂是「仰不愧於天，俯不怍於人」。我在入監以前的人生確是這樣。不料到，在我初次入監以後，因為害怕，竟失去了這種人生，落得「仰既愧於

〔註五七〕胡風（1902 ~ 1985），中國左翼文化代表人之一。曾任左聯宣傳部長。1955 年因其文藝思想遭到整肅，掀起一場涉及面巨大的政治批判運動。胡風的反革命罪名，在 1980 年 7 月已獲最高人民法院、最高人民檢察院及公安部黨組覆查，結果確認為「錯案錯判」。

天，俯又怍於人」。我所事奉的神作了一件奇事，使我在長期坐監以後，又恢復了我以前的人生。現在我又「仰不愧於天，俯不怍於人」了。□□休哉！

我所出版的書，大部分是「講道德的」，去年有兩位信徒將海外所印我的書付郵寄來上海，竟被中國郵局退回給原寄人。我的書在國內的都被紅衛兵抄了去，我自己又無法再印。在香港及台灣所出版的，又不許寄來中國大陸，同時中國政府卻大力提倡「講道德」這到底是怎麼一回事？這是不是重演「葉公好龍」的故事？我希望有人為我解釋一下。

我幾十年來每日必須讀書閱報，在蔭營時，我兒子由滬寄給我的書籍刊物幾年間共達五百多冊。其中有一部分是新出版的，但也有一些是轉印的古〔籍〕。其中的一部《史記》，成為我所□□□看但始終未能讀的。從 1973 年往後，我在蔭營獄中，每日只作兩件事一是讀書，二是寫材料。從 1965 年一月起，我完全恢復了我入獄以前的人生。我已被判了「無期徒刑」，我不希望出獄了。1966 年，我被流放到山西大同，李小隊長借給我兩本小冊子，名字我已忘記，內容卻是詬罵美帝國主義的話語，稱美國在華所辦的教會學校為「洋養成所」，說美國教會所辦的醫院為□□中國的地方。對教會學校及學校極盡詆毀之能事。我看了以後，十分氣忿，便寫了百多頁的材料，駁斥這些讕言。以後，《人民日報》又發表了許多言論和消息，攻擊彭德懷〔註五八〕、劉少奇〔註五九〕、陸定一〔註六十〕、羅瑞卿〔註六一〕等政府要人。我不認識這些人，也不知道他們的歷史和生平，這些對他們的攻擊多是誣蔑及陷害，中國古代的俠士常是身佩利刃，路見不平便「拔刀相助」，我不是古代的俠士，我更不佩刀，但我有口會說話，用手會寫文章。我對不平的事，便「口誅筆伐」，對受害者「口口相助」。我在大同獄中寫了許多材料為劉彭陸羅及吳晗[註六二]〔、〕鄧拓[註六三]鳴不平。因此，在68年春夏二季中，招來了五個多月的殘酷鬥爭。辛幹事組織了一個「九人鬥爭團」，這個名稱是我所起的，其中有一個國民黨的陸軍少將，有三個「日本通」及有一位北京衛理公會的「牧師」來鬥爭我。其中兩個「日本通」是在日本侵華時，協助日本人殘害中國人的日本人的特務，他們二人受辛幹事之命，竟對我施行肉刑，我帶手銬約有五個多月之久。那個「牧師」不動手卻用口，那個國民黨的少將在我受肉刑時因疼痛而呼喊，便用衣服堵住我的口，使我喊不出來。以免眾人聽見。我第一次坐監將及十四個月（1955〔年〕8〔月〕7〔日〕～1956〔年〕9〔月〕29〔日〕），第二次坐監自1958〔年〕4〔月〕29〔日〕～1968年春。

〔註五八〕彭德懷（1898～1974），中華人民共和國元帥。1959年盧山會議中批評毛澤東策動大躍進，被指為反黨分子，文革期間被逼害至死。

〔註五九〕劉少奇（1898～1969），中華人民共和國主席。文革期間被批鬥至死。

〔註六十〕陸定一（1906～1996），中共中央宣傳部部長，文革期間被逼害。

〔註六一〕羅瑞卿（1906～1978），中華人民共和國公安部部長，文革期間被批鬥。

〔註六二〕吳晗（1909～1969），歷史學家，民盟成員，新中國成立後任北京市副市長，其著作《海瑞罷官》被毛澤東批評，標誌文化大革命的開始，文革期間在獄中自殺。

〔註六三〕鄧拓（1912～1966），《人民日報》社長，1966年被毛澤東批評，5月在家自殺身亡。

在這兩個時期中未受過一次肉刑。到1968年春夏之交才第一次受到肉刑。這次痛苦可說是我自己招來的。因為我為彭德懷、劉少奇、陸定一、羅瑞卿等人寫了一些辯護的話，不然也許政府不會對我施加肉刑。幸而監獄的高牆保護了我，如果我不是在監牢，大約已被紅衛兵□□，像一些被紅衛兵打死的人一樣。這是監獄的牆對我的保護〔。〕我不怕坐監，我也不怕被一顆槍彈打死，但我忍受不了慘痛的肉刑，受過這五個多月殘酷的鬥爭以後，我再不敢寫甚麼材料了。1970年春我和另外幾百人被押解到山西蔭營，在那裡度過了九年多的時光。大約是1971年我聽監中的領導，在大會中報告說今後嚴禁監中的幹部對犯人施加肉刑，如再發生這情形，許受刑者向當局反應，以後我觀察了一個長時期，果然再未有人受到肉刑，我才放下心來，知道肉刑不會再出現了〔。〕

1973〔年〕4〔月〕29〔日〕我妻十五年徒刑的日子滿了，在□前幾天，我兒子給我來信說他要到河北邯鄲我妻處，對她的事，作一個結束。他說母親大約還不能往滬〔，〕等他來邯鄲再同她母親面談。他又說他要來蔭營看我，請我告訴他來蔭營的路徑。他到邯鄲見了他母親以後又來看我，並給我帶來幾本〔歷〕史書籍，我很欣賞，以後他便繼續給我寄書。我未入監前，因為工作繁忙，只是抽暇看書，從1973年以後，我得了一個空前看書的機會。幾年之間他給我寄來的書籍期刊共有五百多冊。1974年春的「批林批孔運動」開始了，最先是有四位幹部把我找到談話中，問我對孔子誅少正卯的看法。這件事是我在寫□讀史書時，記得最清楚的。我便背誦了那一段史書說：「孔子為魯攝相，朝七日而誅少正卯。門人進問曰：『夫少正卯魯之聞人也，夫子為政而始誅之，得無失乎？』孔子曰：『居！吾語女其故。人有惡者五，而盜竊不與焉：一曰心達而險，二曰行辟而堅，三曰言偽而辯，四曰記醜而博，五曰順非而澤。此五者有一於人，則不得免於君子之誅，而少正卯兼有之。故居處足以聚徒成群，言談足以飾邪營眾，強足以反是獨立，此小人之桀雄也，不可不誅也。』」這段史書上的話雖是我在約六十年前所背誦過的，但在六十年後，我仍記得十分清楚。我對四位幹部娓娓而談。此外他們又同我談了一些話。從那時起，《人民日報》及《人民畫報》上，又登了許多詆毀誣蔑孔子的話。在開大會時，獄中幹部也說了許多詆毀孔子的話。我聽了看了，十分氣忿。二千多年來，孔子的教訓引導了千千萬萬的讀書人，走上了作人的軌。從七十年代起，「新中國」所出的報刊竟這樣詆毀孔子，醜化孔子，稱他為「孔老二」、「巧偽人」，甚至罵他為「盜丘」，這種言論不但傷了千千萬萬中國讀書人的心，也使歐美各國「漢學者」對「新中國」懷了極大的忿怒，尤其是日本人從唐朝起接受了中國的文化以後，大量地吸收孔子的教訓，他們看了「新中國」這樣污辱孔子，肯定是「義憤填膺，眥裂髮指」，馮友蘭教授幾十年來就是一個尊孔的文人，到批孔時期竟對孔子「倒戈相向」，不但在一個會上詆毀孔子，而且出了一本書《論孔丘》，我兒子寄給我的書中也有這本書。馮大概比我年長兩歲，我在中日戰爭前，對他有很好的印象，看過《論孔丘》一書後，對他的評價便「一落千丈」。我評論他是「老而無恥」，我近兩年來因目疾日見惡化，已經不能看報。我不知道《人民日報》對以前批孔的錯誤曾否作過檢討，承認過錯誤，如果沒有，這真是一件「干犯眾怒」的事！人大副委員長黃炎培在清末是江蘇舉人，陳叔通不但中過進士，而〔且〕是前清的「翰林」，他們都是熟讀孔孟之書的人，當然也是尊孔的人，幸而他們在文化大革命已經逝世，如果他們活到七十年代，看見了「批孔運動」，我不知道他們要傷心到甚麼地步！這又何怪乎二十世紀後半中國出現了「蟬翼為重，千鈞為輕；黃鐘毀棄，瓦釜雷鳴；讒人高張，賢士無名」的現象呢！依我看來，中國過去二十多年來基督徒大遭迫害及七十年代的「批孔運動」，不過是二十年代前半一個「反基督教運動」〔註六四〕和「打倒孔家店運動」的重演而已。

中國歷史上有一個最大的「反孔者」，那就是秦始皇嬴政，他不但大焚孔的書和孔子所刪定的語錄，而且把尊孔的讀書人□在一處都活埋了。歷史上稱這一幕為「焚書坑儒」。讀書和讀書的人從此在世上絕跡了麼？秦始皇所焚的經書可能有一小部分真是絕跡了，但大部分仍是被保存起來。「魯壁藏經」就是其中的一□，秦始皇統一了中國以後，秦朝的國祚只有十五年，除了五代的梁唐晉漢周以外，凡是統一了全國的朝代的外，秦朝的國祚是最短的，連蒙古人的元朝也比秦朝的世代多好幾倍。秦朝統一中國完全是仗著武力，它毀滅了，東征西討，南伐北戰，毀滅了六國完全是憑著武力，結果那些被征服的人中有些人不甘心忍受他的壓力，竟□□與他反抗，傾覆了他的統治，秦始皇怕那些讀書人對他反抗，所以才把他們活埋了，以為可以高枕無憂。那裡想到□覆秦朝政權的，不是讀書人，而是兩個不讀書的劉邦和項羽呢？唐人有一首七言絕詩詠秦始皇焚書坑儒的詩：「竹帛煙銷帝業虛，關河空鎖祖龍居。坑灰未冷山東亂，劉項原來不讀書。」中共迫害基督徒是怕他們傾覆他們的政權，這是一個很大的錯誤。那些真有信仰的虔誠基督徒都是十分誠實可靠，遵守法律，作事忠心，安分守己的人。那些被稱為「王明道反革命集團的骨幹分子」、「王明道的代理人」、「走王明道道路的人」都是一些誠實守法，對工作十分認真的人，但他們卻受到鬥爭，關進監牢，被判徒刑。而那些目光如豆，唯利是圖，藉著基督徒的名義，招搖撞騙，造謠生事，陷害善良，投機取巧的假基督徒們，才是一些真正為害於人民與國家的人。可是這種人卻被當權者看為進步分子，為「愛國人士」，這不是「蟬翼為重，千鈞為輕；黃鐘毀棄，瓦釜雷鳴」，又是甚麼呢？我聽說有一位紅極一時的「牧師」〔註六五〕在文革時受到衝擊，才自己聲明是一位「地下黨員」，才脫離了一場衝擊。我很懷疑「三自會」中那些很受無神論者的稱讚歡迎的「牧師，主教與幹事們」是不是還有一些「地下黨員」？我雖然不能肯定，但我不能不抱著懷疑。我認為作人的一個重要原則，就是「誠實無偽，內外如一」，那

〔註六四〕1922 至 1927 年間，受到國家主義及反帝國主義的思潮影響，有非基督教運動（非基運動），對中國基督教帶來一定衝擊。

〔註六五〕李儲文（1918～），1954 任中國基督教三自愛國運動委員會祕書長，曾任職上海青年會，後任上海國際禮拜堂牧師。中共地下黨員身分在文革期間公開。

些朝秦暮楚，順風轉航，隨著環境的不同而變色的「變色龍」們，絕大多數都是最不可靠的人。我寫的那篇《聖【信】徒處世格言》〔註六六〕中有兩句話說：「待人要絕對誠實，律正務十分嚴正」我是這樣講的，也是這樣作的。我是一個「口能言之，身能行之」的「國寶」，而不是「口言善身行惡」的「國妖」。我所以觸犯了許多偽善的牧師和青年會的幹事們，不只是因為我對他們口誅筆伐，也是因為我那種光明磊落，聖潔公義的人生，使他們見到了我，就感覺羞愧不安，無地自容。我雖然在十四歲時才作了基督徒，但我從幼時就生活在教會的環境中，從初小到舊制大學□完全在教會學校中讀書，教會中的種種罪惡和偽善，我知道得清清楚楚。因此我從十四歲就對教會中的種種罪惡感到疾首痛心，憤慨萬分。□此我對教會中的罪惡，痛加責斥，毫不留情。「牧師」們中間有一些良善熱誠的，他們十分接受我所講的，但多數的牧師卻是靠著傳道吃飯，不止沉溺在罪惡中，而且怙惡不悛，而且對我有著極大的仇恨。青年會的幹事們更不用提了，特別是我在1935年夏發表了〈現代基督教青年會的罪惡〉一文，又惹起了他們的生氣。「三自會」的主席〔註六七〕，自美返國後任著上海青年會的主任幹事，我叫□全□□劉良模赴美前也曾任過蘭州青年會的幹事。兩個曾任青年會幹事的人竟自1951年起領導著全中國的教會，請想他們會把教會領到甚麼地方去？他們極力想把我拉入「三自會」，除了要藉著我加強「三自會」的聲勢外，另有一個用意，就是想拉我下水，與他們同流合污，使我再不能反對青年會。1954年竟把我這個幾年來就反對「三自會」的人，列在《會員手冊》中，不料兩次來信都被我退回。又兩次派了九名教會要人來見我，想勸誘我參加大會，竟被我拒絕接見。他們竟因此羞□成怒，發動了一個叫安息日會中的「不知名人」單樂天〔註六八〕在大會中控訴我，想使我因畏懼而出席大會。誰知竟毫無效力。十月上旬，北京市竟發動了一個大〔規〕模的控訴會，市內凡有我會信徒在內的學校機關，醫院及市民小組的單位都舉行了一個控訴會。控訴的內容仍與單樂天的控訴一樣。控訴我在日偽〔時〕期向□日媚給日本人獻〔註六九〕【……缺頁】

不說謊欺騙，不貪污盜竊，不假公濟私，不□□舞弊，不行賄受賄，不□□搶劫，不縱慾行淫，一個不欺人的人，便甚麼壞事也不敢作。《大學》上說：「意誠而後心正，心正而後身修，身修而後家齊，家齊而後國治，國治而後天下平。自天子（包括皇帝、總統、主席等一切國家元首）以至於庶人，壹是皆以修身為本。」《荀子》上說：「請問為國？」有人這樣問荀子「為國」二字包括著「治國、興國、救國」都在內，荀子怎樣回答這個問題呢？他說：「聞修身，未嘗聞為國也。君者，儀也，民者，景也，儀正而景正。君者，槃也，民者，水也，槃圓而水圓。君者，盂也，盂方而水方。君射，則臣決。楚莊王好細腰，故朝有餓人。故曰：聞修身，未嘗聞為國也。（《荀子．君道》）

〔註六六〕王明道：〈信徒處世格言〉，《靈食季刊》，冊 59（1941 年秋）。
〔註六七〕指吳耀宗。
〔註六八〕北京安息日會牧師。北京批判王明道的主力教會人士。
〔註六九〕指北平淪陷時期日軍要求市民徵銅。王明道被批判的其中一個罪名，就是指他曾向日本人獻銅。

只要是一個國家，就必有民的元首。有的國稱元首為「皇帝」，有的稱「王」，有的稱「女王」，有的稱「大公」，有的稱「總統」，有的稱「主席」，有的稱「□□」。一國的「元首」走上正軌，全國的人民自然就走上正軌。這就是「上行下效」，也就是孔子所說：「其身正，不令而行；其身不正，雖令不從」。也就是孟子所說：「上有好者，下必有甚焉者矣」。我不記〔得〕那本古書上說：「楚王好高髻，城內高一尺」。四十年代初，我在北京舊書攤上買到一部線裝的《貞觀政要》，我反複看過好幾遍，「貞觀」是唐太宗李世民的年號，唐太宗是「夏商周」三代以後的最賢德的一個皇帝，他虛心納諫，從善如流，他在宮中有一個賢妻長孫皇后，他在朝中有一個諍臣魏徵，「貞觀之治」得力於這兩個人最多。唐太宗知人善任，只有一種人他絕對不用，那就是對他逢迎獻媚，曲意奉承的佞人。太宗一日坐在一株大樹下，稱讚這株長得好。一個大臣宇文士及立時對太宗曲意承歡，不絕口稱讚這株樹，太宗對宇文士及說：「魏徵勸我遠佞人，我不知道誰是【……缺頁】

【……缺頁】的那日，公安局的張主任對我說：「加拿大報紙上報道說你已經判了十五年，劉景文已死在獄中。你們這一出監，這些謠傳便不攻自破了。」這時我才知道我們夫妻二人入監的事已傳到了外國。我於 1958〔年〕4〔月〕29 日第二次入監，八年後我在大同監獄中由劉中隊長交給我一封由西德漢堡寄到北京監獄中的一封航空信，寄信的那位德國太太訊問我和我妻的健康情形，我便知道我們夫妻二人雙入獄二次入監的事，已經在西方廣泛的傳開。去年（1981）我收到台灣斗六鎮「浸宣出版社」所出版的《王明道文庫》第一及第七冊的編者序〔，〕我才知道海外在七十年代中已經傳開我已不在人世的消息。又想到這個從三十年代到七十年代中已經死過四次（1933〔年〕、1935〔年〕、1954〔年〕、1970〔年〕）□的一個〔，〕到八十年代初，不但仍然活著，而且活得很自由很愉快呢。這就是《書經》上所說：「聖謨洋洋，嘉言孔彰。惟上帝不常，作善降之百祥，作不善降之百殃。」也就是□□所說：「天網灰灰疏而不漏」。□□□□上所說的：「不要自欺，神是輕慢不得的。人種的是甚麼，收的也是甚麼」。

我兩次坐監共將近23年的真實原因，就是因為反對「三自會」這一點，不但國內外一切認識我的，讀過我的文章（特別是《五十年來》）的信徒都十分清楚明白，就連「三自會」的領導人經手我冤獄的那些政府幹部都十分清楚，政府對我這件冤案至今仍未有所表示。我的問題就在「三自會」上，「三自會」在文革期間停止了一些年。可是現在恢復了的「三自會」仍〔是〕以前「三自會」的繼續。不但名字依舊，內容也是依舊，所不同的只是他們在口頭上改變了他們的說法，以前他們說《聖經》上的道理是「帝國主義的毒素」〔註七十〕，現在他們改了口吻，說《聖經》是基督徒信仰的守則，「不信派」的講法是不見了，但他們心中的真思想卻沒有改變。他們只想由「不信派」而變

〔註七十〕中共建國後，在基督教界展開控訴運動，旨在肅清帝國主義的毒素。關於基督教控訴運動的情況，可參邢福增：〈打掃房子——1951年的基督教控訴運動〉，收氏著，《基督教在中國的失

為「偽信派」而已，「不信派」還容易認識，「偽信派」就很難認識了。吳耀宗於四十年代所發表的〈上帝在那裡？〉〔註七一〕一篇文章已經證明他是個「潛伏在教會內部的無神論者」，但上海的戚慶才〔註七二〕「牧師」卻在吳死後的一個聚會中用保羅論他自己的話來形容吳耀宗，保羅是「神忠心的僕人」，吳耀宗卻是「神的仇敵」。保羅篤信基督為罪人死了，三日後復活了，升上高天，將來要從天上回來，接屬他的人，以後在地上建立他的國。吳耀宗卻在他所寫的那本《黑暗與光明》〔註七三〕一書中，說他對基督徒所信的那幾點基本的要道，無論怎樣勉強自己，也信不來，但他卻偽稱自己是基督徒，而且厚顏無恥地承認他是全中國基督教會的領導人，且任著「人大常委」長達二十幾年之久。那個揭露他的真面目的王明道卻因此坐了二十幾年的監牢。國內外一切虔誠基督徒眼中，對二人的評價又是如何呢？

古人有話說，不入虎穴，焉得虎子？我過去二十幾年的經驗卻是「入不虎穴，焉知虎性」？二十幾年監獄的生活，使我能看到了無數的說謊與殘暴。「三反運動」〔註七四〕中第一樣反的就是「貪污」，我最初看見報上說「反貪污」，心中十分高興，因為我多年來看見貪污之風遍滿了全國（，）把國弄得□□。一說「反貪污」，我覺得這真是「當務之急」，誰想到貪污還沒有反掉，說謊欺騙的風氣，卻藉著「反貪污」的口號，大大地流行起來。□多機關都把工作大員扣留在工作地方，不但不能回家，而且不能見著家裡的人，反貪污的人員就對被反的人加以欺騙和恫嚇。那時流行著一句口號說：「大膽懷疑」〔。〕那時廣傳著兩句話說：「坦白從寬，抗拒從嚴」，說你貪污，你就必須承認貪污，不這樣，便是抗拒，抗拒就從嚴。我會的青年信徒在一個部門服務，當三反時被扣押在工地，不許回家，也不許接見家中的人。他名叫臧爾忠。他妹妹臧爾義給他送衣物時，工作人員對她說：「你哥承認了，他貪污了鉅款，交給你為他存了起來，你好好交代吧。」她說：「我哥沒有貪污，更沒有交給我任何款項」。她走了以後，工作人員把衣物交給了臧，說：「妳妹妹承認了你把貪污的鉅款交給她，存儲了起來，你快快交代吧。不然政府將從嚴處辦你」。他說他沒有貪污，他們強迫他承認，並說貪污到一億元（舊幣）以上就要槍斃。他因為害怕被槍斃，便承認貪污了若干□。他們說這個數字不夠，還多得多。他因又怕被槍斃，便再增加，一直到他們認為滿意，才放他回家。回家後，他問他妹妹，才知道他是受了工作人員的欺騙。但他已經承認了貪污了□□，須要退贓，他拿甚麼退呢？他既無贓可退，又戴上「大貪污犯」的帽子，他已和一個師大的女生訂了婚，那個女子怎麼肯和這個大貪污犯結婚呢？他的一切全完了，他走投無

敗？——中國共產運動與基督教史論》（香港：道風書社，2008），第 2 章。

〔註七一〕吳耀宗：〈上帝在那裡？〉，《天風週刊》22 期（1945 年 11 月），頁 7 ~ 10。

〔註七二〕戚慶才（1909 ~ 1990），中華全國浸信會聯會主席。氏著：〈懷念愛國愛教的好榜樣吳耀宗先生〉，中國基督教三自愛國運動委員會編：《回憶吳耀宗先生》（上海：該會，1982），頁 188 ~ 190。

〔註七三〕吳耀宗：《黑暗與光明》（上海：青年協會，1949）。該書收入「漢語基督教經典文庫集成」，由筆者作校注及撰寫導讀，2012 年 10 月由台灣橄欖出版。

〔註七四〕1952 年，中共發起三反運動。三反指「反貪污、反浪費及反官僚主義」。

路之時，他想到了我這個「王叔」，便來找我，求指教。我說：「爾忠，你必須對我完全是實話，否則我無法幫助你。」他對我說：「叔叔，您認識我已有幾年之久，您為我施了浸，您還不信任我麼？我絕對沒有貪污〔。〕」我說：「你可以向領導寫信說明你因為害怕被槍斃才說謊認罪，你既問心無愧，就不必再害怕，事情總會弄清楚的。」過了幾天，他告訴我說，他們把他調到另一個地方，也不再要他退贓。我問了我們教會中還有一些在公家作事的人，怕他們也蹈了他的覆轍，便教他在「聖徒聚會」述說他的經歷，大家不要因懼怕而說謊。不料三年以後，我因著某夜受到一支對准【準】了我的手槍把我嚇得心驚膽戰，在草嵐子竟蹈了臧的覆轍，竟誣陷我自己破壞了三反運動。

我會的另一位信徒，名姜□元，他在北京師大讀書，□□考入郵局工作。我認識他已有數年，他忠實可靠，和我很熟。1942年春天，他有些日沒來聚會，夏天他又來聚會。會後他對我說：他作了一件不誠實的事，所以不敢見我。他說內務總署招考縣長，投考的人必須任過縣長，且有證件證明。他說他已去世的胞兄任過縣長，身後留有證件，他便用他胞兄的證件，改同他胞兄的名字，前往投考。考試後，成績優良，錄在前幾名。錄取後受了三個月的訓練，現已訓練完畢。他被分配到山東惠民縣任事。但他因為屢次聽我講道，基督徒不可說謊作偽，但他投考是用他胞兄的證件和名字，這是一件作假的事。他不願貿然上任，他希望獲得我的同意。我說我不同意你的你去，因為你作說謊欺騙的事。另外還有一件不合理的事，那就是在日本政權之下充當縣長，你必須服從日本人的指揮，你肯出任縣長，必定需要服從日本顧問的支配，替他們殘害中國人。不然你不但當不成縣長，而且會受到日本人的殘害。我的話使他反感到不□但他□捨不得這個美缺。他說他到任以後要盡力為縣的人民謀福，我說「你這全是夢想，日本人手下的縣長並無實權，完全是日本人的工具和傀儡，日本顧問要你怎樣作，你就必須服從，我問他：「□□再回郵局工作？」他說他並沒有辭去郵局的工作，只是請人代替他上班幾個月，他□□萬一當不成縣長，他再回郵局任事。我勸他趕快回郵局銷假□事。但他捨不得縣長的美缺，仍是求我允許他去當縣長，我被他糾纏不過，便說：「我無權強迫你，不□我告訴你□果，你去當這□□□□你能缺了一隻眼或一條腿回到家中，就算你一家的大□」。他聽我這樣說便不再說甚麼。過了幾天，他又來對我說：「我聽了你的話，便向到值班的主任自首，承認我報考時所交的縣長證件是冒用我死的胞兄的名字和證件。我們教會的領導人告訴我說，這是欺騙，因此我向主任自首。班主任為我惋惜，但因我已經聲明我報考時所用的是假證件，當然上級不會讓我去當縣長。過了幾日，班主任告訴我說□辦因我是個人才，不捨得放棄我，所以改派我到山東省政府實業廳去當秘書。」姜又對我說：「現在我可以去了吧。」我說：「你報考所用的是假證件，因此你的工作還是建立在謊言上。這是極危險的。我還是勸你回郵局銷假上班。」姜對我的勸告沒有作任何表示，便走去了。以後姜就沒有再來聚會。我想他很可能是到山東去了。該年十月中旬我應濟南南關教會之邀前去講道，第一天晚間姜來聽道，他請我原諒他對我不辭而別，並告訴我説他就任山東實業廳秘書之職。我問他北京郵局的工作是否已經辭掉？他説已經辭掉了。因此我也就不能再對他作甚麼勸告。

1945 年日本投降了。過了些日子姜又來看我。他一見我先感謝我對他救命之恩。他告訴我説代替他到惠民縣長的那個同學到任不久就被日本人撤職扣押起來，以後一直沒有消息，想來是被日本人消滅了。他説如果不是我勸告他，他到惠民當了縣長，他□□死在山東了。

姜回京後，經常到我處來聚會，他加入了我們的教會。在一次星期日下午的聖餐聚會中，他勸告□會的信徒遇見甚麼困難不易解決的事，應當先同我談談，徵求我的意見。他説他因為聽了我的勸戒，沒有去作日本人手下的縣長，因而脱離了一場大禍。他勸大家對一切事情，千萬要同我談談，以免走錯了路。他稱我為「説凶言的先知」，説我能給人以適宜的指導。

可惜，他在 1942 年只聽了我一半勸告，沒有去當傀儡縣長，當【但】他卻沒有聽我下一半勸告，到山東省當了實業廳的秘書。我勸他連秘書也不可去當，而仍【當】回郵局銷假□事。他既當了秘書，便把郵局的工作辭掉。日本投降後，他逃回北京，不知道由甚麼人介紹，他到了國民黨政府的後勤部任了職。中共統一了中國大陸後，也仍□留在後勤部任事。在「三反」時，他被留在後勤部，多日不能回家，一天有住得離他很近的一個信徒來告訴我説，他回到了家中，神經很不正常，對人説「死可怕，但還有比死更可怕的事。」我趕快去看他，見他的頭髮剃得□光，神色異常緊張，他一見我，便說：「我信基督了，基督教不能救中國，只有馬列主義才能救中國。」這和他從前的態度完全不同。在「三反」以前，他對基督的信仰十分堅強。他那天的表現使我非常驚奇。我知道他是受了重大的打擊。過了一二日，便是星期日，一位從北城來聚會的信徒告訴我說，他見姜在電車上跳下自殺身死。次日姜的長女姜天真來見我，說他母教她告訴我說姜跳電車殞命，當日在□□裝殯送至東郊東墓埋葬，請我到公墓為他舉行喪事聚會。次日晨我同我妻和另外兩三位信徒到公墓姜墳前，姜妻和兒女和姜的母親都在。我們在姜墳前歌□祈禱，讀了一段聖經，我又講了道。下一個星期日下午在聖徒聚會中我將姜自殺身死的事報告了信徒。此外還有一位李雨日老人在「三反」時因畏懼而自殺投水缸身死。這些都是在「三反」運動中所發生的事。到我於1955〔年〕8月都是在「三反」運動中所發生的事。到我於1955〔年〕8月我入監後，因為害怕，我竟招認說我誣蔑「三反」運動中有說謊欺騙與殘酷的行為。1956〔年〕夏我用黑□紙寫我的罪行，寫了臧爾忠的事。審訊員對我說：「不要寫臧爾忠的事」。我便沒寫。總之，我第一次被捕後，就因為黑夜受到一支手槍的威嚇和審訊員所說「要腦袋」的威脅。□心喪□落，我認了許多我沒犯過的罪。北京檢察院的檢察員便照著我的「偽供」檢舉了我，而且又加了一些我供詞中所沒有的事。1955〔年〕新□審訊員曾將我的偽供秘密錄了要向我會的信徒們放送。他們都不相信。他們說：我們在王明道身上所見所聞的與這種供詞完全不一樣，甚至有一些人說「說話的人不是王明道」。但多數人說：「說話的確是王明道，但他在那甚麼情況說的，又有誰能知道呢。」他的意思是認為我是在嚴刑迫供中供出來的。我並沒受到嚴刑迫供，只是嚇得胡認一氣。

我現已經完全明白政府的目的，就是要我參加「三自會」，以便利用我的聲望證明「三自會」是合理的。所以1956年我一應許出監後參加「三自會」，立時便「大事化小，小事化無」。偽說「寬大了我」。我又因為盼著出監，並將我妻帶出監去，以免她病死獄中，也自己承認得了政府的寬大，寫了並在「三自會」中讀了那篇「充滿謊言的檢討」。出監以後，一年多之久，不敢推翻那份「假檢討」，恐怕再被捕入監。第二次被補後，仍然繼續著說謊，繼續著允許參加「三自會」。但這次無效了。終於在第二次入監五年後（1963）被判了「無期徒刑」。這個判決起初使我感到完全失了望，但幾年之後卻使我得了大福。這大概就是兵家所說「置之死地而後生」。

我曾在《靈食》中發表過一篇文章，題目是〈權柄在誰的手中呢？〉〔註七五〕，我本著著〔聖〕經所說：權柄是在神的手中。我證明一個人的禍福□□安危生死都在神的掌握之中，卻不是在任何人手中。但我在極度軟弱失敗時竟說這些事都是在政府手中。現今我又恢復了我原來的面目與思想。我仍然寫□權柄是在神的手中。判了無期徒刑之後，本來是不死不能出監的。可是我在1979〔年〕12〔月〕29〔日〕竟在一個多月前拒絕出監以後，因中了計，竟然挺身昂首地走出了山西蔭營的監牢大門。今日已經兩年多了。權柄不是在神的手中麼?是,權柄完全是在神的手中。千真萬確!千真萬確!「天之未喪斯文也,匡人其如予何!」「天生德于予,桓魋其如予何?」「天何言哉?四時行焉,百物生焉,天何言哉?」

從四十年代以來,我開始聽到「反動」這個名詞。但十幾年之久我總弄不清「反動」這個名詞的意義。六十年代後期,承大青的幹部辛幹事為我解釋,我才明白了它的意。辛幹事說:「眾人都向著一個方向行動,但有少數人偏偏向著相反的一方面行動,這種人就是『反動』」。從那時,我才明白了「反動」二字的意義。世界上大多數的人都相信有神,獨有少數「無神論者」(Atheist)偏偏不信宇宙中有神,那麼這種人的行動就是「反動」。這種我叫作「反動派」。「正宗的猶太人」(Orthodox Jews)、基督徒(包括浸禮宗 **Baptist**、羅馬宗 **Roman Catholic**、東正宗 **Eastern Orthodox**、抗羅宗 **Protestant** 都在內)、佛教徒、伊斯蘭教徒、火教徒、印度教徒、婆羅門教徒、日本的神道教徒、拜物教徒,這些人的信仰雖然不一樣,但他們都相信有神,全世界上無神論者只佔少數,他們走的道路是和多數人相反的,當然他們就是反動派。我未入監前一年多,聽一個青年基督徒說:「有些無神論者說我們基督徒是反動派,在我們的眼中看,他們才是反動派呢。」張執一副部長稱我為「外國反動勢力的走卒」,那是他把我看為一個「無神論者」,那如何能不大錯特錯呢?我不是外國外【反】動勢力的走卒,我是「中國正動勢

〔註七五〕王明道:〈權柄在誰的手中呢?〉,《靈食季刊》,冊95(1950年秋),頁2~4。

力的一名勇士」，正像文天祥是漢族的一個勇士一樣。因為我附和別唱「愛國的□□」就說我反對愛國。一個不愛國的人能準備寧可進日本憲兵隊的監牢，也不肯參加日本人所組織的宗教傀儡組織「華北中華基督教教團」麼？能夠寧可遭到日本軍部的嚴懲也不在《靈食季刊》上刊登日本軍部指定的四條標語麼？「三自會總會」的副主席之一江長川〔註七六〕正是「華北中華基督教教團」的「主理」（相當於主席或會長），北京「三自分會」的第一任主席正是在「教團」中以一身而兼任三個要職的王梓仲牧師，他們是不是愛國者呢？誰能回我這幾個問題？李宗仁〔註七七〕於 1966 年自美返國後，曾舉行了一個「記者招待會」。有一位記者向他說：「你是不是一個馬克思主義者？」這個問題也有兩個不同的回覆：「是」或「不是」。他卻□了一個所答非所問的回答：「我是一個愛國主義者。」又有人問他：「你到過英國沒有？」他卻回答說：「我到過□國。」這叫甚麼答覆呢？以李宗仁這樣歷任許多要職，在 1948 年被選為中華民國副總統，在戰事迫近長江時又任「代理總統」的高職務的人物，怎麼會說出這種答非所問的話呢？人人都明白他的困難，如果他說「是」，大概在位的人沒有一個能信他的話；如果他說「不是」，在一個馬克思主義者執掌政權的國家裡，他怎麼有這種勇氣呢？在這進退維谷的環境裡，他只有作了這樣一個圓滑可美的答覆了。

李宗仁真是一個「愛國主義者」麼？如果他真是，為甚麼他在 1928 北伐成功以後與蔣閻馮同□京師共商國是不到兩年，他又與蔣反了面，聯繫閻馮〔玉祥〕，與蔣〔介石〕

在中□行大會戰。三個人失敗後，李便退守廣西，閻（錫山）〔註七八〕也退守山西，馮無家可歸，便隱居泰山，靜待時機，以□東山再起。中日戰起後，李又出任□戰區的司令長官。日本投降後，李又出任北平行動主任。國民黨軍隊在華北都撤退後，蔣不得已放下總統職位，而由李升為代理總統，及至國民黨退守台灣後，李總以為他這個代理總統能夠升為正式總統，但蔣怎麼會□下這個總統的寶座呢？李便轉而赴美，想藉美國的援助，在下次競選時能被選為「正式總統」。但李的聲望實力和與美國的關係都不及蔣。在美一住十幾年寄人籬下的滋味總不大好受，便向中共表示願意返國，祖國中共當然樂意迎接他回國。李心中以為他返國後總能像傅作義〔註七九〕、張治中〔註八十〕那樣在國內擔任一項要職，但中共□□信任這位翻手作雲覆手作雨、惟利是圖別無他求的李將軍呢？

〔註七六〕江長川（1884 ~ 1958），中華基督教衛理公會華北年議會會督，華北基督教聯合會主席，三自宣言發起人之一。

〔註七七〕李宗仁（1891 ~ 1969），1948 年當選中華民國副總統，1949 年中共建國後，經香港轉往美國。1965 年 7 月經瑞士、中東回到北京，受到毛澤東及其他中共領導人熱烈歡迎。1969 年 1 月 30 日在北京逝世。

〔註七八〕閻錫山（1883 ~ 1960），北洋軍閥，後任國民政府山西省政府主席。

〔註七九〕傅作義（1895 ~ 1974），國共內戰時任華北剿匪總司令部總司令。1949 年接受中共條件，在當年 1 月 22 日率 25 萬北平守軍投降。中共建國後當選第一屆全國政協委員、中央人民政府委員。歷任政協第二、三屆全國委員會常務委員，政協第四屆全國委員會副主席，第一、二、三屆全國人大代表、國防委員會副主席，水利部（後為水利電力部）部長等職。

〔註八十〕張治中（1890 ~ 1969），中國國民革命軍二級上將，國共內戰時期參與國共和談的代表。中共但為招徠在台灣的重要人物，他對李□□□抬，請他和他的夫人乘坐飛機到處參觀遊覽，卻不讓擔任任何要職。李自己說他是一個愛國主義者，實際他卻是一個「投機主義者」，像「三自會」的主席吳耀宗一樣。孔子說：「始吾於人也，聽其言而信其行；今吾於人也，聽其言而觀其行」。我年歲越大越明白先賢孔子所說的這句話。

一個自私自利、專為自己求名求利的人，不可能不成為一個投機主義者。在社會中是如此，在基督教會中也是如此。……【……缺頁】

我認為中共處理宗教問題是一件很不容易的事，尤其是基督教。中國人多是把整個的基督教分為三個部份（即基督教、天主教和東正教），這是一種錯誤的看法。其實凡信仰耶穌基督的人都稱為基督徒，不論他們屬於羅馬宗、東正宗或抗羅宗，這三種不同的教派的信徒在西方都稱為基督徒。基督徒在英文裡都是「Christian」，中國卻把「抗羅宗」（**Protestant**）稱為基督教而把羅馬宗（**Roman Catholic Church**）稱為「天主教」，這是一種錯誤。基督教最先傳入中國是在明朝萬曆年間（1573～1620）。那是羅馬宗的傳道人「利瑪竇」[註八一]（意大利人）傳入的。利氏是一個特異的天才，他只活了五十八歲。他經由印度來到澳門，他不但學會了華語，他還學會了漢文，他把《四書》譯入了拉丁文，他能與中國讀書人交往談論，他領了許多精通漢文的中國士大夫交往，且得到他們的尊重。明宰相徐光啟[註八二]就是由他引導作了基督徒的。他極得明朝許多士大夫所尊重。他把《聖經》中的「神」字譯為「天主」，在他們的教堂上寫了

「天主堂」三個字。中國人從那時就稱基督教的羅馬宗為「天主教」。及至清康熙年間，又有比（利時）國人南懷仁〔註八三〕和德國人湯若望〔註八四〕來華傳道，並介紹了西歐的科學。南與湯二人極得清聖祖愛新覺羅玄燁所尊重。北京觀象台上的天文儀器「量天尺」與「渾天儀」就是湯若望所製造的。清聖祖玄燁也接受了基督教（羅馬宗）〔註八五〕。那時基督教仍是羅馬宗的。因此那時的基督教仍被中國人仍稱為「天主教」。及至美國人馬禮遜〔註八六〕（Robert Morrison）把抗羅宗（Protestant Church）傳入中國後，才開始用「基督教」一個名稱。此後中國人便把「羅馬宗」和「抗羅宗」完全【原複印稿摺頁，約七至八個字被蓋】宗教了。這是一個很大的錯誤。英文中的Christianity（漢文譯為基督教）就包括著一切相信基督教的人。各派中的信徒在英文中都稱為「基督徒」（英文中的Christian），就包括著各教派中信徒。當然羅馬宗、東正宗，與抗羅宗三者中間有許多的歧異，但他們所信的神子基督卻是一樣的。

建國後先後曾任西北軍政委員會副主席，全國人大常委副委員長，民革中央副主席，和平解放台灣委員會主任等職。

〔註八一〕利瑪竇（Matteo Ricci，1552～1610），耶穌會來華傳教士。

〔註八二〕徐光啟（1562～1663），明末學者，官至禮部尚書、文淵閣大學士，被稱為「聖教三柱石」之一。

〔註八三〕南懷仁（Ferdinand Verbiest，1623～1688），耶穌會來華傳教士。

〔註八四〕湯若望（Johann Adam Schall von Bell，1591～1666），耶穌會來華傳教士。

〔註八五〕這不準確，康熙並沒有接受基督宗教。

〔註八六〕馬禮遜（Robert Morrison，1782～1834），英國倫敦傳道會首位來華傳教士。

青年時期的王明道（19歲），當時正與「教會學校中的惡勢力」戰鬥

貳　晚年平反遺稿

幼年的王明道和他的母親及姐姐

少年時期的王明道（右）

王明道夫婦與兒子王天鐸、媳婦殷蔚芷及孫女王清音

貳 晚年平反遺稿

後排右起邊雲波、白耀軒、黃小同、李再生

王明道攝於基督徒會堂的房角石前，上刻「他為我們的罪受害，他從死人裏復活，他已經被舉到天上，他還要再來接我們 一九三七年夏重建」

貳 晚年平反遺稿

中間端坐者是余慈度

戴紹曾的母親與晚年的王明道夫婦

史家胡同原址

宗教界控訴大會

愛人的人，能不愛國麼？

上江華院長書（二）

王明道

院長先生閣下：

我不知道閣下曾否聽說過一些有關於我的案情，我的案情在一般中國人的眼中也許不是一件很重要的事，但在國內及亞歐美各國的基督教會內，卻是一件極惹起眾人注意的事。我從1955年八月八日到1979〔年〕12〔月〕29日，兩次坐監共達22年零十個月。這件案情已在全國基督教會內被許多認識我和廣大讀過我的書刊的基督徒們都認為是中國基督教會內一件極大的冤獄。因為我從幼年時期就讀過全部《四書》，在十四歲又作了一個基督徒。《四書》和《聖經》兩部書為我奠定了我一生作人的基礎。先師孔子嘗嘆息著說：「已矣乎，吾未見好德如好色者也！」又曾說：「已矣乎，吾未見能見其過而內自訟者也！」我從十四歲（1914）起就成為一個「好德如好色」的人，也成為一個「能見其過而內自訟」的人。我兩次坐監接近 23 年之久，不是因為我犯了任何法律，完全是因為我堅持真理，捍衛聖道，反對那個企圖從教會內部消滅基督教的三自革新運動。

我從 14 歲作基督徒起，便進入一種「戰鬥的人生」。最先是與我自己的私慾戰鬥，繼而與校中一些品行卑污的同學戰鬥。18 ~ 19 歲時，又與「教會學校中的惡勢力」戰鬥，因而中途輟了學，從此便再沒有在學校讀書；在我 20 歲□及 21 歲初又因為信仰而被我任教的學校解雇，在家中受了四年之久的苦難折磨。當我在 40 歲開始傳道後，又與教會中一些偽善的「牧師」【……缺頁】

【……缺頁】約我談話，告訴我自那時起再不要將我的書刊寄往海外。我當時明白這是怕我的書刊寄往海外，將來政府無法沒收。但我明白政府既這樣，我爭辯也無用，因而允諾照辦。從那時起我連一冊也不往海外寄發。可是我於 1980〔年〕一月到滬後不久，便知道我從 1951 年離京以後所出版的書刊竟完全被帶到香港。當我在監中二十幾年內竟被香港的教會出版社重版了多版多冊，有些重版了一次、兩次、三次、四次、六次，有的竟出版了十次之多。我的自傳《五十年來》是我在 1950 年出版的，1954 年印行了第二版，香港竟把這本書印行了六版之多。去年我又收到台灣斗六鎮「浸宣出版社」所出版的《王明道文庫》全套共七冊，它刊登了我在北京所出版的所有書籍（只有一種小冊子遺漏）。閣下如果有時間讀一下這部《文庫》第一冊的「序言」，便可以知道海外教會對我的評價了。此外還有香港一家教會出版我的《角聲》一書中「港版的話」也說明了這一點。不久前我又收到香港出版的一本《基督教與中國社會變遷》一書中敘述了中國教會中的五個重要人物，它敘述了五個不同方面的人物計有趙紫宸〔註八七〕、吳耀宗、王明道、徐寶謙〔註八八〕和吳雷川〔註八九〕。該書著者敘述我的人生和工作，大部〔分〕還正確，但也有一部分與事實互有出入之處。

1979〔年〕9〔月〕25〔的〕《人民日報》刊載了上海為吳耀宗開追悼會的情形。我看過以後曾寫了一份材料。我在材料前面寫了一個標題：〈一個徹底的大暴露和一個大膽的挑戰〉。在這份材料後，我寫了幾句話：請蔭營監中的幹部把這份材料送交北京國務院，我想蔭營的幹部不敢不把此送去。閣下□□□□□請向國務院詢問一下這份材料，便可知道它的內容了。【……缺頁】

【……缺頁】逮捕入獄，造出了這件震撼全世界基督教會的大冤獄。結果是甚麼呢？我雖然兩次坐監將近23年之久，但我卻因此得了大福。因為我於1980年一月十日到了上海後，才知道這二十幾年中記念我、為我祈禱的信徒多得無法計屬【數】。進入七十年代起後，國內外許多記念我的人多數都認為我已經病死獄中。他們哀痛，他們悼

〔註八七〕趙紫宸（1888～1979），中國著名神學家，曾任燕京大學宗教學院院長。
〔註八八〕徐寶謙（1892～1944），著名中國基督徒知識分子，曾任教燕京大學。
〔註八九〕吳雷川（1870～1944），著名中國基督徒知識分子，曾任燕京大學校長。

念，他們為我的事感到悲憤，因為他們深知我完全是為信仰而坐了監。「三自會」與《天風》雖然極盡對我誣蔑之能事，但他們竟不能在我的人生中找到一件犯罪的事實。及至我於1980【年】1〔月〕10〔日〕到了上海之後不多日子，消息便在國內及海外傳開。上海的信徒便接踵來看望我，遠處的信徒便來信慰問我，海外的信徒從香港、澳門、新加坡、菲律賓、加拿大、英國、美國等處來華訪問我的信徒和傳道人也有多起，而且他們多半都為我拍照，並與我們夫婦一同相照留作記念。

我到滬不久，有華北的一位青年信徒給我來信，說他從來沒見過我，但他讀過我所出版的一些書，特別是從《五十年來》一書中認識了我。但在前些年他聽說我已死在獄中，他知道在世界是再不能見著我了，他只希望有一天能到北京，看看我家中的大門，再到基督徒會堂門外看看我曾傳過道的那間會堂，就心滿意足。至於和我見面，那就只有等候在主面前相見了。萬沒想到他忽然聽人說我不但沒死，而且到了上海，他千方百計打聽到我的住處，便給我寄了這封信來打聽我的近況。他在得了我的覆信以後，竟給我寄了一筆款來。過了一年之後，他竟長途跋踄幾千里來滬看我。他是北方的一個農民，家庭並不富足，來滬往返需要不少川資，這對他真不是一件容易的事。像他這樣專程來滬看我的人還有好幾起。此外國內及海外□信徒們□□紛紛給我來信，對我表示慰問及訊【詢】問我二十幾年中的景況就更多了。信件之多使我窮於應付，特別是我們夫婦二人都患有嚴重的目疾，寫字都十分困難。

吳耀宗於 1950 年在各地大力提倡的並不是三自愛國運動，而是三自革新運動。1951 年春在北京所成立的也不是三自愛國會，而是三自革新會。這個名稱用了三年之久，到 1954 年七月吳才把革新二字改為愛國。唐太宗的幼妾武則天於太宗死後，被太宗的兒子高宗由寺內接到宮中，被高宗立為皇后。高宗死後高宗的兒子嗣位不久，她又自立為中國歷史上唯一的女皇帝。她為標奇立異，竟製造了一個前所未有的新字「曌」作她自己為名字。但歷史上仍稱她為武則天，卻不稱她為武曌。吳耀宗在三自革新會一個名稱用了三年多之後，才將革新二字改為愛國，是有他的用意的。一是因為革新二字太招許多信徒的反感，因為基督教是永恆不變的，它就不能革新，一革新，它就成為一個「不倫不類」「非驢非馬」的東西了。將「革新」二字改為「愛國」便可以清除這種反感。在三自革新會成立過了不到一年，三自會書記劉良模就大喊「搞好傳達，搞好控訴」的口號，把全國的教會搞得烏煙瘴氣，衰亂不堪。有些各地的信徒及傳道人因為聽過我講道，或讀過我的文章，知道我見理透徹，論事正確，便來京訪我，徵詢我對「三自會」的看法。我就毫無顧忌地向他們陳述我的認識，我對他們讀了吳在 1946 在成都出版的《天風半月【週】刊》〔註九十〕上發表的〈上帝在那裡？〉一篇文章，證明了吳根本不相信上帝的存在，而且罵上帝為「專制魔王」。他就沒有資格在教會中活動，我也

〔註九十〕自 1956 年 1 月起，《天風週刊》改為《天風半月刊》。

講明基督教就不能革新，吳把革新改為愛國，可以消除這種反感，吳的用意真是巧妙。除了這個原因以外，我揣度另外他還有一個用意，是在標榜他是一個愛國者。更重要的是他可以把凡反對三自運動的人都給扣上一頂「反對愛國」的帽子。自己的國家怎麼可以不愛呢？禽獸沒有國家，不愛國的人豈不和禽獸一樣了麼？吳果真「愛國」麼？文革時，劉少奇主席，彭德懷、陸定一部長、羅瑞卿總參謀長等都受到衝擊，罷免、批判，吳身為人大常委，對這種事卻一言不發，噤若寒蟬，倒是我這個在大同坐監，被誤為「屢教不改的反革命分子」的站了出來為劉、彭、陸、羅等人說了一些公道的話。結果遭了五個多月的殘酷鬥爭。及至林彪已葬身沙口，四人幫已被打倒，吳才抱病出席批判四人幫的大會。四人幫橫行時，吳到那裡去了？三自愛國會的主席吳耀宗和反對三自愛國會的王明道，兩個人中究竟誰是真愛國的呢？

我在講道和著作中，從來不提「愛國」這兩個字，這是因為《聖經》、《四書》和中國古代聖人的著作中都沒有談到這個名詞。他們只講「愛人」。《論語》上說：「樊遲問仁，子曰：『愛人』。問知。子曰：『知人』。」《聖經》講得就更清楚了。在《舊約》律法書和先知書中，在《新約》的《四福音》和書信中，難計算有多少地方講到「愛人」的話，「國」是甚麼呢？豈不是一些人所組成的麼？一大片土地上如果沒有「人」，這片土地能稱為「國」麼？「愛人」的人能不「愛」國麼？我所講的道，所寫的文章都是與人有貢獻、有益處的，怎麼能說我不愛國呢？有些人終日高喊「愛國」，但他們的思想和生活中都充滿了虛偽詭詐，說謊欺騙，自私自利，損人利己，貪婪嫉妒，舞弊營私，不孝不忠，淫亂邪惡，這能算為「愛國」麼？法國的羅蘭夫人被她的敵人押赴刑場時，看見了路旁矗立的「自由之像」（Statue of Liberty 華文譯為「自由神」是一個大錯誤，歐美沒有人把它當作神去崇拜），便喊著說：「自由，自由，天下多少罪惡假汝之名以行？」「愛國」這兩個字，不也是被許多人所利用了麼？有些把「愛國」二字唱得山響的人常是最不愛國的人。1966 年在北京人民大會堂中開了兩三次萬人大會中，林彪舉著《毛澤東語錄》從主席團的台上從一端走到另一端，領著大家高喊「毛主席萬歲」。實際上千方百計設謀要殺害毛主席的那個人不就是這個人麼？吳耀宗在 54 夏把「革新」二字改為「愛國」，好像他是一個多麼愛國的一個人，但國內國外有千千萬萬的基督徒都清楚地明白他是千方百計地幫助□□無神論的中共要從教會內部來消滅基督教。二十幾年來，種種的事實都證明了這件事實。凡反對這個運動的基督徒和傳道人都遭到迫害，甚至被捕下監，被判了重刑，輕者幾年，十幾年。我是反對這個運動最力的一個人，所判監也最重（無期徒刑），奪政治權利終身，房產被沒收，連我妻也被判了十五年。我不是暗暗地反對，乃是明明地反對，理直氣壯，義正詞嚴地反對。我的判決只有短短的三頁半，提到「三次【自】運動」，竟達十次之多。全國許多信徒聽過我講道，看過我的著作，知道我見理明確，討論公正，便不遠千百里來京訪我面談，有的來自東北、□□、廣東、湖北、上海、南京、濟南、河南、河北、天津，我都把我對

「三自運動」的認識，我又在我的《靈食季刊》發表文章駁斥《天風》上所發表的謬論。到了 1954 年冬及 1955 夏，我在《靈食》中發表了〈真理呢？毒素呢？〉〔註九一〕及〈我們是為了信仰！〉〔註九二〕，揭露了吳耀宗的假面，駁斥了丁光訓的騙口，擊中了三自會及吳耀宗與丁光訓的要害，使他們無處遁形，於是我便琅瑺入獄了。

近來復刊了的《天風》把逼害教會的罪名都推到四人幫身上。這完全不符合事實。我的許多反對三自運動的人被捕入獄是 1955 夏天的事。我和另外一些反對三自運動的人第二次被捕是 1958 的事。四人幫〔註九三〕在那時還沒有出現，江青在那裡還沒有過問政治，張春橋與姚文元更沒有任何勢力。至於王洪文更提不到了。難道 55 年大批的基督徒和傳道人被捕下監，也由他們負責麼？北京原有五十多個大小不同的禮拜堂，到 59 年只剩下了四個〔註九四〕，其〔餘〕的都被封閉或佔用了，這些事也由四人幫負責麼？

1980〔年〕6〔月〕14〔日〕《人民日報》上發表了一篇言論：〈共產黨員要說實話〉，這是很好的一篇文章，它毫不隱諱地承認中共過去不說實話的錯誤，它承認中共自五十年代末及六十年代初開始了這種不正之風。但它把年歲說得比事實遲了許多。這種不說實話的歪風不是從五十年代末和六十年代初開始的，乃是從五十年代前半就開始了。51 年「三自會」的成立，和 52 年「三反運動」就是這種歪風的起始。「三自會」的成立就是中共想消滅教會的陰謀，中共鑒於俄共在革命後用政權大力宣傳無神論，大力迫害教會，封閉教堂，逮捕聖職人員，招來了各基督教國家的反對，它知道這種辦法是採用不得的，便從教會內部，利用潛伏在教會內的無神論者來進行這種陰謀。那個潛伏在教會內部的無神論者吳耀宗便是一個最合用的工具。這就是「三自會」成立的真正目的。我在 50 年看到吳在幾個大城大力提倡三自革新運動時，就已經想到他的別有用心了。不過那時我還不知道他要作甚麼。51 年「三自會」一成立，和以後一年中的種種表現，我便十分清楚了。真實中國教會中，不見得沒有別人看見了這件事，可是那些明白了的傳道人因為有種種的原因，使他們不敢表示他們的意見，舉幾個例子說吧。

陳崇桂〔註九五〕是一個真實有信仰也有些本領的傳道人，他原來是湖北省瑞典行道會〔註九六〕（這個會名我並不十分清楚，暫作疑問）的牧師，他留學過瑞典，他講道寫作都有些成就。1932 年春他代表長沙全城的幾個教會邀我去講道，我就住在他的家中，計十八天之久。他有兩個兒子（仁炳〔註九七〕、仁烈〔註九八〕），但他們都不在家中，我只認

〔註九一〕王明道：〈真理呢？毒素呢？〉，《靈食季刊》，冊 112（1954 年冬），頁 25～40。
〔註九二〕王明道：〈我們是為了信仰！〉，《靈食季刊》，冊 114（1955 年夏），頁 25～53。
〔註九三〕指江青、張春橋、王洪文及姚文元。
〔註九四〕1958 年 7 月，北京市實施聯合崇拜，全市信徒分四堂參加崇拜，東堂、南堂、西堂及北堂。
〔註九五〕陳崇桂（1884～1964），先後任教於荊州神學院、湖南聖經學校，後為重慶神學院院長，主編《佈道雜誌》。1958 年被劃為右派。
〔註九六〕瑞典行道會（Mission Covenant Church of Sweden）。
〔註九七〕陳仁炳（1909～1990），陳崇桂長子，民盟成員，1957 年反右派鬥爭中被劃為右派，一直未獲平反。
〔註九八〕陳仁烈（1911～1974），陳崇桂次子，著名理學家。

右二是賈玉銘，其中還有成寄歸等人

識他們夫婦二人。他們給我的印象還相當良好。他主編了《佈道雜誌》〔註九九〕，他自己也在其上寫了許多稿子，但他也收外稿。可是在我離長沙後不久，我在新出版一冊《佈道雜誌》上看見他在上面刊登了「蔣委員長」的半身像片，在反面上又登了湖南省主席何鍵宴會的一張合影，上面有陳和饒培德〔註一〇〇〕等人的照片。又在那一冊上登了蔣介石的一篇證道詞。這篇文章說明蔣所信的並不是聖經中的福音，而是「不信派」所講的道理。我就對陳的這種作法，大感不滿。《佈道雜誌》是一種宗教性的刊物，怎麼可以登政治上的人大物的相片，陳稱蔣的演詞為福音，可是那篇演詞中一點沒有福音。不久我在廬山牯嶺的靈修會中，遇見了我所敬重的成寄歸〔註一〇一〕。我們兩個對這件事的見解都有不約而同的感想。我對陳的這種作法感到大惑不解。後來我到綏遠薩縣□道會去講道，住在瑞安傳道人安德生（Andison）家中時，在談話中我才知道馮玉祥在北京任陸軍檢閱使時，陳曾進到馮的軍中任職。奉馮開戰後，馮軍失敗，便由京包路敗退，便由京包線向西北撤走奉軍逐末。馮節節敗退，退到包頭，奉軍再向西退□□京包線□□到包頭，馮軍再退，就只有步行了。陳是文人，既無力步行，又不慣騎馬，只得留在綏遠。馮會瑞典語文，他便藏在安德生家中，免得落在奉軍手中。安同我只談到這裡，陳在那一年離開綏遠，是怎麼走的，我就不知道了。1930 年馮與閻錫山**【……缺頁】**

「三自總會」另一位副主席江長川。江是衛理公會的會督，也是該會中一個不可多得的人才。他的錯誤更嚴重了，我和江只有過幾次很短的接觸，一次是在三十年代末，我被邀到松江，在衛理公會的女傳道人聚會中講道，江也在那裡講道。但我們沒有多談。第二次是在 1939 年我被邀到上海全市培靈會中講道，每日會中有一位上海傳道人擔任主席，江也有一天擔任主席。第三次是他到北京擔任衛理公會的會督時，我在街上遇見了他，僅僅談了幾句話。第四次就是在 1954 年，三自會召開所謂全國基督教會議時，他偕同上海三自總會的另四位代表來找我。這五位是江長川、陳崇桂、陳見

〔註九九〕陳崇桂主編的基督教刊物，初名《佈道促進》，1928 年起創刊，太平洋戰爭後停刊，1945 年復刊，至 1949 年底停刊。

〔註一〇〇〕饒培德（Charles Roberts），湖南聖經學校事務主任。

〔註一〇一〕成寄歸（1882 ~ 1940），曾任教於湖南聖經學院、南京金陵神學院、山東華北神學院等。

陳崇桂夫婦

真〔註一〇二〕、竺規身〔註一〇三〕與謝永欽〔註一〇四〕。他們都比我年長，他們預先寫好了一份名單，說要見我。那時我正在會堂中同幾位信徒說話，一位幫助我們作飯的女信徒把這個名單交給我，說他們要見我。我知道他們的目的是要邀我出席大會。我對我的〔一〕個同工說：「你可以去同他們談談，就是我沒有和他們可談的，他們有甚麼話對你講好了」。我沒有見他們，以後就沒有見過江，我於 80 年到滬時，知道江已早離了世界。

江的大錯誤就是他喜歡交結高級官吏，蔣介石在統一了全國以後，擔任著南京政府的軍事委員長。國民政府雖然另設主席，但大權卻□在蔣委員長手裡，實際他是全國最高並擁有全權的人物。他加入教會並不是因為他真的皈信了基督，他知道美國是全世界最富足最強大的國，而且基督教國家中最大的國家。他想接交美國作他的後援，後來他同宋美齡結婚的原因也是在於此。江大約也和一般教會的牧師一樣，也喜歡結交權貴，因此才為蔣施洗。從此江就成為蔣委員長的密友，廣東一位富商李觀森所寫的一本書中敘述江有一次同蔣宋二人同乘一輛汽車，腿上同蓋著一條綠色的毛毯在京撫國道上旅行（我看過這本書，可惜我不記得書名了）。蔣同原配夫人〔註一〇五〕（蔣經國蔣緯國之母）

〔註一〇二〕陳見真（1894 ~ 1969），1950 年起任中華聖公會主教院主席。
〔註一〇三〕竺規身（1883 ~ 1978），上海靈工團監督。
〔註一〇四〕謝永欽（1887 ~ 1968），中國耶穌教自立會全國總會總務委員會委員長。1954 年任理事長。
〔註一〇五〕蔣的元配是毛福梅（1882 ~ 1939）。

蔣介石與宋美齡在上海舉行婚禮，時維 1927 年

離婚後，與宋美齡結婚。我想他大約也□希望請江為他們證婚（西方基督教徒結婚時都請牧師證婚），但江因為蔣與原配夫人離婚，便不敢為他證婚了。蔣便請青年協會的總幹事余日章[註一〇六]為他們證了婚，余雖然不是一位牧師，但他就是青年協會的總幹事。又曾擔任過黎元洪大總統的英文秘書。當然也是一位大名鼎鼎的人物。於是余也與江同成了蔣委員長的密友了。

1942 年日本人在北京先組成了一個華北基督教聯合促進會，由北京青年會總幹事周冠卿任會長。幾個月後又把促進會改組為華北中華基督教團。武田熙於十月十日邀我面談，請我出來領導一下教團。我對他說，除了我自己所在的基督徒會堂以外，我不參加任何組織。但武田認為由一個青年會的總幹事領導華北四省的教會實在說不下去，便只有請一位教會的牧師江長川擔任此項要職了。江也明知道給日本人所操縱的教團作領導人實在有損會督的大名，但他□□與日本人所反對的蔣委員長有密切的關係，如果他不從日人之命，他會為自己招來大禍，為本身的安全計，便不得不委曲求全了。於是江便榮膺了華北中華基督教團的主理之職。

江一步走錯，結交了蔣委員長，便不得不作日本人的工具，在中共統一了中國大陸以後，便不得不出任三自會□□副主席之職。至於江心中的情形如何，大約只有他自己知道了。我在**55**〔年〕**1**〔月〕**15**日發表了〈我們是為了信仰！〉以後，有一位江南的信徒寫信給《靈食》社，說把那一期《靈食》分寄給江南十位信徒，其中就有江長川。我不知道江看了那篇文章以後，作何感想。

〔註一〇六〕余日章（1882～1936），中華基督教青年會全國協會總幹事，中國基督教協進會首任會長。

我們是爲了信仰！

近三十多年來中國的教會同世界的教會一樣的，都存在着信仰方面的衝突，這種衝突是發生在「基要派」"Fundamentalist"與「現代派」"Modernist"之間的。「基要派」是信仰基本要道的，他們信聖經是神所默示的，信聖經中所記載的基督藉童女降生，在世上傳道的時候行了許多神蹟奇事，在各各他山上爲人類捨命流血，成就了救贖的大工，死後三日身體復活，出了墳墓，四十日以後被接升天，坐在神的右邊，將來還要再來到地上，接他的門徒，使他們復活，改變得着屬靈的不死的身體，與他自己復活後的榮耀身體相似，以後在地上施行審判，最後建立他的天國。「現代派」却對這些要道都表示不信，但他們不明說他們不信，却用一種模糊不清、似是而非的解釋來講解這些要道，他們說他們並非不信這些要道，他們也信，不過他們的解釋與「基要派」的解釋不同而已。

現在我們從吳耀宗君所著的「黑暗與光明」一書中引出一段來，足以說明「基要派」與「現代派」中間的分歧——

『第一次大戰結束後的十年間，是世界資本主義，尤其是美國的資本主義，空前繁榮的時期。資本主義的繁榮，是由于科學的發明，技術的進步，生產的突進，生活的提高，而這一切的成就又都由于人類理性和思想的發展。人可以用理智去認識世界，增加他的幸福，解決他的問題。這一個信念被用到基督教思想去的時候，就變成現代主義。現代主義所要反對的是基要主義；前者代表進步思想，而後者則代表保守思想。在基督教的教義中，這兩派思想所爭執的主要的有五點：第一點是關係聖經的本身。基要派認爲聖經的一字一句，都是上帝所默示的，因此就不會有任何的錯誤。現代派却根據聖經批評（Higher Criticism）的方法，認爲聖經的寫成，雖然是由于上帝的啓示，但我們却不能根據字面去解釋聖經。聖經忠實地記載了人對上帝的追求，和上帝對人日進不已的啓示。聖經不是一本一字不錯的科學和歷史的教科書，而只是信仰和生活的一個可靠的指導。聖經所包括的時間達一千年之久，在這個長時期中，如果說傳說和記錄一點沒有錯誤，那是不可想像的。在這一個爭論當中，創世記中人種由來的說法，更成爲辯論的焦點。基要派認爲人是上帝「超自然」創造的結果，而現代派則接受了天演論的說法，認爲人之所以爲人，是由于自然演進而成的——甚至可能自（原文）由猿猴演變而成的。

王明道：〈我們是為了信仰！〉

為先師爭辯

院長閣下（三）

以往二十幾年中，我曾為中國的人民、現狀及前途感到痛心、悲觀、失望和恐懼。近一年來，我開始感到樂觀，生出希望，因為我看到國勢和報紙上的消息和言論，發生了一些很大的變化。西方有諺語說：「報紙為人民的喉舌」，過去二十幾年中，我國的報紙盡是謊語連篇諛詞滿紙，只報喜不報憂，只誇功，不談過。甚至顛倒是非，混亂黑白。楚國的屈原曾嘆息著說：「蟬翼為重，千鈞為輕；黃鐘毀棄，瓦釜雷鳴；讒人高張，賢士無名。」過去二十幾年中，我國的賢士不但無名，而且遭到鬥爭、侮辱、詆毀、打擊、被罷免、下監牢，有些人甚至死於獄中。全國人民終日憂心忡忡，戰慄恐懼，敢怒而不敢言。「道路以目」許多知識分子懷著「時日曷喪，予及汝偕亡」之感，尤其自六十年代起全國大亂，民情騷動、天地昏暗，日月無光，學生不能安心讀書，到處串連游蕩，工人不能□力工作，農民弄得無精打彩，教師遭到侮辱，知識分子被人罵為臭老九，無賴〔分〕子大肆活動，打砸搶之風盛行。善良的人們憂心惴惴，朝不保夕，從我開始記得事情以來，也沒有見過這種慘狀。

幸而天（神）佑中國，近年來全國發生了一些出人意外的變化。特別是這一年以來，勒在人民喉嚨上的繩索被解開了。二十多年失去言論自由的人民，開始能說話了。可是許多「年歲大，經驗多」的人們，鑑於1957年那□□誘敵「深入集中殲滅」的往事，還是不敢開口。只是抱著「少說話多磕頭」的那種心理而生活。

我因為受了二十多年的鍛煉，雖然初入監時（1955）感覺到度日如年，急切盼著出監。一個四十一年之久（1914～1955）痛恨謊言的人，竟在入監不及十二小時之內，說了第一句「可憎的謊言」，把我四年之久所深惡痛絕的那個要從教會內部消滅中國教會的「三自革新會」說成是合理的。竟從這裡開了破口，以致「涓涓不壅，終為江河」，從此說了八〔、〕九年的謊言，也受了同樣久的痛苦。直到十年後的65年，才在政府面前承認了我說謊的大罪，也就在這時脫離了幾年間的痛苦。因此就從那時起，大量地說實話，寫材料，始而寫材料承認了我因懼怕而說的謊言，繼而為那些遭詆毀被丟官的幾個政府要人，如劉少奇、彭德懷、陸定一、鄧拓、吳晗等人鳴不平，結果遭到了將近半年的殘酷鬥爭，帶了約有五個月的手銬，受到了肉刑。我受刑不過，便請求辛幹事殺我，以免我不再受苦。從那時起我受□□□，1970年被解到蔭營。翌年聽領導報導，任何幹部再不許使用肉刑。我因過去多次受過幹部的欺騙，對這次的報告也半信半疑。我平靜看看這次的話是否兑現。看了很久。我發現這次報告確實兑現了。1974 我接到我兒子的信，説我的岳母在 94 的高齡離了世界。這是我最怕聽的噩耗。在這以前，我一直盼著能出監見著她。縱使只能和她同處幾天，我也可稍得安慰。這個噩耗使我哭了好幾天。後來我忽然醒悟過來，我岳母的去世，在她不是損失，對我卻是利益。因為我不必再希望出監，當然也就不必再説謊了。

我接到這個消息之後不久，監中展開了「批林批孔」運動。一天傍晚的時候，有四位幹部找我談「孔子的問題」。我毫不隱諱地承認孔子是我的「先師」。他的教訓對我是與《聖經》同樣的重要。我尊孔子，我接受他百分之九十九的教訓。以後接著有大約有十來位幹部先後同我談孔子的事。我始終表示我尊敬孔子，我接受他大部分的教訓。我以他為我的「先師」。每次開會時，我聽幹部稱孔子為「孔老二」時，我就義憤填膺。所謂「批林批孔」，主要是「批孔」，批林只是陪襯而已。孔子是信神的，他稱神為「天」，他所講的總起來説，就是「敬天愛人」。馬克思是「無神論者」，他主張「鬥爭」，他的主張和學説和孔子的教訓完全相反。馬克思主義者如何能不反孔呢？形式上的基督教會已被「潛伏在教會內的無神論者」拆毀了。虔誠的基督徒和真實的傳道已經下監牢被「改造」了。基督徒在中國本來就不多，經過一次大的摧殘，剩下的已經更少了。但中國四五十歲以上的人，多數讀書人都讀過孔子的書，不把孔子打倒，「無神論」

和「鬥爭哲學」將要受到阻礙，這就是「批孔」的必要。我既是篤信神的傳道人，又是孔子忠實的弟子，怎麼能在這個時代的中國立足呢？從我岳母逝世以後，我已再不盼望出監了。因此我寫了好幾份材料為我的先師孔子爭辯，我們當中的那一位在顧祝同部下任過「副官」的犯，勸我作「識時務的俊傑」，意思是勸我作一個既不信神又反對孔子的「大滑頭」。但那如何能辦得到呢？我不希望出監了，我沒有不敢說的話了。

去年十一月十二日，蔭營監獄的指導員找我談話，說我兒子接我保外就醫。我說：「我的白內障不到開口時，任何醫師也無法治療，我不出監就醫」。我一是不知道監中的領導已經拍電給我兒子說：「見電速來接王明道」，我兒子將電報以為係我所拍。當即動身來晉。十三日晨他到了蔭營，同大隊長見了我，說來接我往滬。我說：「我糊糊塗塗被抓進來，我不能糊糊塗塗地出去。政府必須承認我沒犯罪。法院的判決錯誤，並給我書面證明，我才出去，否則我就仍在這裡坐監。」大隊長對我說：「監獄不是好地方，快些回到家裡，一切都比這裡好得多。」我說：「我已經坐了二十多年的監，還怕再坐三年五年麼？」大隊長說：「你對判決不服回到家中可以寫申訴直接寄到北京，比這裡更快」。我堅持非先弄清楚，我決不走。我們三個人談了很久，到吃午飯時，大隊長讓我先回號吃飯，好好考慮一下，等到下午再談。下午中隊長和我兒子又和我談話很久，我兒子告訴我說，他拍電到長口，約我的一個異姓姪子一同接我赴滬，並再三勸我與他們一同赴滬。我覺得如果我仍堅持不走，會使他們失望，便應許與他們一同往滬。

我兒子把他給我帶來的整套衣帽交給我，請我急速整理什物，和他同去住在招待所。我匆匆地整理什物，將一些食物和書籍分贈給一些有需要的人。一個人來告訴我說，我兒子今晚不來，囑我再住一夜。次日同隊的人看見我換了自己的衣服，知道我就要出監，便紛紛和我談話。上午隊中負責的人告訴我說，我兒子明天才來陪我走，到第三日（11〔月〕15〔日〕）上午我被領到新樓辦公室中，管教科李幹事交給我一紙文件，對我說：「如果你同意上面的話，可以在上面簽字。」我看見上面寫著：「山西高級法院釋放證」，下面寫著說：「押犯王明道因反革命被判無期徒刑，改判一年，提高【早】釋放」。下邊還有幾句話，我已不記得了。我說：「這裡的話與事實不符，我不簽字」。我接著說：「我不但沒犯反革命罪，我一生沒犯過任何罪行，就連拘留我幾日，我也不服，改判一年，我也不服。我也不需要釋放。我只需要政府承認原判錯誤，送我出監。」李幹事見我拒絕簽字，便另拿一張白紙，教我寫明拒絕簽字的理由。我寫好後，在這張紙上簽了字，李幹事拿了印色盒，教我按上指紋。我說：「犯人才按指紋呢，我是無罪的公民，我不能按指紋。」李幹事教我再寫明不按指紋的理由，我寫完後，又簽了字。這個「拒絕簽字，拒紙【絕】出監」的一幕就算完成。下午我兒子偕同我的一個姪子又同中隊長和我談話，仍是勸我同我兒子往滬。我仍是堅決拒絕，三個人懇切勸我，我仍是堅決拒絕。我教他們二人回去。他們見我這樣堅決，只好去了。這是1979年十一月十五日的事。那十來天中，又有幾批犯人被釋出監，我為他們高興，特別是那從江浙滬來晉的人，離別故鄉二十幾年之久，一旦返里與家人團聚，當是十分歡喜。我也為我自己慶幸，因為我貫徹了「實事求是」的原則，我照常安心在隊中住了下來。

1979〔年〕12〔月〕29〔日〕午前，我又被帶到中隊長室，李幹事和胡隊長和我坐下談話。李幹事對我說：「你既堅決不離開蔭營，我們不能強迫你離開。離這裡不遠有一個地方，你可以到那裡住著，你一出監門，便恢復了自由，你可以隨便到任何地方，將來北京法院會有人來和你面談，弄清你的事，這不比在監裡好麼？」我覺得這並不違反我一個多月以前的話，便答應可以出監。我們又談了一些別的話。這時李幹事拿出了一張紙交給我說：「拿著這個你便可以出監門了。」我接過了一看，竟是山西高等法院所發的一紙「裁定書」。二十多年來我看見過「起訴書」、「判決書」、「不起訴書」、「釋放證」，但從來沒有看見過這種「別開生面」的「裁定書」。書上仍寫著一個多月以前我拒絕簽字的那張「釋放證」上所寫的「押犯王明道因反革命被判無期徒刑，改判一年，提前釋放」等字樣。我立時說：「我不同意這幾句話」。李幹事說：「你出監門必須拿著這個才能出去。你不同意上面的話，可以寫明。」他拿了一張白紙，教我在上面明我不同意的原因。我寫畢在下面簽了字。我因已經答應出監，不能說了不算，但我想北京法院不口來人同我面談，那時可以把我的事弄清楚，證明我並沒有犯罪，我的案情是一個「冤獄」。因此我接受了這張「裁定書」，帶著我的東西出了監。我想要去這個地方絕對不會比監房更壞，在那裡我可以等候北京法院來的人。我萬不料到我被帶到的那個地方是我不能久住的地方，甚至連十天八天我也無法停留。那個地方名叫「三間房」，裡面的一間是放東西的地方，只有兩間房子可以住人。在那裡住的人都是已經出了監，但一時不能走的人，只住二三天或幾天就走的人。他們或到食堂去吃飯，或買來食糧菜蔬自己在屋裡作飯。我雙目都患著白內障，行走艱難，就連下那小的山坡也感困難，食堂或□離那裡約有半里路，我自己根本去不了，吃飯完全成了難題。另有一個難題，就是我從前年（1978）生重病住了一個多月醫院，以後不能蹲著大便，必須坐在監中廁所裡特備的形似馬桶的木箱上。但「三間房」並無這種設備，我勉強蹲下大便，以後竟站不起來，只好兩手扶地勉強地爬了起來。這使我感到困難萬分，這樣吃飯大便都成了難題。我希望再返回監房已不可能。這時我後悔不當離開監獄，以致把自己弄得「進退維谷」，這時只有寫信教我兒子來晉接我往滬。一月八日他來到「三間房」，他因為我雙目看不清，旅行困難，而且我的東西又多，便在離滬前電邀我在北京的一個朋友一同來晉，接我來滬。這樣我的問題仍未解決。我兒子交給這裡派出所的證件仍是那一張我所不同意的「裁定書」。這時我才明白我又上了一個「當」，但也沒法挽回了。我到如今仍是戴著「反革命」的帽子，事實我卻沒有犯過一次罪。我的案子是中國基督教會內的一個「極大的寃獄」。我從十四歲（1914）作了一個「真有信仰的基督徒」以後，一直是一個痛恨罪惡和謊言，完全守法的公民。我傳道三十年，我在財物上，男女關係上，沒有染上過一絲一毫的污點。我連謊言都不出口，我是一個「書有未曾經我讀，事無不可對人言」的人。我被邀到過二十四省的一百幾十個城市，幾百個不同的教會，對多少萬基督徒和非基督徒講過道，自己出版了二十八年之久的《靈食季刊》，寫了幾百萬字文章，得到了許許多多萬中國和外國的基督徒所尊敬信任的人，只因為捍衛真道，反對那個希圖從教會內部消滅基督教的「三自革新會」而觸怒了「有權有勢」的無神論者，以致遭到誣陷，而兩次入獄，坐了將近二十三年的牢。我所創立的那個從 33 年開始直到五十年代後半被政府佔用的「基督徒會堂」，直到今日仍被政府佔據作為「少年宮」。我的書刊被政府看為「禁書」，被搜查被沒收，被焚毀，我們的信徒有一些人遭到鬥爭，有一些人被逮捕，有一些人被判刑，有少的人已病死獄中，有些人雖然出了監，但仍戴著「反革命帽子」，未得到完全的平反。至於我個人則「家產被沒收」，妻子和我一同被判刑（，）妻子劉景文被判了十五年的「有期徒刑」，剝奪公權十五年。我則被判了「無期徒刑」，褫奪公權終身。但我卻因此得了我未料到的大福——國內國外敬愛我記念我的人，比 1955 年我未入監以前，增加了倍數。我的書在海外大量地被人重印，份數之多，銷路之廣，超過二十五年以前。我到滬以後，接到許多從國內和海外寄來的信，還接見了不少從國內和海外來看望的虔誠基督徒，他們中間的大多以前都認為我已經死在了獄中，他們為此感到了悲哀傷心，有一個聖徒給我來信說，他已經無望再看見我，他只希望有一天能到北京看看我在甘雨胡同所住過的那所房子，並到史家胡同看看我曾在那裡講過道的「基督徒會堂」，他也可以得到一些安慰。他說他還留住了我的一些書籍，其中最使他認識我的是那本《五十年來》。有一個北京的女聖徒給我寫信說，她前些年聽說我已經死在獄中，她感覺十分悲痛，她說她像一隻羊失去了牧人，又像一個孩子失去了父母一樣。前幾個月她忽然聽說我不但沒死，而且到了上海我兒子家，她趕快寫信到上海她所認識的，打聽到我的地址，便給我寫了信表示她的歡口之情，說了希望，我到滬不久，國內和海外都傳出了這個信息。海外有些信徒竟不相信我還活著，他們〔說〕我們非看見他的近照，聽見他的口錄音，我們就不相信他還活著，並到了上海。及海外有人來滬訪問了我，給我和我妻照了相片，給我錄了音，他們聽見看見，才信了我還活著，心中便得了安慰。最近有人從加拿大來，告訴我說那裡有人用大幅紙張印了我所寫的《聖【信】徒處世格言》，並在左邊下幅印了我的近照，有許多人買來貼在牆上，那篇格言是我印在《信徒綱砭》上，後來又印成單張，出版了幾千張。有些人把它壓在玻璃板下。在我未入獄前，就聽說有人把這篇格言全取來撕碎，到我入監以後，就更不必說了。這篇格言是包括了人生所需要具有的種種作人的教訓。它是這樣寫的：

「以敬畏神為立身之基，以愛鄰舍為處世之法。待人要絕對誠實，律己務十分嚴正。貧賤的時候不諂媚，富貴的時候不驕傲。不心存嫉妒，見人得好處便與人同樂；不幸災樂禍，見人遭患難便代人分憂。與人同處看見利益自己不要向前奔跑，和人共事遇見危害自己不要向後退縮。自己負了別人要認罪賠償，別人負了自己要寬容赦免。自己待別人有好處當看為本分，別人待自己有好處當認為恩德。經手的財物不分多寡當廉潔不苟，交接的朋友無論男女要正大光明。不輕易對人允諾，允諾後必須努力實踐；不隨便向人借貸，借貸了必須及早償還。敬自己的尊長，也敬別人的尊長；愛自己的孩童，也愛別人的孩童。見別人有長處當奉為楷模，見別人有短處當引為鑒戒。約束自己的性情不急躁發怒，謹慎自己的嘴唇不輕易開言。不能證實的話不要傳，不敢見人的事不要作。見別人有財物不要妄起貪念，見別人遭困難不可袖手旁觀。不要在人面前奉承恭維，不要在人背後批評論斷。為人作事要殷勤盡忠，與人交接當坦白正直。嫉惡如嫉蛇蠍，慕義如慕珍寶。寧損失金錢不損失信用，寧捨棄性命不捨棄節操。不遮掩自己的過失，不誇耀自【……缺頁】己的優點。言談舉止處處有禮貌，身體衣履時時要清潔。惹人憎的事不要作，討人厭的話不可說。煙酒賭博皆當戒絕，妖冶裝飾務須屏棄。事事為別人設想，處處求榮耀主名。」【編者按：缺頁後按原文增補】

思想變化

上江華院長書（四）

王明道

院長閣下

自中國共產黨統一中國大陸迄今，我對黨的看法有了數度的改變。1949～1950年我對黨抱著很大的希望與樂觀。但自1951年我對黨的看法開始變為失望與悲觀。以後這種失望與悲觀與年俱增。到1966年，我對黨由失望而變為絕望。我覺得中國將陷於萬劫不復的境地。但自「四人幫」被打倒以後，我又逐漸對中國的前途生出了希望與樂觀。近一年來，我這種希望與樂觀更逐漸增加，在我未談我思想變化的經過以前，我先引論我國聖賢與先哲的嘉諾□則作為前言。

我在五年前未患目疾以前，寫的字雖然不好，但還不難被人看懂。約在五年前我雙目患了白內障，始而寫字看書，感到一些困難，繼而病狀越來越重。近一年來更見惡化。五號字已看不清楚，六號字則完全不能看。各地友人的來信，寫字大　和筆畫重的還可以看，寫字小筆畫輕的，則完全看不清。只好請人代讀。我寫字完全本著記憶力，寫完以後，自己就看不十分清楚了。這封長信閣下看時，也許感到困難，但我幾十年來，寫信撰文都不習慣請人代筆，只好自己勉強著寫，也希望閣下忍耐著看。

前言

「千人之諾諾，不如一士之諤諤。」【……缺頁】

冤獄

上江華院長書（五）

王明道

院長先生閣下

我素日就不是一個善於書法的人，不過在我未得目疾以前，我寫的字雖然不好，但還能使看的人不難辨認，不幸我於六（、）七年前在山西陰營獄中時就開始患了白內障以後，日見加重，到了近日已經不能閱讀書報，寫字則只憑著記憶。寫完以後，自己也看不清楚了。但我自幼年起，又最好閱讀書報，在校讀書時，一般同學多喜歡遊戲運動，但我對這些全無興趣。我最感興趣的事便是讀書。因此除學校課程以外，我還讀了許多課外的書。我在校讀書的年月，只有十一年，只讀完舊大學預科一年（相當於新學制的高中二年），距大學畢業尚有五年，其後因為不肯向教會學校中的強權屈服，我就中途輟了學，但因我生性喜愛讀書，因此幾十年來讀了不少古今書籍，其中包括不多英文書刊。現今因目疾不能讀書，感到非常苦悶，寫字尚能勉強，但也很感困難。但我幾十年來寫信撰文向來不慣於請人代筆，總是親手執筆，至今仍是如此。深知閣下身任最高法院之職，肯定事務□集，日無暇晷看我這封字跡難辨的長信，一定十分困難。但我有千言萬語想對當局貢獻，尤其我這二十年的遭遇引起全世界千千萬萬基督徒的注意。國內及各國的虔誠基督徒因我的遭遇對中國共產黨及中國政府（以下簡稱中共及中府）極為不滿。自中共統一中國大陸以後，直到最近數年，中共及中政【府】一切措施已在國內國外，引起許多人的憤怒。但在以往二十幾年中，有□及各地的報紙仍在粉飾太平□□□□□□□□□中國。數年以來，當道□□已在政治□□矯正以往極左政府。近二〔、〕三年來報上言論及政府措施較三數〔年〕以前大有轉變，我為此額手稱慶。近幾年來，中共及政府已為許多冤案盡力平反。但最不幸的是許多基督教會（包括羅馬宗、浸信宗及抗羅宗 Roman Catholic, Baptist & Protestant Churches）中之冤獄，卻擱置下來，遲遲不予平反。我的案情是中國教會中極大的冤獄之一。我在 1979 年冬在山西蔭營監獄中曾演出一幕「拒絕出監」的戲劇，這件事使蔭營監獄當局深感棘手。山西高等法院及蔭營監獄經過一個多月之妢酌，於 1979〔年〕12〔月〕29〔日〕設了一個計謀騙我出監。我過於聽信人言，竟出了監獄大門。到「三間房」後，我才恍然大悟。□悔當時不該出監，但想再回監中當然已不可能。□□□□才函□我兒子到晉接我來滬，但我兒子到派出所所交一紙「裁定書」並未經我同意，該日（1979〔年〕12〔月〕29〔日〕）我曾對「裁定書」表示不能同意，並將此意寫在另一張〔紙〕上□李幹事收去，不知李幹事曾否將這張聲明保存或交與山西高院保存。總之我出監是中了計。我在1979〔年〕11〔月〕15〔日〕拒絕接受李幹事交與我的「釋放證」時，曾說：「不將我的事情弄得一清二楚，承認我遭逮捕及判決全係錯誤，為我平反，並出書面證明，我決不離開蔭營。」但我離蔭營時並未得到這項證明，這並不是我食言，而是我中了計。我到滬後，我兒子幾費周折才給我登上戶口，我妻□到□久逮捕坐監，與我的□□完全一樣。我由河北到滬，已有五年有餘，但戶口卻仍在河北。這件事正是報告上所說：「留個尾巴」。我深明我們夫婦的冤獄□□仍未平反。癥結全在「三自會」問題上。我坐監二十幾年完全由於我反對「三自會」。此外毫無其他問題，為□「中心藏之，何日忘之」了。我所到過的大都市中，凡有青年會的地方，幹事們對我多半都懷著惡感，他們常批判我「驕傲自大，是己非人」，或說我一講道就「開口罵人」。1935年冬，我被漢口一個教會邀去講道，會前漢口青年會的總幹事，竟找了邀我講道的那個教會的幾個負責人，對他們說：「王明道曾發表文章，攻擊我們青年會，如果他到漢口來講道，我就拿大棍子打他。」他的話激惱了一位老人，這個老人對總幹事說：「如果你敢拿大棍子打王明道，我就拿大棍子打你。」該年十二月我到了漢口講道，那位總幹事竟沒有拿大棍子打，因此他也沒挨上打。青年會的幹事們仇視我就到這種地步。

吳耀宗本是海關的職員，後來他到美國「紐約協和神學院」（Union Theological Seminary of New York）讀神學返國後，在上海青年會任主任幹事。我揣想我先回□寫〈現代基督教青年會的罪惡〉時大約他正在上海青年會任職，他不會不仇視我。中共統一中國大陸後，吳竟以一個青年會幹事的身份發起了一個「三自革新會」。翌年（1951）他竟出來擔任「三自會」的主席，領導著全中國大多數的教會，豈非咄咄怪事！比這更令人驚奇的，就是他是一個「不信有上帝的基督徒」。我於1946年到四川講道時，在成都得到了一冊他所主編的《天風半月【週】刊》，上面刊有一篇文章〈上帝在哪裡?〉。一冊基督教的雜誌竟發表了這樣一篇文章，能不令人驚奇?該文中一開始，他就說：「在一個現代人眼中，上帝是不存在的。他象徵著一切迷信……」〔註一〇七〕往下他又說：「按字面說，他該是一個專制魔王」。〔註一〇八〕一個去美國讀過神學，在基督教青年會任過職的人竟會說出這種駭人聽聞的話，能不使讀者「義憤填膺」。吳完全是一個潛伏在教會內部的無神論者。1950年吳大力提倡「三自革新運動」，我就對這事抱著極大的疑團。吳說，他要幫助中國教會脫離帝國主義的勢力，而由中國人自治、自養、自傳。一個「無神論者」怎麼能幫助教會呢?一個潛伏在教會內部的無神論者竟出而領導全國的教會，這個組織的目的不是已經昭然若揭了麼?不過「三自會」則成立以後還沒有甚麼具體的行動和表現，我還不便對它加以評論。過了不到一年，「三自會」的真相完全顯明出來了。該會書記劉良模大力進行「搞好傳達，搞好控訴」，不多日搞得全國教會大多數都陷入混亂。《天風》上繼續發表謬論。我也就在我的《靈食》上面發表□告信徒的文章。《靈食》與《天風》便展開了白刃相接的鬥爭。「三自會」成立三年之久，竟在1954年夏在北京召開了一個所謂「全國基督教會議」。該會未得我的同意，竟將我的名字印在該會的《會員手冊》中。該會兩次給我寄信，都□□原封退回。兩次派代表共九人，我都拒絕不與會面。我對該會的態度這樣堅決。吳耀宗在大會中仍對人說：「王明道到如今雖然仍不參加，三自會的大門仍向他敞開，甚麼時候他願意參加，我們仍然表示歡迎。」我對那個告訴這句話的人說：「讓他等著吧，沒有那一天！」

此後「三自會」□□和行動越來越猖獗。我的言論也越來越激烈。1954〔年〕十一月我在《靈食》上發表了一篇〈真理呢？毒素呢？〉翌年（1955）三月《天風》上發表了丁光訓的文章，竟誣蔑我藉口信仰製造分裂。我看過以後，義憤填膺，又寫了一篇長達二萬多字的文章：〈我們是為了信仰！〉與55〔年〕6〔月〕15〔日〕【……缺頁】

〔註一〇七〕原文為「在一個『現代』人的頭腦中，上帝是不存在的。『上帝』——它象徵著一切的迷信，它是原始人精淺思想的虛構，是反映著不合理的社會生活的幻覺，是統治者拿來麻醉人民的工具。」吳耀宗：〈上帝在那裡？〉，《天風週刊》22期（1945年11月），頁7。

〔註一〇八〕原文為「他是『上帝』，那就是說，他是個『人』，並且照字面說，應當是個專制魔王；他創造天地，統制萬物，與人息息相通，能應允人祈禱，——這一切，都似乎是荒謬絕倫的信仰。」吳耀宗：〈上帝在那裡？〉，《天風週刊》22期（1945年11月），頁7。

一四

趙復三　中國基督教抗美援朝三自革新運動委員會籌備委員會委員
燕京協和神學院副教務長　（北京）

邵鳳元　中華基督教會河北協會主席　（北京）

康德馨　中華基督教會河北協會副主席
北京市基督教三自革新學習委員會副主席　（北京）

殷繼增　中華基督教會牧師　（北京）

郭振河　中華基督教會河北協會幹事　（北京）

白玉瑛（女）中華基督教會傳道　（北京）

凌賢揚　中華聖公會華北教區主教　（北京）

趙紫宸　中華聖公會會長　（北京）

劉仲和　中華聖公會華北教區副總幹事　（北京）

王明道　基督徒會堂負責人　（北京）

龐之焜　華北公理會三自革新委員會副主席
北京市基督教三自革新學習委員會副主席　（北京）

田蘊珍（女）公理會傳道　（北京）

闞迦勒　北京基督徒聚會處　（北京）

單樂天　基督復臨安息日會華北聯合會會長　（北京）

會議手冊上印有王明道名字

治理國家與牧養教會

院長先生閣下〔六〕

我素來不是一個長於書法的人，不過在我未患目疾以前，我寫的字雖然不好，但還使看的人不難看得懂。不幸六〔、〕七年前我在山西蔭營中時患了白內障，以後日見加劇。到了現在，我已經不能閱讀書報，寫字則完全憑著記憶，但寫完後，我自己也看不清了。閣下任最高法院之職，肯定是幾【日】理萬機，日無暇晷。我所寫的字就是這樣使人不易辨認，閣下閱讀我這一封信，肯定很感困難。但我因感到古人所說：「天下興亡，匹夫有責」之訓，便不敢不斗膽向閣下陳明。自五十年代起，我看到國內種種情形，真不能不使我抱著隱憂。那時國內的情形正如古人所說：「上無道揆，則下無法守」。但政府袞袞諸公，卻仍然興高采烈，歌舞昇平。國中有識之士，因著「反右運動」，許多頭腦天真的人受到了打擊，許多為國事抱著隱憂的人為了自身的安全，便不能不噤若寒蟬。到了「文化大革命」時期，「舉國騷然，人心鼎沸」，稍有思想的人無不戰慄悲懼，人人自危。幸而天佑中國，自七十年代後期，國事漸有好轉。近二三年來種種現象更有否極泰來之勢。我雖然未學過法律，但我的社會常識還不太缺乏。我沒有治理過國家，但我牧養過教會。治理國家與牧養教會，雖然是兩件完全不同的事，但二者的原理卻很相同。我在學校讀書的時期雖然不長，但我性喜讀書，幾十年來讀過不少書刊報章。我特別注重有關道德的教訓。我三十多年來講道著作，也特別注重人生與道德。我服膺《大學》中的話：「有諸己而后求諸人，無諸己而后非諸人」。我所講的道和所寫的文章都是先自己身體力行，然後再教導別人。我前面所引的古人的嘉言，除了《荀子》一書以外，都是我多年所學習，所記誦的。從前只知道古時有荀況這個人，也知道他所講道與孟子完全相反。孟子言「性善」，荀子卻言「性惡」。但因我沒有讀過荀子的書，所以我【……缺頁】

恨我入骨

院長先生閣下（七）

我在前面所引中國古人的話，除了《荀子》是我於七十年代在蔭營獄中所讀的而外，其他都是我在1950年以前所讀到，而且背誦得很熟的。有一小部分，我忘記了它的出處，大多數我都記得它們是誰說的。這些話語雖然與《聖經》上的話不同，但它們的意義卻完全與《聖經》上的話語完全符合。這些話語把「敬天與作人的道理闡發得很完備。我幾十年來能有著「仰不愧於天，俯不怍於人」的人生路就是由於我把《聖經》中的教訓，和我國古人的嘉言常存在心中，而且常常玩味，竭力遵行，才能口守住我的人生，沒有落在任何陷阱和危險中。我經歷過許多誘惑和試探，但蒙神的保守，我沒有一次陷在其中，所以我有勇氣與一切罪惡和惡人抗爭，從1925～1955年那三十年中，我受過一些怙惡不峻的「牧師們」與「青年會幹事們」的攻擊、詆毀與反對。我在1935年夏在

《靈食季刊》上發表了一篇〈現代基督教青年會的罪（惡）〉，惹惱了全國青年會的幹事們。他們竟□議要向法院控告我，説我毀壞他們的名。我在發表那一篇文章時就已經想到他們會這樣作，所以那年秋天我被邀往豫、皖、贛、鄂四省八個城市講道前告訴我妻說，如果北京法院來傳票時，就立刻拍電給我，我好急速回來出庭。我不聘請律師代我辯護，我比任何律師都會講話，而且我寫青年會的罪惡都有事實為證。青年會的幹事們如果告我，他們是自取羞辱。那年冬我在青年協會的機關□《同工》□看到協會總幹事梁小初〔註一〇九〕的一封公開信〔註一一〇〕中，□他們萬不可在□□告我。他□他們本著古人所說「有則改之，無則加勉」，才把這件事壓下去。那時，青年會的幹事們就都恨我入骨，但他們因為在我的人生中找不到任何錯誤過失，所以只【……缺頁】

〔註一〇九〕梁小初（1889～1967），1935至1950年任中華基督教青年會全國協會總幹事。

〔註一一〇〕這其實並不是點名回應王明道的公開信，是梁小初對李觀森在青年會同工靈修會上的分享的回應。據編者按語指出：「李先生是上海商界中一位有力的領袖，平素對於青年會和其他社會事業極為熱心。他曾任本協會董事有年，對各種事工；有過很大的貢獻。不過近數年來，他受屬靈派布道家的影響，宗教思想上發生了很大的改變，對於青年會也漸漸的疏遠了。」李在會上「大談其出世主義的福音，勸我們不要注意世俗的事，要注意屬靈的事。談到青年會，他也不脫乎屬靈派的見解；不過他的態度卻極誠懇，言語也極溫和，這是我們覺得可以佩服的地方。」梁小初在李觀森主講後，特分享回應，並對其他「屬靈園」的指控及批評，作出回應。正如《同工》的編者指出：「我們鑑於近來國內有少數所謂屬靈派的布道家，對於青年會每每作猛烈的攻擊，而我們對於這種攻擊，尚少適當的文字作品，表明我們的態度和立場。梁先生這篇演說，雖言簡意賅，卻已相當地闡明了青年會的立場，所以把它登載出來。」梁小初：〈青年會與屬靈派〉，《同工》，期154（1936年7月15日），頁1～5。全文參本書附錄二。

王明道早期事奉生涯

「千人之諾諾，不如一士之諤諤」

上江華院長書（八）

王明道

先引我國先哲的嘉言若干則以為前言：

「千人之諾諾，不如一士之諤諤」

「君無諤諤之臣，父無諤諤之子，兄無諤諤之弟，夫無諤諤之婦，士無諤諤之友；其亡可立而待」

「良藥苦口利於病，忠言逆耳利於行」

「子路聞過則喜，禹聞善言則拜」（孟子）

「夫苟好善，則四海之內，皆將輕千里而來告之以善。夫苟不好善，則人將曰：『訑訑，予既已知之矣。』訑訑之聲音顏色，距人於千里之外。士止於千里之外，則讒諂面諛之人至矣。與讒諂面諛之人居，國欲治，可得乎？」（孟子）

「人而無信，不知其可也。大車無輗，小車無軏，其何以行之哉？」（孔子）

「自古皆有死，民無信不立」（孔子）

「言忠信，行篤敬，雖蠻貊之國行也；言不忠信，行不篤敬，雖州裏行乎哉！」（孔子）

「物格而後知至，知至而後意誠，意誠而後心正，心正而後身修，身修而後家齊，家齊而後國治，國治而後天下平。自天子以至於庶人，壹是皆以修身為本。其本亂而末治者否矣，其所厚者薄，而其所薄者厚，未之有也！」（孔子）

「君子務本，本立而道生。孝弟也者，其為仁之本與」（孔子）

「作偽心勞日拙」（易經）（尚書．周官）

「為政以德，譬如北辰，居其所而眾星拱之」（孔子）

「上有好者，下必有甚焉者矣」（孟子）

「其身正，不令而行；其身不正，雖令不從」（孔子）

「道之以政，齊之以刑，民免而無恥；道之以德，齊之以禮，有恥且格」（孔子）

「惟仁者能好人，能惡人」（孔子）

「古者言之不出，恥躬之不逮也」（孔子）

「君子以德，小人以力」（荀子）

「以力服人者，非心服也，力不贍也；以德服人者，中心悅而誠服也」（孟子）

「請問為國？曰聞修身，未嘗聞為國也。君者儀也，民者景也，儀正而景正。君者槃也，民者水也，槃圓而水圓。君者盂也，盂方而水方。君射則臣決。楚莊王好細腰，故朝有餓人。故曰：聞修身，未嘗聞為國也。」（荀子）

「口能言之，身能行之，國寶也。口不能言，身能行之，國器也。口能言之，身不能行，國用也。口言善，身行惡，國妖也。治國者敬其寶，愛其器，任其用，除其妖。」（荀子）

「君人者，隆禮尊賢而王，重法愛民而霸，好利多詐而危」（荀子）

「國將興，必貴師而重傅，貴師而重傅則法度存；國將衰，必賤師而輕傅，賤師而輕傅則人有快，人有快則法度壞」（荀子）

「鳥窮則啄，獸窮則玃，人窮則詐，馬窮則佚。自古及今，未有窮其下而能無危者

也」（顏淵）【……缺頁】

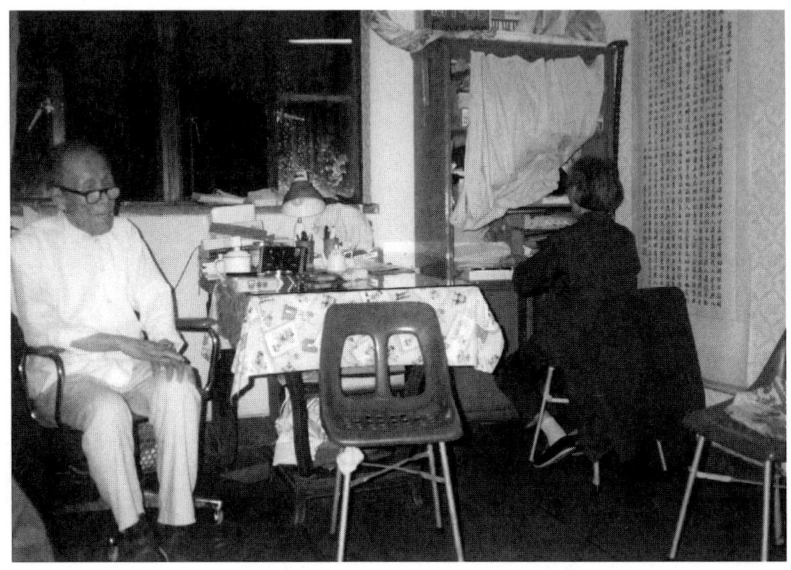

王明道隨著妻子彈的詩歌而唱和，時維 1986 年 6 月

不識時務的愚人

院長閣下（九）

以往二十多年間，我嘗為中國的現狀和中國的人民，感到痛心、悲觀、失望。近一年多以來我得到一些安慰，發生一些樂觀，因為我看到國家發生了一些變化，報紙上的言論和消息也與前幾年不同。西方有諺語說：「報紙為人民的喉舌」，但在以往的二十多年之間，中國的報紙完全失去了「人民喉舌」的氣味，滿紙都是歌功謳德、口頌喜口的消息和言論，只報喜不報憂，只誇功，不談過，甚至顛倒是非，淆亂黑白。正像楚大夫屈原所說：「世溷濁而不清，蟬翼為重，千鈞為輕，黃鐘毀棄，瓦釜雷鳴，讒人高張，賢士無名。」以往二十幾年，中國的賢士竟遭到鬥爭、罷免、下監牢、被判刑、家產被查抄沒收、親友遭株，有些人甚至死在牢中。中國的民眾懾於嚴威，敢怒而不敢言，只有像周厲王時代的老百姓「道路以目」，他們心中懷著「時日曷喪，予及汝偕亡」之感。

我這個不識時務的愚人竟在劉少奇、彭德懷、陸定一、鄧拓、吳晗等人遭打擊、被罷官的時候，出來為他們張目、寫材料辯護，因此招來五個多月殘酷鬥爭（事在 1968 年）。

最近這一年多來，局勢發生了重大的變化，飛揚跋扈不可一世【……缺頁】

讀書所記

上江華院長書（十）

王明道

先舉我國古人寶訓若干則以為前言。有些話已忘記出處，便註「忘」字。

「千人之諾諾，不如一士之諤諤」（忘）〔史記．商君列傳〕

「君無諤諤之臣，父無諤諤之子，兄無諤諤之弟，夫無諤諤之婦，士無諤諤之友；其亡可立而待」（忘）〔孔子〕

「良藥苦口利於病，忠言逆耳利於行」（忘）〔孔子家語．六本〕

「子路，人告之以有過，則喜。禹聞善言，則拜。大舜有大焉，善與人同。捨己從人，樂取於人以為善」（孟子）

「夫苟好善，則四海之內，皆將輕千里而來告之以善。夫苟不好善，則人將曰：『訑訑，予既已知之矣。』訑訑之聲音顏色，距人於千里之外。士止於千里之外，則讒諂面諛之人至矣。與讒諂面諛之人居，國欲治，可得乎？」（孟子）

「昔人君之蔽者，夏桀殷紂是也。桀蔽於末喜斯觀，而不知關龍逢，以惑其心，而亂其行。紂蔽於妲己、飛廉，而不知微子啟，以惑其心，而亂其行。故群臣去忠而事私，百姓怨非而不用，賢良退處而隱逃，此其所以喪九牧之地，而虛宗廟之國也。桀死於鬲山，紂縣於赤旆。身不先知，人又莫之諫，此蔽塞之禍也。成湯監於夏桀，故主其心而慎治之，是以能長用伊尹，而身不失道，此其所以代夏王而受九有也。文王監於殷紂，故主其心而慎治之，是以能長用呂望，而身不失道，此其所以代殷王而受九牧也。遠方莫不致其珍；故目視備色，耳聽備聲，口食備味，形居備宮，名受備號，生則天下歌，死則四海哭。夫是之謂至盛。」（荀子）

「口能言之，身能行之，國寶也。口不能言，身能行之，國器也。口能言之，身不

能行，國用也。口言善，身行惡，國妖也。治國者敬其寶，愛其器，任其用，除其妖」（荀子）

「前事不忘，後事之師」（忘）〔戰國策．趙策一〕

「季康子問政於孔子。子曰：政者正也。子率以正。孰敢不正」

「子貢問政。子曰：『足食，足兵，民信之矣。』子貢曰：『必不得已而去，於斯三者何先？』曰：『去兵。』子貢曰：『必不得已而去，於斯二者何先？』曰：『去食。自古皆有死，民無信不立。』」（論語）

「人而無信，不知其可也。大車無輗，小車無軏，其何以行之哉？」（孔子）

「為政以德，譬如北辰，居其所，而眾星共之」（孔子）

「導之以政，齊之以刑，民免而無恥。導之以德，齊之以禮，有恥且格」（孔子）

「道得眾則得國，失眾則失國。是故君子先慎乎德。有德此有人，有人此有土，有土此有財，有財此有用。德者本也，財者末也，外本內末，爭民施奪。是故財聚則民散，財散則民聚。是故言悖而出者，亦悖而入；貨悖而入者，亦悖而出。康誥曰：『惟命不於常！』道善則得之，不善則失之矣。」（大學）

「以力服人者，非心服也，力不贍也；以德服人者，中心悅而誠服也，如七十子之服孔子也。《詩》云：『自西自東，自南自北，無思不服。』此之謂也」（孟子）

「言忠信，行篤敬，雖蠻貊之國行也；言不忠信，行不篤敬，雖州裏行乎哉！」（孔子）

「其身正，不令而行；其身不正，雖令不從」（孔子）

「上有好者，下必有甚焉者矣」（孟子）

「請問為國？曰聞修身，未嘗聞為國也。君者儀也，民者景也，儀正而景正。君者槃也，民者水也，槃圓而水圓。君者盂也，盂方而水方。君射則臣決。楚莊王好細腰，

故朝有餓人。故曰：聞修身，未嘗聞為國也。」（荀子）

「養心莫善於誠，致誠則無它事矣」（荀子）

「意誠而後心正，心正而後身修，身修而後家齊，家齊而後國治，國治而後天下平。自天子以至於庶人，壹是皆以修身為本。其本亂而末治者否矣；其所厚者薄，而其所薄者厚，未之有也。」（大學）

「君子務本，本立而道生。孝弟也者，其為仁之本與」（孔子）

「孝悌【弟】而好犯上者，鮮矣；不好犯上，而好作亂者，未之有也」（孔子）

「故為淵敺魚者，獺也；為叢敺爵者，鸇也；為湯武敺民者，桀與紂也」（孟子）

「內作色荒，外作禽荒。甘酒嗜音，峻宇雕牆。有一於此，未或不亡」（五子之歌）

「我不欲人之加諸我也，吾亦欲無加諸人」（孔子）

「老吾老，以及人之老；幼吾幼，以及人之幼。天下可運於掌」（孟子）

「禹湯罪己，其興也勃焉。桀紂罪人，其亡也忽焉」（左傳）

「君子之求利也略，其遠害也早，其避辱也懼，其行道理也勇」（荀子）

「賞不欲僭，刑不欲濫。賞僭則利及小人，刑濫則害及君子」（荀子）

「眾怒難犯，專欲難成」（忘）（左傳．襄公十年）

「防民之口，甚於防川，川壅而潰，傷人必多」（召公）

「小子識之，苛政猛於虎」（孔子）

「志士仁人，無求生以害仁，有殺身以成仁」（孔子）

「生，亦我所欲也；義，亦我所欲也。二者不可得兼，捨生而取義者也」（孟子）

「孔曰成仁，孟曰取義，惟其義盡，所以仁至。讀聖賢書，所學何事，而今而後，庶幾無愧」（文天祥）

「居天下之廣居，立天下之正位，行天下之大道。得志與民由之，不得志獨行其道。富貴不能淫，貧賤不能移，威武不能屈，此之謂大丈夫」（孟子）

「作偽心勞日拙」（易經）（尚書．周官）

「天下同知畏有形之寇，而不知畏無形之寇。欲之寇人，甚於兵革；禮之衛人，甚於城郭」（呂祖謙）

「非禮勿視，非禮勿聽，非禮勿言，非禮勿動」（孔子）

「天下之事成於慎而敗於忽，懼者福之源也，忽者禍之門也」（呂祖謙）

「先天下之憂而憂，後天下之樂而樂」（范仲淹）

「秦人不暇自哀，而後人哀之。後人哀之，而不鑑之，亦使後人而復哀後人也」（杜牧）

「惡紫之奪朱也，惡鄭声之亂雅樂也，惡利口之覆邦家者」（孔子）

「聖謨洋洋，嘉言孔彰。惟上帝不常，作善，降之百祥；作不善，降之百殃」（書經）

「君子有三畏：畏天命，畏大人，畏聖人之言。小人不知天命而不畏也，狎大人，侮聖人之言」（孔子）

「君子有九思：視思明，聽思聰，色思溫，貌思恭，言思忠，事思敬，疑思問，忿思難，見得思義」（孔子）

「君子之過也，如日月之食焉：過也，人皆見之；更也，人皆仰之」（子貢）

「小人之過也必文」（子夏）

「悟已往之不諫，知來者之可追；實迷途其未遠，覺今是而昨非」（陶潛）

「天下興亡，匹夫有責」（袁子凡）（顧炎武）

「惶恐灘頭説惶恐，零丁洋裡歎零丁。人生自古誰無死，留取丹心照汗青」（文天祥）

「無欲速，無見小利。欲速則不達，見小利則大事不成」（孔子）

「列星隨旋，日月遞炤，四時代御，陰陽大化，風雨博施，萬物各得其和以生，各得其養以成，不見其事，而見其功，夫是之謂神」（荀子）

「天之生民，非為君也；天之立君，以為民也」（荀子）

「民為貴，社稷次之，君為輕」（孟子）

「古者言之不出，恥躬之不逮也」（孔子）

「君子所以異於人者，以其存心也。君子以仁存心，以禮存心。仁者愛人，有禮者敬人。愛人者人恒愛之，敬人者人恒敬之」（孟子）

「兼聽則明，偏信則暗」（魏徵）

「夫以銅為鏡，可以正衣冠；以古為鏡，可以知興替；以人為鏡，可以知得失」（魏徵）（唐太宗）

「志意修則驕富貴，道義重則輕王公；內省而外物輕矣」（荀子）

「君子崇人之德，揚人之美，非諂諛也；正義直指，舉人之過，非毀疵也；言己之光美，擬於舜禹，參於天地，非誇誕也；與時屈伸，柔從若蒲葦，非懾怯也；剛強猛毅，靡所不信，非驕暴也。以義變應，知當曲直故也」（荀子）

「故君子無爵而貴，無祿而富，不言而信，不怒而威，窮處而榮，獨居而樂！豈不至尊、至富、至重、至嚴之情舉積此哉」（荀子）

「鳥窮則啄，獸窮則攫，人窮則詐，馬窮則佚。自古及今，未有窮其下而能無危者也」（顏淵）

「聰明聖知，守之以愚；功被天下，守之以讓；勇力撫世，守之以怯，富有四海，守之以謙：此所謂挹而損之之道也」（孔子）

「國將興，必貴師而重傅；貴師而重傅，則法度存。國將衰，必賤師而輕傳；賤師而輕傅，則人有快；人有快而法度壞」（荀子）

「仁義禮善之於人也，辟之若貨財粟米之於家也，多有之者富，少有之者貧，至無有者窮。故大者不能，小者不為，是棄國捐身之道也」（荀子）

「君人者，降禮尊賢而王，重法愛民而霸，好利多詐而危」（荀子）

「君子欲訥於言而敏於行」（孔子）

「名不正，則言不順；言不順，則事不成；事不成，則禮樂不興；禮樂不興，則刑

罰不中；刑罰不中，則民無所措手足」（孔子）

「凡事肯為別人著想，是第一等學問」（袁了凡）〔？〕

「天地有正氣，雜然賦流形。下則為河岳，上則為日星。於人曰浩然，沛乎塞蒼冥。皇路當清夷，含和吐明庭。時窮節乃見，一一垂丹青。在齊太史簡，在晉董狐筆。在秦張良椎，在漢蘇武節。為嚴將軍頭，為嵇侍中血。為張睢陽齒，為顏常山舌。或為遼東帽，清操厲冰雪。或為出師表，鬼神泣壯烈。或為渡江楫，慷慨吞胡羯。或為擊賊笏，逆豎頭破裂。是氣所磅礴，凜烈萬古存。當其貫日月，生死安足論？地維賴以立，天柱賴以尊，三綱實繫命，道義為之根。」（文天祥）

「士不可以不弘毅，任重而道遠。仁以為己任，不亦重乎？死而後已，不亦遠乎？」（曾子）

「人之所以異於禽獸者，以其有仁義（五倫）也」（忘）〔孟子〕

「知者不惑，仁者不憂，勇者不懼」「見義不為，無勇也」（孔子）

「王曰：『何以利吾國？』大夫曰：『何以利吾家？』士庶人曰：『何以利吾身？』上下交征利而國危矣」（孟子）

「文臣不愛錢，武臣不惜死，天下太平矣」（岳飛）

「天將降大任於斯人也，必先苦其心志，勞其筋骨，餓其體膚，空乏其身，行拂亂其所為，所以動心忍性，增益其所不能」（孟子）

「見善不怠，時至勿疑，去非勿處」（周文王）

「勿以善小而不為，勿以惡小而為之」（劉備）

「焰焰不滅，炎炎若何；涓涓不壅，終為江河，綿綿不絕，或成網羅，毫末不札，將尋斧柯」（孔子家語）

「道雖邇，不行不至；事雖小，不為不成」（忘）（荀子）

「行遠必自邇，登高必自卑」（忘）（禮記．中庸）

「時然後言，人不厭其言；樂然後笑，人不厭其笑；義然後取，人不厭其取」（論語）

「慎於言者不譁，慎於行者不伐」（孔子）

「君子無所爭。必也射乎！揖讓而升，下而飲，其爭也君子」（孔子）

「有諸己而後求諸人，無諸己而後非諸人」（大學）

「唯仁人為能愛人，能惡人」（孔子）

「知者不惑，仁者不憂，勇者不懼」（孔子）

「流丸止於甌臾，流言止於智者」（荀子）

「人必自侮，而後人侮之；家必自毀，而後人毀之；國必自伐，而後人伐之」（孟子）

「桀紂之失天下也，失其民也；失其民者，失其心也。得天下有道：得其民，斯得天下矣；得其民有道：得其心，斯得民矣；得其心有道：所欲與之聚之，所惡勿施爾也」（孟子）

「正其誼不謀其利，明其道不計其功」（呂祖謙）（董仲舒）

「從善如登，從惡如崩」（忘）（國語．周語下）

「始吾於人也，聽其言而信其行；今吾於人也，聽其言而觀其行」（孔子）

「登彼西山兮，采其薇矣。以暴易暴兮，不知其非矣」（伯夷、叔齊）

「臨財毋苟得，臨難毋苟免」（禮記）

「富潤屋，德潤身，心廣體胖，故君子必誠其意」（大學）

「君子有三戒：少之時，血氣未定，戒之在色；及其壯也，血氣方剛，戒之在斗；及其老也，血氣既衰，戒之在得」（孔子）

「君子有三樂，而王天下不與存焉。父母俱存，兄弟無故，一樂也；仰不愧於天，俯不怍於人，二樂也；得天下英才而教育之，三樂也」（孟子）

「予獨愛蓮之出淤泥而不染，濯清漣而不妖，中通外直，不蔓不枝；香遠益清，亭亭淨植，可遠觀而不可褻玩焉」（周敦頤）

「有木名淩霄，擢秀非孤標。偶依一株樹，遂抽百尺條。托根附樹身，開花寄樹梢。自謂得其勢，無因有動搖。一但樹摧倒，獨立暫飄搖。疾風從東起，吹折不終朝。朝為拂雲花，暮為委地樵。寄言立身者，勿學柔弱苗」（白居易）在電視中看見特別法庭中，可見□□幼年時背誦白居易，詠淩霄花之詩（□有所感）

「森森萬象眼輪中，需識由來是化工。體一何終而何始？位三非寂亦非空。地堂久

為初人閉，天路新憑聖子通。除卻異端無忌憚，真儒若個不欽崇」（清聖祖愛新覺羅玄燁御制詩詠神）

「功成十字血成溪，百丈恩流分自西。身列四衙半夜路，徒方三背兩番難。五千鞭撻的膚裂，六尺懸垂二盜齊。慘慟八垓驚九品，七言一畢萬靈啼」（清聖祖愛新覺羅玄燁御制詩詠基督受難）

以上所引古代人的佳句及詩詞都是我幾十年來讀書時所記。現有些□□所以有些不十分準確的。我現在不但無書可查，即使有的話，我的目疾也使我無法查閱這些話語，也不□按時代的次序寫。還是想起那一段我與【……缺頁】

王師母在六弄

總要說實話

上江華院長書（十一）

王明道

先引我國先哲之嘉言若干則以為前言

「千人之諾諾，不如一士之諤諤」

「君無諤諤之臣，父無諤諤之子，兄無諤諤之弟，夫無諤諤之婦，士無諤諤之友；其亡可立而待」

「良藥苦口利於病，忠言逆耳利於行」

「子路聞過則喜，禹聞善言則拜」（孟子）

「夫苟好善，則四海之內，皆將輕千里而來告之以善。夫苟不好善，則人將曰：『訑訑，予既已知之矣。』訑訑之聲音顏色，距人於千里之外。士止於千里之外，則讒諂面諛之人至矣。與讒諂面諛之人居，國欲治，可得乎？」（孟子）

「人而無信，不知其可也。大車無輗，小車無軏，其何以行之哉？」（孔子）

「自古皆有死，民無信不立」（孔子）

「言忠信，行篤敬，雖蠻貊之國行也；言不忠信，行不篤敬，雖州裏行乎哉！」（孔子）

「物格而後知至，知至而後意誠，意誠而後心正，心正而後身修，身修而後家齊，家齊而後國治，國治而後天下平。自天子以至於庶人，壹是皆以修身為本。其本亂而末治者否矣，其所厚者薄，而其所薄者厚，未之有也！」（孔子）

「王曰：『何以利吾國？』大夫曰：『何以利吾家？』士庶人曰：『何以利吾身？』上下交征利而國危矣」（孟子）

「天下興亡，匹夫有責」（袁了凡【顧炎武】）

「始吾於人也，聽其言而信其行；今吾於人也，聽其言而觀其行」（孔子）

「為淵驅魚者，獺也。為叢驅爵者，鸇也；為湯武驅民者，桀與紂也」（孟子）

「文臣不愛錢，武臣不惜死，天下太平矣」（岳飛）

「吾三相楚而心瘉卑，每益祿而施瘉博，位滋尊而禮瘉恭，是以不得罪於楚之士民也」（孫叔敖）

「君子之過也，如日月之食焉：過也，人皆見之；更也，人皆仰之」（子貢）

「小人之過也必文」（子夏）

「君子務本，本立而道生。孝弟也者，其為仁之本與」（孔子）

「惟仁者能好人，能惡人」（孔子）

「古者言之不出，恥躬之不逮也」（孔子）

「故君子無爵而貴，無祿而富，不言而信，不怒而威，窮處而榮，獨居而樂」（荀子）

「老吾老，以及人之老；幼吾幼，以及人之幼。天下可運於掌」（孟子）

「天之生民，非為君也；天之立君，以為民也」（荀子）

「民為貴，社稷次之，君為輕」（孟子）

「上有好者，下必有甚焉者矣」（孟子）

「居天下之廣居，立天下之正位，行天下之大道。得志與民由之，不得志獨行其道。

富貴不能淫，貧賤不能移，威武不能屈，此之謂大丈夫」（孟子）

「惶恐灘頭説惶恐，零丁洋裡歎零丁。人生自古誰無死，留取丹心照汗青」（文天祥）

「世溷濁而不清，蟬翼為重，千鈞為輕；黃鐘毀棄，瓦釜雷鳴；讒人高張，賢士無名。吁嗟默默兮，誰知吾之廉貞」（屈原）

「兼聽則明，偏信則暗」（魏徵）

「夫以銅為鏡，可以正衣冠；以古為鏡，可以知興替；以人為鏡，可以知得失」（魏徵）（唐太宗）

「故君子無爵而貴，無祿而富，不言而信，不怒而威，窮處而榮，獨居而樂」（荀子）

「故有良法而亂者有之矣，有君子而亂者，自古及今，未嘗聞也。傳曰：『治生乎

君子，亂生乎小人』。此之謂也」（荀子）

「傳曰：『君者，舟也，庶人者，水也；水則載舟，水則覆舟』。此之謂也」（荀子）

「賞不欲僭，刑不欲濫。賞僭則利及小人，刑濫則害及君子」（荀子）

「名不正，則言不順；言不順，則事不成；事不成，則禮樂不興；禮樂不興，則刑罰不中；刑罰不中，則民無所措手足」（孔子）

「士不可以不弘毅，任重而道遠。仁以為己任，不亦重乎？死而後已，不亦遠乎？」（曾子）

「道得眾，則得國，失眾則失國，是故君子慎乎德。有德此有人，有人此有土，有土此有財，有財此有用。德者本也，財者末也，外本內末，爭民施奪。是故財聚則民散，財散則民聚。是故言悖而出者，亦悖而入；　悖而入者，亦悖而出」（曾子）

「秦人不暇自哀，而後人哀之。後人哀之，而不鑑之，亦使後人而復哀後人也」（杜牧）

「君子養心莫善於誠，致誠則無它事矣」（荀子）

「天時不如地利，地利不如人和」（孟子）

「防民之口，甚於防川，川壅而潰，傷人必多」（召公）

「君子有三戒：少之時，血氣未定，戒之在色；及其壯也，血氣方剛，戒之在斗；及其老也，血氣既衰，戒之在得」（孔子）

「見善如不及，見不善如探湯」（孔子）

「君子隘窮而不失，勞倦而不苟，臨患難而不忘細席之言，歲不寒，無以知松柏；事不難，無以知君子無日不在是」（荀子）

「流丸止於甌臾，流言止於智者」（荀子）

「慎於言者不譁，慎於行者不伐」（荀子【孔子】）

「列星隨旋，日月遞炤，四時代御，陰陽大化，風雨博施，萬物各得其和以生，各得其養以成，不見其事，而見其功，夫是之謂神」（荀子）

以上所引各則我國先哲的話語，除了《荀子》是我在山西省監獄中所讀到的以外，其他各則都是我幾十年來所熟悉的。這些嘉言包括了人生的各方面：從思想到言語到行為，從各人到社會，從家庭到國家，從小事到大事，從涓滴到巨流，甚麼都提到了。《四書》是我入初小以後最先讀到的課本，那時只是背誦，雖然背誦如流，但不明白其中的意義。到我十四歲（1914）作基督徒以後，我才開始明白了其中不少的教訓，此後我就特別留心從歷史從古文和一些別的書籍中吸取一切有關作人的話語。先師孔子說：「已矣乎！吾未見好德如好色者也！」我從十四歲以後就開始「好德」。無論讀甚麼書我都注意到那些與「德行」有關的話語，因此對有關德行的話語，我都能背誦得純熟，而且能牢記不忘。就連讀英文時我也特別注意到這一點。我至今還能有一冊英文讀本中的兩句話背誦得純熟：「Always speak the truth. To speak the truth is brave, lying is cowardly.」我從那時信決志作一個勇敢的人，「總要說實話」，作一個誠實的人。這一些年來，我一

【……缺頁】

古人之嘉訓

上江華院長書（十二）

王明道

引古人之嘉訓以為前言

「千人之諾諾，不如一士之諤諤」

「君無諤諤之臣，父無諤諤之子，兄無諤諤之弟，夫無諤諤之婦，士無諤諤之友；其亡可立而待」

「良藥苦口利於病，忠言逆耳利於行」

「子路，人告之以有過，則喜。禹聞善言，則拜。大舜有大焉，善與人同。捨己從人，樂取於人以為善」

「夫苟好善，則四海之內，皆將輕千里而來告之以善。夫苟不好善，則人將曰：『訑訑，予既已知之矣。』訑之聲音顏色，距人於千里之外。士止於千里之外，則讒諂面諛之人至矣。與讒諂面諛之人居，國欲治，可得乎？」

「聖謨洋洋，嘉言孔彰。惟上帝不常，作善，降之百祥；作不善，降之百殃」

「內作色荒，外作禽荒。甘酒嗜音，峻宇雕牆。有一於此，未或不亡」

「上有好者，下必有甚焉者矣」

「其身正，不令而行；其身不正，雖令不從」

「言忠信，行篤敬，雖蠻貊之國行也；言不忠信，行不篤敬，雖州裏行乎哉！」

「人而無信，不知其可也。大車無輗，小車無軏，其何以行之哉？」

「防民之口，甚於防川，川壅而潰，傷人必多」

「以力服人者，非心服也，力不贍也；以德服人者，中心悅而誠服也，如七十子之服孔子也。《詩》云：『自西自東，自南自北，無思不服。』此之謂也」

「意誠而後心正，心正而後身修，身修而後家齊，家齊而後國治，國治而後天下平。自天子以至於庶人，壹是皆以修身為本。其本亂而末治者否矣；其所厚者薄，而其所薄者厚，未之有也。」

「有德此有人，有人此有土，有土此有財，有財此有用。德者本也，財者末也，外本內末，爭民施奪。是故財聚則民散，財散則民聚。是故言悖而出者，亦悖而入；悖而入者，亦悖而出」

「口能言之，身能行之，國寶也。口不能言，身能行之，國器也。口能言之，身不能行，國用也。口言善，身行惡，國妖也。治國者敬其寶，愛其器，任其用，除其妖。」

「養心莫善於誠，致誠則無它事矣」

「志意修則驕富貴，道義重則輕王公」

「自古皆有死，民無信不立」

「弟子入則孝，出則弟，謹而信，泛愛眾，而親仁；行有餘力，則以學文。」

「為政以德，譬如北辰，居其所而眾星拱之」

「導之以政，齊之以刑，民免而無恥。導之以德，齊之以禮，有恥且格」

「君子之過也，如日月之食焉：過也，人皆見之；更也，人皆仰之」

「小人之過也必文」

「國家興亡，匹夫有責」

「躬自厚而薄責於人，則遠怨矣。」

「禹湯罪己，其興也勃焉。桀紂罪人，其亡也忽焉」

「孝弟，而好犯上者，鮮矣；不好犯上，而好作亂者，未之有也」

「君子有九思：視思明，聽思聰，色思溫，貌思恭，言思忠，事思敬，疑思問，忿思難，見得思義」

「聰明聖知，守之以愚；功被天下，守之以讓；勇力撫世，守之以怯，富有四海，守之以謙：此所謂挹而損之之道也」

「鳥窮則啄，獸窮則攫，人窮則詐，馬窮則佚。自古及今，未有窮其下而能無危者也」

「吾三相楚而心瘉卑，每益祿而施瘉博，位滋尊而禮瘉恭，是以不得罪於楚之士民也」

「君者，舟也，庶人者，水也；水則載舟，水則覆舟」

「學問不厭，好士不倦，是天府也」

「從善如登，從惡如崩」

坐牢23年，純粹是為了信仰

上江華院長書（十三）

院長先生閣下

我想閣下已經知道一些我的案情。我的案情在一般中國人眼中可能沒有許多注意（，）但在全國及外國基督教會中卻是一件極受人注意的事。我兩次坐監達將近23年之久，純粹是為了信仰。我在蔭營獄中已經寫過許多材料，我出獄前呈交了最後一份材料，題為《一個徹底的大暴露和一個大膽的挑戰》。在這份材料後面，我請蔭營將這份材料遞交北京國務院，我想該院必已見到。我到滬三年多，雙目的白內障日見加劇，刻下已不能看書寫字。我於兩年前曾憑記憶寫了一些我國古人的話語希望貢獻於當局，但經朋友看過，認為我寫的字很難使人辨認。我原希望目疾已早日治好，但至今只開了一隻左眼，仍不能□□寫字，只好請人代抄了一份。還有海外所出版有□□□□□□。今將兩部書的序言一併□□送呈閣下。□□□□教會對我的評價。我還〔有〕許多話〔，〕但我□□□□□□□□□□□之發明，便將一些要說的話錄音呈上。今僅將我前年所寫古人之言請人代錄□□託人抄錄一份〔，〕並將海外兩本書的序言一併寄閣下。此外一切話語□錄音寄上。我的案情與海外基督徒對中國之前途關係甚為重要，幸希閣下加以注意。我國古人說「天下興亡〔，〕匹夫有責」，我不敢隱藏所看見的真理，因□□□請人寫下□□□下話以後的話便錄音奉上，為我國人民前途計〔，〕幸希閣〔下〕採我的忠言，□與國家前途有所□益

王

1983

我的罪名是「反革命」

上江華院長書〔十四〕

王明道

院長閣下

我不是一個長於書法的人，在我未患目疾以前，我寫的字雖然不好，但還不難使人看懂。不幸我在四五年前雙目都患了白內障，近兩年更加嚴重。刻下看書報和寫字都十分困難，但我幾十年來寫信撰文又素不慣於使人代筆，因此，只有勉強自己執筆寫這封信。

我想閣下早已知道了我的人生、思想和我這二十多年坐監的經過。我兩次坐監共達二十三年之久（第一次是1955〔年〕8〔月〕8〔日〕～1956〔年〕9〔月〕28〔29日〕，第二次是1958〔年〕4〔月〕29〔日〕～1979〔年〕12〔月〕29〔日〕）。我被判了無期徒刑，剝奪公權終身，房產被沒收。我妻王劉景文被判十五年有期徒刑，剝奪

艾迪

公權五年。北京法院加給我的罪名是「反革命」，但實際上我從十四足歲作了基督徒以後，在學校是一個循規蹈距的學生，在社會中是一個奉公守法的公民。我坐監判刑惟一的原因就是因為我反對那個基督教中的「三自革新運動」和它的發起並領導人吳耀宗。事實的經過是這樣。

我從來沒見過吳耀宗的面，但在六十多年前我在學校讀書時，就知道他是「北京稅務學校」的學生。他是在美國艾迪〔註一一二〕博士（Dr. Sherwood Eddy）來華在北京演講後簽名加入青年會的查經班，後來又在北京一個教會受洗加入教會的。其後很久我沒有聽說【……缺頁】

〔註一一二〕艾迪（Sherwood Eddy），北美基督教青年會東亞巡迴幹事，曾多次來華。王明道曾撰文批判其神學。參王明道：〈艾迪博士是傳福音的嗎？〉，《靈食季刊》，冊32（1934年冬），頁66～69。

王師母 81 歲生日

目疾

前言（十五）

我在未患目疾以前，就不是一個長於書法的人，不過那時我寫的字還能使人不難辨認。自從五（、）六年前我在山西陰營監獄中患了白內障，看書寫字就感到困難。後來目疾日見增重，直到近二年寫字就完全憑著記憶力，寫完以後自己就再看不清楚。我知道這封長信會使院長閣下看著困難，但我覺得仍當盡力寫出我心中的感想，對當局有所貢獻。我現在已經很難閱報，但我從報上的大字標題及廣播中，知道了政府當局口盡力想改正以往的錯誤，盡力往正軌上走【原文未完成】

講壇上的王明道

「雙料」反動

遺稿・散頁（一）

【……缺頁】的前一部分是遭到慘敗，但九年之後竟轉敗為勝，又獲得了光榮的勝利。

因為我個人注重道德，所以我也以道德教人，這就是孔子所說：「己欲立而立人，己欲達而達人」的意思。我因為注重道德，所以得了許多朋友，也樹了不少仇敵。但我不顧這一切，仍然講所當講的，說所當說的。

遺稿・散頁（二）

【……缺頁】道的人必須有高尚的道德，在金錢上和男女的關係上聖潔公義，無可指摘，他工作講道才能有力量，才能感動人，才能得人的敬愛。孔門四科中的德行居首，言語次之，政事又次之，文學則列在最後【未完成】

遺稿・散頁〔三〕

【……缺頁】的人生，高山又豈能鎮得住我呢？張副部長〔註一一二〕的話對一些同走一路的信徒也不發生效力。有幾千里之外的一個信徒看了張副部長的談話以後，她寫信對我說，《天風》越攻擊我，他們越同情我，越敬愛我。至於海外的信徒們如果看了張副部長的話，只有更明白中共就是「三自會」的後台，他們也就越認識「三自會」的真相了。張副部長對我的評論在國內及海外只能起這種作用。吳耀宗已經弄巧成拙了。□吳死了不到二年，張副部長又蹈了吳的覆轍呢？「秦人不暇自哀〔，〕而後人哀之，後人哀之而不鑑之，亦使後人復哀後人也。」噫！以往幾十年來，我一直是一個「諤諤之士」，不幸，55〔年〕8〔月〕7〔日〕深夜突然出現在我面前的一支手槍，竟失〔使〕

〔註一一二〕張執一，中共中央統戰部副部長，參前文。

我喪失了我本來面目，以致我變成了一隻鼷鼠，長達九年多之久。自1965年起，我又恢復我本來雄獅的面目了。我今日還怕甚麼呢？

先師孔子曾說：「大事無輗，小事無軏，其何以行之哉？」過去三十年，中共對國人、對外國已經成了一個「無輗的大事，無軏的小事」了。我覺得中共最大的失敗就是「説謊言，行欺詐」，最顯著的一個例子就是1957年春中共鼓勵人們「大鳴大放」〔註一一三〕，並說：「言者無罪，聞者足戒」。許多人誤信了這種話，把心中的真話都說了出來。結果是甚麼呢？把這些大鳴大放說了實話的人都打成了「右派」〔註一一四〕，輕者戴右派的帽子，重者竟被逮捕入監。章乃器〔註一一五〕曾在蘇州坐過國民黨的牢，因為說了實話，竟被打成了右派，飽受批評和評論，當然也再不能任糧食部長之職。章伯鈞〔註一一六〕〔、〕羅隆基〔註一一七〕也都因為說了實話而受到嚴重的打擊。一個人民大學講師葛佩琦〔註一一八〕竟被捕入監。我在第二次入監以後曾在監中遇見了【……缺頁】

〔註一一三〕1956年5月毛澤東發表講話，提出「百花齊放，百家爭鳴」的方針。到1957年4月又呼籲知識分子及民主黨派協助中共整風，「知無不言，言無不盡；言者無罪，聞者足戒；有則改之，無則嘉勉」，史稱「鳴放運動」。

〔註一一四〕1957年5月，毛澤東表示對「右派分子」的不滿。6月，明確指出要反擊，大規模的「反右派鬥爭」在全國範圍展開。據中共中央統戰部估計，反右運動期間，約55萬人（大多為知識分子）被劃為右派分子。

〔註一一五〕章乃器（1897～1977），中國民主建國會創辦人，1957年被劃右派，1980年平反。

〔註一一六〕章伯鈞（1895～1969），中國民主同盟副主席，1957年被劃右派，是迄今仍未平反的中央級「五大右派」之一。

〔註一一七〕羅隆基（1896～1965），中國民主同盟副主席，1957年被劃右派，是迄今仍未平反的中央級「五大右派」之一。

〔註一一八〕葛佩琦（1911～1993），中共黨員，任教於中國人民大學，1957年劃為右派被捕，1980年平反。

遺稿・散頁（四）

【……缺頁】以上所引古人之言，只有荀子的話是我於七十年代中，在蔭營獄中所讀到的（我兒子從上海寄到蔭營獄中的書刊，約有五百冊上下，其中使我最欣賞的就是《荀子》，我反復讀了好幾遍）。《四書》則是我在十一歲以前，在初小上學時所讀到的，其他都是我在五十歲以前零零碎碎所拾來的。其中有不少，我清楚記得它們是誰說的，但也有一些我竟忘記了它們的出處。古人的這些嘉言對我處世作人治理教會都有極大的貢獻。我沒治理過國家，但我牧養過教會。治理國家與牧養教會雖然是兩件不同的事，但原理卻是一樣，都需要虛懷若谷、從善如流，都需要接納忠言、以身作則，都需要光明磊落、待人以誠，都需要近君子、遠小人，都需要將一己的得失榮辱、利害損益、生死禍福，一概置之度外，才能夠得到群眾的欽服愛戴，才能把國家或教會治理得好。可惜許多牧養教會的牧師（主教也在內）作工傳道只是為得金錢利益、尊榮享受，把傳道與做生意看為一樣，存心卑鄙污濁，品行下賤惡劣，與人交接則鉤心鬥角、爾詐我虞、妒□嫉、欺上壓下，這種人作世界上的事工都要失敗，更不用談到作傳道訓□牧養教會的工作了。舊日中國讀書人最重節操（氣節與操守），許多傳道人竟不知氣節為何物，只要與他們有利益，甚麼卑鄙的事，他們也都幹得出來。以這種人領導教會，教會如何能不腐敗？「三自革新會」主席吳耀宗，完全是一個勢力【利】小人，他寫的文章「上帝在哪裡？」充分地證明他根本不信有上帝，但他卻被選為（實際是任命）為全國基督教的領導人。他所發起的本來是「三自革新運動」，'51四月在北京成立的也是「三自革新會」。這個名稱已經用了三年多之久，可以【是】「革新」二字卻引起許多基督徒（我也在其中）的反感。他為減少這種反感，才在54年夏把「革新」二字改為「愛國」。〔註一一九〕他【……缺頁】

〔註一一九〕1954年7月，召開的中國基督教全國會議，吳耀宗指出決定把原有的基督教三自革新運動中「革新」二字取消，以免被誤會為「革掉教會的制度」或「干涉自己的信仰」，明確「反帝愛國」的原則。新成立的全國機構，名稱可改為「中國基督教三自愛國運動委員會」。此舉由中共提出，目的是希望消除屬靈派的憂慮，爭取擴大基督教三自運動的團結面。

遺稿．散頁〔五〕

【……缺頁】因事來滬或因事返滬乘機來看我的信徒就更多了，更使我受感的，就是有些海外的信徒竟跋涉重洋到滬看我。當然他們也乘機來作一次旅遊。也有人因返國探親，順便來訪問我。這些從國內和海外來看我的人中竟有一半以上是我從來不認識的，但他們中間多半都因讀過我的書（特別是《五十年來》）因而認識了我，更使我受感的，就是來訪問我的人中，有一些人和我握手時竟流下熱淚來，引得我也淚下沾襟。凡從外省及海外來訪我的人多半都願意和我作長談，久久不願離去。他們多半都向我詢問我這二十多年的種種情形。我也毫無隱諱地告訴他們我所遭遇的事。〔註一二〇〕因為時間的限制，我所談的只有比事實少，絕不比事實多。我已恢復了入監以前的人生，「是就說是，不是就說不是」。

我第一次出監後三四天，有一位從印尼來京觀光的女信徒來訪我。她一見我面第一句就問我說：「你為甚麼下監牢？」我怎麼敢說實話呢？我怕說了實話，被人傳出去，我會再坐監，只有含糊其詞地敷衍過去。我這次到滬，來訪我的信徒沒有一個人問我被捕的原因，因為他們都早已清楚知道我兩次被捕都是為了信仰，為了反對「三自革新運動」。

我到滬兩三個月以後，有上海公安局的兩位幹部（一個姓劉，一個姓孔）來訪我。他們對我談起「認罪問題」。我說：「這個要從兩面來說。從神一方面來說，我是一個遍體鱗傷，身無完膚的罪人；但從人一方面說，我從來沒有犯過一次國法。「違警法」是法律中最輕，犯違警法的只是罰銀三角元錢，交款或是抗不繳款的就拘留三天。在廁所外便溺、隨處傾倒穢土、□向騎車不□燈，都是違警，就連這種違警法我也沒有犯過。我在我所著的《信徒處世格言》中有一章專講「遵守規則」。

接著我又對劉、孔二人說：「我坐了接近23年的監，完全是為了反對『三自會』，此外我沒有作過任何開罪於政府的事。我所以反對這組織，是因為它的用意是企圖從教會〔內〕部來消滅基督教。我是神的僕人，我必須向神盡忠，必須維護真理，保護信徒

〔註一二〇〕例如王瑞珍、張手整理：〈三十年來——王明道訪問記〉，《校園》，卷22期10（1980年10月），頁74～76；趙中輝記錄：〈王明道先生訪問記（1984年10月13日）〉，《信仰與生活》，卷39期4（1988年10～11月），頁51～56。

使他們不受三自會的害，不然我就是對神不盡忠，我就不配再稱為神的僕人。」劉又問我說：「你是反對個人（指吳耀宗）呢？還是反對這個組織（指『三自會』呢？）我說：「吳是發起三自運動的人，而且擔任三自會的主席二十多年之久，吳與三自會是一而二、二而一的。我都反對。」劉以後就再沒說甚麼。我反對三自會並不是暗中反對，而是明明地反對。從我看出來三自會的企圖，我便把這□□告訴我會的信徒。不過因為我還未看見三自會有甚麼具體的表現，所以我只是留意觀察三自會的動作。不到一年，三自會的書記劉良模，□□幹了起來，大叫甚麼「搞好傳達，搞好控訴」，接著又誣蔑教會是帝國主義侵略中國的工具，我們要肅清帝國主義藉著教會所播散的毒素。三自人的喉舌《天風》不斷地發表這種破壞教會的□言。我也在我出版了二十多年的《靈食季刊》上□解三自會所散佈的這種□言。1954年七月，三自會在北京召開了一個所謂「全國基督教會議」。這個名稱就不符合事實，既說全國，就必須包括全國所有的教會，一個也不在例外。但我們的「基督徒會堂」就沒有參加「三自會」。廣州的福音會堂也沒有參加。此外還有幾個規模較小的教會也沒有參加。這怎麼能說「全國」呢？在開會以前，他們竟印好了一個《會員手冊》，把我的名字印在了上面。據我揣測，他們只是想已【以】往這三年多的種種表現□的這個組織是有中共作他們的後台，大概沒有人再敢不參加的。可惜他們看錯了。王明道不是一個膽小如鼷、懼怕權勢的人。日本人佔領了半個中國時，他們的勢力□有多大呢？被佔領區內的中國人又有誰敢不對他們「惟命是從」呢？

我的神卻給了我勇氣與他們相抗，拒不參加他們所操縱的「華北中華基督教團」。神不是也曾保守了我，使我在那場劇烈的戰鬥中獲得了光榮的勝利麼？1954〔年〕7〔月〕17〔日〕，北京宗教事務處的李續剛處長邀我到京府談話，勸我參加「三自會」的「憲法草案學習」，〔註一二一〕我當即婉言謝絕了。我知道我不可參加「三自會」的任何學習，否則我就會跳進三自的陷阱裡。最後李處長勸我學習像各教會的牧師們那樣「靠攏政府」，我說：「各教會的牧師們一向是靠攏政府的，只要是『政府』，他們便都靠攏。」我想李處長大約已經明白了我所說的「只要是政府」也包括了日本人所操縱的「傀儡政府」在內，五十年代前半，北京三自會分會的主席王梓仲牧師就是一個典型靠攏政府的人物。他在日人侵入北京前就是「北平基督教聯合會的會長」。1942〔年〕日本人□□了「華北中華基督教團」，他以一身兼任「教團」的三項要職（北京教團主席、燕京區教團主席，還有教團總部的一個要職）。如果政府能找到一冊《華北中華基督教團成立一週年紀念冊》便可以看到這三項要職的名。那本《紀念冊》上還印有江長川主理、周冠卿〔註一二二〕副主理的半身玉照並教團中眾主要職員與日本顧問合照的相片，並所有華北四省之特別市（贛豫魯晉及京□青津）所以□□傳道人的小照及略傳。我幸而沒受日本人

〔註一二一〕1954年，新中國成立後頒布首部憲法。

〔註一二二〕周冠卿曾任北京青年會總幹事，1942年華北基督教聯合促進會成立，被選為會長。後華北中華基督教教團成立，任副主理。

的利用，作他們的工具，否則我的相片和略傳也要與教團中的大小人物「名垂千古」了。岌岌乎險哉！

1951年「三自革新會」成立後，王梓仲又充當了「北京三自會分會的主席」。我看見過王梓仲，但沒同他說過話。1956〔年〕9〔月〕29〔日〕我第一次出監後，草嵐子兩位幹部，陪我乘小汽車到了西城屯絹胡同一個不掛牌子的處所見了一位張主任。張對我介紹了其中一位，對我說：「以後你有甚麼事可以找他好了。他叫李剛。」在未出監前兩三天，李向我介紹了張主任，出監後張又向我介紹了李剛。張主任囑李陪我去見北京宗教局局長。見了李局長以後，李又囑我當日下去到□□胡同一□去見王梓仲主席。那時我心中充滿了畏懼，只希望不再回草嵐子監獄所，對李剛、張主任、李局長、王主席所說的都是「聽命惟謹，莫敢或違」，就像奴隸在主人面前一樣。那天下午我到了「三自會」的辦事處，第一次與「王牧師」說了話。「王主席」命令我翌日（9〔月〕30〔日〕）到青年會（這就是我從前對之深惡痛絕的那個地方組織）去讀我在草嵐子所寫的那份充滿謊言的材料。那天只有我一個人回到史家胡同43號，我妻王劉景文仍被關在草嵐子作為「人質」（這是我的想法，並非政府所用的稱呼）。那夜我一個人睡在樓上□□，輾轉反側，不能入寐。我知道我到三自去，必須再說一次大謊，在到會的群〔眾〕面前讀那一份充滿謊言的「偽供」及「偽諾言」，不然，我怕我妻不能出監。但我又不甘心在出監後仍然說謊。我心情痛苦萬分，便從床上起來，在房中走來走去，一夜只睡了很短的時間。次日午後二時，以前那個夥同楊承澤〔註一二三〕把基督徒會堂斷送了的高董俊英〔註一二四〕前來會堂陪我到青年會去。我覺得高好像草嵐子的一位身穿軍服拿著手槍的武裝人員。我進了青年會二樓的一間屋子，開會時「王主席」說了幾句話，然後「命令」我讀那份充滿謊言的材料。那是我一生只有一次讀手中所〔寫〕好的稿子。那天我滿面羞愧，中心如焚，伈伈俔俔，誠惶誠恐地讀了那篇謊言。任何一個聽過我講道的人，一望便知道我那篇稿子是被人壓出來的。

我自1955〔年〕8〔月〕7〔日〕到1956〔年〕9〔月〕29〔日〕，共一年多之久完全沉溺在謊言的坑中。我在審訊室中所聽見的是謊言，回到監房裡聽那兩個犯人（王□□與孟國輝）所說的也是謊言。我這個41年之久（1914～1955）痛恨謊言的人，因為懼怕（既怕被殺，又怕我妻病死獄中），便也開始說謊。我第一次在草嵐子共住了417天，所聽見的和我所說的完全是謊言。我在1956〔年〕那天出草嵐子以後，翌日在青年會所讀的那一篇□□的檢討，全篇都是謊言。我所承認的罪全是因為害怕，給我自己捏造的。我所許諾參加「三自會」的謊言，完全是因為懼怕而說的。我清楚知道我絕

〔註一二三〕楊承澤，即楊潤民，基督徒會堂同工。王明道在1955年被捕後，他是惟一沒被捕的會堂同工。王被捕後第一個主日，就是由他負責講道。後由他負題帶領會堂參加三自。參《又四十年》，頁126～127。

〔註一二四〕高董俊英，基督徒會堂信徒。

對不可也不能參加三自會，我所以這樣允諾，主要是為委曲求全，保全我妻的性命。因為她是浙江人，在她家中時每天都吃大米飯。我們結婚後到了北京，她仍是每天少不了大米飯。到了監中每天都吃窩頭，我想不到一年她就會病死獄中。我們夫妻二人的感情很好，我不忍得她死。我希望把她帶出監獄，把她帶回杭州交給她母親，然後我就跳入西湖自殺，了此殘生。不料我們二人出監後，政府竟不許我們離開北京。我們二人有好幾次到西城屯絹胡同與李剛等人談話，我妻說她希望往南方去看她的母親。李剛說我們不能離開北京，這就使我的希望不能實現。加以我妻的身體患病很重，她怕我自殺，仍然扎掙著看守著我，怕我自殺。因為她在二十多年前初認識我時，就聽我說我父親在1900年義和團事變時，困在玄關中，情勢險惡，竟自縊身死。她怕我也走我父親的去路。她已經病得很重，仍然扎掙著保護我，對我口步不離。如果我自殺，她也會病死。我愛她，不忍得她也死去。這麼一來，我就沒有勇氣自殺了。但要我參加「三自會」卻是絕對不可能的。我於1956〔年〕9〔月〕30〔日〕在「三自會」中所讀的那篇檢討，完全是出於委曲求全，只希望保住我妻的性命。我在草嵐子時，審訊員交給我「三自會」出版的那一本《從《五十年來》看王明道》，更使我看見「三自會」的可憎，也正明白政府和「三自會」是口口一氣的，我對「三自會」的憎惡和反對上加了一個「更」字。這時我就清楚知道「三自會」的真相。我也看見我和我妻並我的好友石天民〔註一二五〕都在監中時，由高董俊英和楊承澤把這個在日本人勢力之下仍未變質的基督徒會堂雙手交付了「三自會」的基督徒會堂給輕輕斷送了。因此我不但不參加「三自會」，連我所創辦的基督徒會堂也撇棄不顧。但我知道我既不參加「三自會」，仍不免再進監牢。417天監獄的生活已經使我變得如「驚弓之鳥」。我只希望不再進監，就於願已足。但我又怕政府對我不會這樣罷休。我待了一年，看看沒有發生甚麼事故。我希望就這樣苟且偷生地活下去。誰想到政府仍不放過我去，過了整整十九個月，再把我送進了草嵐子。

1958〔年〕4〔月〕29〔日〕我和我妻終於雙雙入獄。這口我已「萬念俱灰」，我已經不再想到我妻，卻掛念我那位老年的岳母，她親眼看著她的愛女和愛婿雙雙被銬上，從她的眼前被帶走。她雖然是一個心寬量大的老人，但這種慘狀總不能不使她心中難過。把我的心放在了我岳母身〔上〕。我們自從同住了一年多之後，我岳母和我的感情已經變得如同親母子一樣，一旦被關於監中，我僅希望能再回到家中與她相聚。她已至風燭殘年，在這種情況之下，我便仍如第一次坐監時一樣地說謊認罪，又一樣地許諾出監以後參加「三自會」。但是這次說謊不靈了。第二次入監整整三年以後，於1961年4月29日起訴書下來了，稱我們夫妻二人為「屢教不改的反革命份子」，請法院嚴加處理。我看了三張起訴書，心中痛苦萬分。如果判處有期徒刑，還能盼期滿出獄，一判無〔期徒刑〕就甚麼都完了。又過了約有三年，我由北京南城看守所帶上了手銬，被押到北京

〔註一二五〕石天民是王明道的親密同工，1955年被捕。

王明道與石天民

法院，開庭按形式審問了一次。我因為盼望得著寬大，便照我入監後所說的偽供又照例說了一番謊言，但這竟無用處。判決書下來了，判處我「無期徒刑」，並褫奪公權終身，沒收了我甘雨胡同的房屋十二間。我妻則判處十五年有期徒刑，剝奪政權五年。我本來不想上訴，因為我知道這是三自會、檢察院、法庭□早已□□好了計劃，上訴也不會生效，不過判決書上說：「若不服本判決，可在十日內上訴」。如果不上訴，等於我承認了這個判決，我不能承認這次的判決，便上訴了一次。高院的判決說：「上訴駁回，維持原判」。我絕望了。這時我的心情可用四句話形容：「既憤且愧，置身無地，悲觀失望，坐以待斃」。憤是因為我受人誣陷，愧是因為我因懼怕而自謊自說。世界之大，我已經無處可以容身，便只有坐以待斃了。

1964 年冬，大批的犯人分乘十輛大卡車，由北京南所出發，聽人說，這是分送到各地勞改隊去勞改。我不知道我將被分到何處。但我的心反倒鎮靜了下來。1965 年一月我竟被調入北京監獄醫院。一個大右派分子葛佩琦和我竟同住醫院。當晚一個幹部同我二人談了幾句話。翌日下午二時我被領到辦公室，有三位高級幹部同我很客氣地說話。他們彼此介紹，我才知道一位是張監獄長，一位是劉院長，另一位是邢主任。張監獄長讓我談了我的思想。張監獄長對我說：「刑期是活的。」我明白他的意思是告訴我說：雖然我被判了無期，但□□就改，可以改為有期若干年，也可以很快地出監。我□□心中已經毫無畏懼與憂慮。我們談了三個小時之久，我所談的話約佔了兩個多小時。張監獄長□我寫寫我的思想，給了我很多頁材料□□。監獄□□給我了好幾種優異的待遇。我看出來當局是想很快地釋放。□□□□□□□期，就甚麼都完了。這時我的心情，可用四句話來形容：「既憤且愧，置身無地，悲觀失望，坐以待斃」。憤是因為我受了人的陷害，愧是因為我說謊認罪仍不免被判無期。在這種情形之下，我只有「悲觀失望，坐以待斃」了。以後【未完成】

遺稿．散頁〔六〕

【……缺頁】仍是必須參加三自會。但那是萬萬辦不到的。如果我不參加，我必須第三次□□那時結果必定更加嚴重。如果這樣，我就乾脆不出監了。一想到這裡，我就決定向當局「真正坦白」承認我在以往所說的供詞，和所立的「將功贖罪」計劃是假的。我便開始翻供，向政府聲明我並沒犯任何罪行，我所以被捕完全是因反對那個企圖從教會內部消滅教會的三自革新運動。這是我九年多來第一次對政府說實話。

遺稿・散頁（七）

我認為中共把宗教問題處理得十分□□，真是一件不當的事。尤其是「基督教問題」，最為棘手。基督教在英文中是Christianity，它包括著所有信基督的人（浸禮宗、羅馬宗、東正宗、抗羅宗都在內）。他們的數目在全世界上佔一個很大的數量。西歐和北美是全世界上文化、科學、工業上都居在最前列。這些國家中的基督徒在全國人口中佔大多數。猶太人是一個很特異的民族，他們亡國已達兩千幾百年之久，他們失去了自己的國土，因此已不成為一個國家，他們的人民分散在全世界。再成一個國家，必須有人民、土地和主權，缺了一個就不能成為一個國家。二千多年之久，他們只有人民，沒有土地，當然也沒有主權，更提不到軍隊。他們在全世界飄流，在許多國家中寄居，飽受各國政府與人民的壓迫。但這個民族卻不受列國人民的同化，他們有他們自己的宗教信仰，他們所信的獨一的神，與基督徒所信的相同。不過他們不信耶穌。因為他們所信的神與基督徒所信的神是一個，所以虔誠的基督徒都同情他們。在英美兩個大多數基督教的同情與支持之下，他們才能在1948〔年〕五月在他們的故土巴勒斯坦恢復了他們的國土與主權，並加入了聯合國。但他們只恢復了他們國土的一部份，其他的國土仍在阿拉伯人的手中。阿拉伯人□□，知道猶太人□收回的一部份國土，也不容他們安居，竟屢次想奪回猶太人的那一部份收回的國土，但□□裡的每一次進攻都遭遇了失敗。以後，便□已銷聲匿跡，阿拉伯□□□□而起。以色【未完成】

遺稿．散頁〔八〕

【……缺頁】〔不〕得志，獨行其道。富貴不能淫，貧賤不能移，威武不能屈，此之謂大丈夫。」一般「牧師」和「主教們」，不但沒有這種人生，恐怕他們根本就沒有聽說過這幾句話呢！噫！

1981〔年〕12〔月〕31〔日〕，我讀到《人民日報》提到陳雲〔註一二六〕於1945〔年〕5〔月〕9〔日〕所發表的一段講話。題目是〈只講真理，不要講面子〉。那時我的白內障已經發展得很嚴重，全文的小字我已經看不見了，只看這幾個大字。我心中就感到萬分欽佩。後來我請人代我讀了一下全文，我更加拍掌稱快，好！真好！中國許多事就壞在「總講面子，不講真理」這一點上。中共失敗也在這一點。我記〔得〕在五十年代

〔註一二六〕陳雲（1905～1995），中共領導人，被稱為「八大元老」之一，改革開放時期地位僅次於鄧小平。

初，我站在北京人行道上看群眾遊行時，曾看見有人舉著幾副【幅】畫像參加遊行的行列，當中就有陳雲，但幾年以後，不但再未看見陳雲的畫像，《人民日報》上竟連陳的名也看不見了。看這個題目就知道陳雲是一位諤諤之士。這樣的一個人在已往這二十幾年中，怎麼能得志呢？彭德懷也是一位諤諤之士，因為他只講真理，不講面子，所以被罷了官，而且死得那樣淒涼。那個高舉《毛主席語錄》在萬人大會中領著群眾高喊「毛主席萬歲」的林彪卻得意洋洋，代彭德懷任了國防部長，而且成為中共中央「惟一的副主席」。在這種情況之下，如何能不出現「十年浩劫」。楚大夫屈原曾歎息著說：「世混濁而不清，蟬翼為重，千鈞為輕；黃鐘毀棄，瓦釜雷鳴；讒人高張，賢士無名」。當日的楚國，賢士只是「無名」而已。二十世紀後半的中國賢士不但無名，而且要被免職、下監牢呢。所幸，否極泰來，近三年來中國的情形已經大見好轉。陳雲這篇言論在埋沒了三十多年之後，又載在報端，這是一件可喜的事。我在多年以前在《靈食》也發表過一篇與陳雲這篇講話相似的短文：〈顧全情面〉〔註一二七〕，後來又印在《信徒緘砭》〔註一二八〕一書中。請人代錄，附呈閣下。

遺稿．散頁〔九〕

【……缺頁】「掩耳盜鈴」是中國人常用的一個比喻，形容一個愚人如何自欺欺人，偷了一個鈴鐺逃走，恐怕別人聽見響聲，便捂住自己的耳朵，使自己聽不見，便以為別人也聽不見。中共是無神論者，便千方百計地想消滅基督教，但鑑於俄共在革命成功後大力宣傳無神論，用政權封閉教堂，逮捕教會的工作人員，下在監裡，因此招來各基督教國家的反對；中共走的是俄國的道路，當然也不會放過基督教會，但如果仿效俄共那樣直接用政治的力量干涉教會，勢必為自己招來各基督教國家的反對。在這時那個「潛伏在教會內部的無神論者吳耀宗」便為中共出謀劃策，由他發起了一個「基督教三自革

〔註一二七〕王明道：〈顧全情面〉，《靈食季刊》，冊67（1943年秋），頁41～42。

〔註一二八〕《信徒緘砭》初版於1935年，後於1951年再版。

新」運動，表面上説，要幫助中國教會脱離「帝國主義」的統制，而由中國信徒自治自養自傳。1946〔年〕春我在成都讀到了吳耀宗所編的《天風半月【週】刊》中的一篇文章：〈上帝在哪裡？〉，我就清楚看明白了吳是一個潛伏在教會內部的無神論者。及至吳在1950年大力提倡「三自革新運動」，我就懷疑他是別有用心。朝鮮戰事起來以後，中美兩國已經成為敵國。美國在華所辦的事業當然會受到影響。於是政務院（後改為國務院）便在1951年在首都召開了四個會議，一個是處理接受美國津貼的教育事業〔註一二九〕，一個是醫藥事業〔註一三〇〕，一個是慈善事業〔註一三一〕，另一個是「接受美國津貼的基督教團體會議」〔註一三二〕。我所主持的「基督徒會堂」自1933年成立後，一直是中國信徒自治自養自傳的，特別是1942年日本人所操縱的「華北中華基督教團」之役，我拒絕不受日本勢力的操縱，堅決不參加這個「宗教傀儡組織」。我以為中共早已知道我所領導的基督徒會堂從來未曾接受任何外國的津貼，但1951年9月政務院文教委員會竟發給我一份請柬，□我參加這個「處理接受美國津貼的基督教團體會議」。我因【……缺頁】

遺稿・散頁（十）

【……缺頁】的惡勢力戰鬥。1942年「華北中華基督教團」之役又與日軍勢力及其傀儡宗教組織「華北中華基督教團」戰鬥。那時我已經作好的準備，進日本憲兵隊的監牢。但因著神的保守，我不但未遭日本憲兵隊的逮捕，反而得到了光榮的勝利。這些經過我都敘述在《五十年來》一書中。「華北中華基督教團」中的「牧師」和「青年會的幹事」們在「教團」成立一週年後竟出版了一厚冊《華北中華基督教團成立一週年紀念冊》，因此才留了一頁「中國基督教會」及「基督教青年會」的一頁醜惡的歷史。

〔註一二九〕1951年1月15日，中央教育部召開「處理接受外國津貼高等學校會議」。

〔註一三〇〕有誤，應指1951年4月26日至30日，政務院召開的「處理接受美國津貼救濟機關會議」。

〔註一三一〕1951年4月26日至30日，政務院召開「處理接受美國津貼救濟機關會議」。

〔註一三二〕1951年4月16至21日，政務院文教委員會召開「處理接受美國津貼的基督教團體會議」。

1949年中共統一了中國大陸以後，我因著目睹中國人民解放軍的良好紀律，對中國的前途抱了極大的樂觀。不過我因著以往聽見俄國共產黨在革命成功以後，大力宣傳「無神論」，又大力迫害教會，便不免對中國教會的前途抱著隱憂，恐怕中國的教會也會遭遇俄國教會的厄運。可是我在49及50年所見所聞，使我看到中國教會一切的工作都照常進行，毫無阻礙。我也在49及50年被邀到天津、漢口、武昌、長沙各處的教會邀去講道。特別是50年春我到天津時路過舊英租界，見路旁一面的牆上用紅油漆寫了一尺多見方的四個大字：「宗教自由」。我更信中共大概是因著俄共迫害教會招來了歐美各國教會的反對，因而引為鑑戒，對中國教會不再加以迫害。不幸，我因一時的現象而把事情看錯了。

1950年我看見了一件奇怪的事，那就是吳耀宗和他的同伴涂羽卿、艾年三組織了一個「基督教訪問團」到國內一些大城市去訪問教會，大力提倡「三自革新運動」。這就為1951年所成立的「三自革新會」作了準備。51年「三自革新會」成立以後，我又參加了一次長達幾十年的戰鬥。我稱這個戰鬥為「三自革新會之役」。這次的戰鬥持續了二十幾年之久。我於1979〔年〕11〔月〕11〔日〕在山西蔭營獄中交給政府一份材料，我稱那份材料為《一個徹底的大暴露和一個大膽的挑戰》。在這份材料中我簡略述說了我和「三自革新會」戰鬥的經過和「三自會」的真相。在這份材料後邊，我請求蔭營監獄中的當局將這份材料送交北京國務院、院長閣下。如果尚未過目，請向國務院詢問一下。我現在因為目力大壞，無力再詳細寫其中的話。

這次戰役是我一生幾十年戰役中最大的一次戰役。在這次戰役中的前半，我遭遇了慘重的失敗。我前後說謊達八〔、〕九年之久，但我所事奉的神卻為我行了一件大事，使我在1965年春季，重新站立了起來。我開始向政府誠實交代了我過去幾年中對政府所說的一切謊言（包括我的「偽供詞」、「偽思想檢查材料」及「偽立功贖罪計劃」）。

我從14歲作基督徒後，便痛恨謊言。因為我看見社會中的罪惡都與謊言有極大的關係。謊言也是一切罪惡的藏身所。一個人如果不說謊言，他便甚麼罪也不敢犯。即使犯了罪，他也會誠實地承認。一個人越會說謊，他也越會犯罪。說謊與各樣罪惡都有密切的聯繫。我幾十年十分注重誠實，所以才在一切認識我的人中得到了他們的信任與尊重。不幸，我在1955〔年〕8〔月〕7日夜間將近子夜時被幾個跳牆入院闖進我的屋中的公安人員，趁我面向窗戶間看信件時，在我背後大喝一聲：「不許動」。我站起來，轉身一看，見有一個面目猙獰的人，握著一仗手槍，對准【準】了我，作射擊的姿式。我一生未見過這種可怕的情形，尤其是我一生沒有拿過任何槍支，而且我又是一個膽量很小的人。在日本侵華後，我曾幾次與日本憲兵隊的憲兵和日本官吏接觸過，但都是很和平很客氣地交談，從來未曾受過他們的威嚇。55〔年〕8〔月〕7〔日〕應是我一生遇到過的第一次威嚇。緊接著又有一個公安人員拿出手銬來將我銬上，並向我說：「街門鑰匙在哪裡？」這時我才知道這兩個是跳牆入院的。我一生未見過有人用手槍對准【準】

我，也沒有戴過手銬，因此便嚇得心膽俱裂，坐在床沿上，呆若木雞，竟連思想也停頓了。那個拿著手槍的人仍是用手槍對准【準】了我。幾分鐘後，本段戶籍警康姓走了進來，我問他說：「我妻在哪裡？」因為我妻是睡在外間屋裡，我不知道她那時在哪裡，所問【以】才問康。康說：「她被捕了。」這就使我的心更恐懼起來。我雖然未嘗會料到我會被捕，但因為十幾天來北京「三自會」屢次開會，並印了一張傳單，標題是「加強團結，明辨是非」。哪知道那個傳單是針對我發的。但因著我的言論和發表的文章完全是在宗教信仰範圍內，我總以為政府不會逮捕我。因為毫無戒備，我在 1942 年「教團之役」雖然受過青年會幹事和教會牧師的恐嚇，最後與日本興亞院華北聯絡部文化局調查官武田熙當面交談約一小時之久。但因為事前我已作好的準備，所以每次的交鋒，我都未感到恐懼。55〔年〕8〔月〕7〔日〕子夜的遭遇，完全和我與日本人接觸的經過截然不同。我這個久□大敵的人竟一下子被手槍和手銬嚇得驚惶失措，於是這場慘敗便開始了。

過了一些時候，我被帶到院中，一個人用鎂光給我照了相。在燈光之下，我看見了院中站著最少有十幾個武裝公安人員，有的拿槍，有的徒手，且有幾位女的。翌年我出獄後，才知道那夜只從我們院中就捕去二男二女（我和我妻並□張荷靜和張世舜）。我們四個人都是文弱書生，這種勞師動眾使用大批武裝人員對我們進行逮捕，無疑是含有威嚇的性質。不幸，我這個幾十年來「富貴不能淫，貧賤不能移」的人，竟未作到「威武不能屈」這一點，因而遭到了長達八九年之久的慘敗。直到我第二次入獄八年之後，我才由跌倒的地方站立了起來，轉敗為勝。

1965年一月政府把我由北京新□看守所調到北京醫院。第二日張監獄長和劉院長、邢科長和我談了三個多小時。張監獄長對我說：「刑期是活的」，意思是雖然我已判了無期徒刑，但隨時可更改為有期，甚至可能得到釋放。並從那日起，給了我好幾種特別待遇，這時我開始看到政府是要釋放我。我第一次出監是因為我偽說我出監以後參加「三自會」，那完全是謊言。56年夏審訊員交給我一個小冊子，名為《從〈五十年來〉看王明道》。在其中「三自會」把我那本自傳中的敘述斷章取義割裂歪曲，弄得面目全非。我看了以後氣忿異常，但我因為盼著出監，我竟甚麼話也不敢說。從那時我對「三自會」更加深惡痛絕，我怎麼能參加這個組織呢？我在未入監以前的54年（1954）年就曾在北京參觀了一次「菊花展覽」。翌年（55）□上海三自會的天風社在滬開了一次「謊言展覽」，在天風社展出的謊言可謂無奇不有，把我這個為千萬中外基督徒所尊重的傳道人□寫得體無完膚。這時我更知道「三自會」的真相。我怎麼能參加這個「為神人之共憤的團體」呢。

1955〔年〕8〔月〕8〔日〕至1956〔年〕9〔月〕29日計417天之久，我陷入了「謊言深坑」中。在這將近14個月中，我在草嵐子審訊室中，在新監三統監房中所聽見的全是謊言。那位□□審訊員對我說了許多謊，監房中的兩個犯人（王克道、孟國輝）也對我說了許多謊言。我也急於出監，便也說了許多謊言。出監的翌日（55〔年〕9〔月〕30〔日〕）又在青年會的103室當著約有二百人面前讀了一篇充滿謊言的「偽供」及「偽諾言」。但我卻連一天也沒有參加「三自會」。一個四十一年之久（1914～1955）痛恨謊言、不說謊言而且勸戒別人不要說謊的人竟在草嵐子獄中說了不可勝數的謊言。我還有甚麼面目見人？更有甚麼面目見神呢？

我所以這樣說謊，竟是被那一支手槍嚇昏，繼而怕我妻病死獄中。我希望藉著說謊而出監，使我妻不到【致】監中殞命。到我們出監後，把她送回杭州交給她母親，然後我就跳西湖自殺，以了此殘生。不料出監後，我發現我妻已經身患重病，走幾十步也走不動。她雖然病到這種地步，還是緊緊追隨著我，口步不離，因為她多年前已經知道我父親是自殺殞命的。我們同處了二十多年，她知道我是一個堅貞不屈，寧為玉碎，不為瓦全的人。她怕我因著這一次的慘敗，會步我父親的後塵，找機會自殺。如我自殺，她不久也會死去。這樣一想，我便沒有勇氣自殺了。尤其是公安局兩位幹部（一名李剛，另一個不知姓名）告訴我們說，我們不能離開北京，當然我不能將送回南〔方〕交給她母親。

我自從1956〔年〕9〔月〕29〔日〕出監以後，到1958〔年〕4〔月〕29日共度過了整整十九個月。我所吃的穿的、住的都和入監前一樣，但我的心情卻和在監中一樣的痛苦。一個原因，是因為我在獄中說了許多謊言，卻不敢推翻。在以前的幾十年中，我痛恨偶一不慎，說了謊言，便如眼中落入一顆沙礫那樣難，不把這顆沙礫弄出來，就痛苦得無法忍受。我必須向神和那個聽我説謊的人承認並收回那句謊言，才能消滅心中的痛苦。我在草嵐子中説了那麼多的謊言，我卻不敢向政府承認並收回。我知道政府最忌諱犯人翻供，一翻供，便是抗拒，便從□處辦。我在出獄以前若翻供，便出不了監；我在出監後若翻供，便不免再進監。於是這大量的沙礫便在我眼中日夜使我痛苦不堪。

此外還有一種痛苦，那就是我怕再進監。我已經應許政府出監後參加「三自會」，但我始終沒有參加，這便是對政府失信食言，便會再被捕入監。因此每日心中惴惴不安，不曉得那天會再被逮捕，於是我便天天找事作，以麻醉我自己。作得累了，便去遊園，看電影，以使我忘記心中的苦痛。我既不參加「三自會」，當然我也再不能在教會中擔任工作，於是我和我妻便遷出「基督徒會堂」，而住在我自己的家中，完全與那個已經變了質的會堂脱離了關係。此後我只希望不再入獄，不再遭遇囹圄中的折磨，便知足了。可是「三自會」和它的後台老板絕對不會讓我這樣活下去。在我出獄整整十幾個〔月〕後終於把我再弄進監牢，使我又坐了二十多年的監，並且被誣為「屢教不改的反革命份子」，並處了「無期徒〔刑〕」並褫奪政治權利終身，又沒收了我那微不足道的小房十二間。當然我講道並出版的工作也就隨之停止了。這樣一來「三自會」便認為王明道在國內國外的影響便雲消火滅，不復存在了。我在第一次出監後也這樣想過，那時我把我所譯的一首讚美詩的副歌：「一切全奉獻，一切全奉獻，完全獻與恩主耶穌，一切全奉獻」改了一些字説：「一切全完了，一切全完了，全軍覆沒一敗塗地，一切全完了」。

劉德森夫人，王明道的岳母

遺稿・散頁（十一）

【……缺頁】他〔註一三三〕的詳細消息，只略略聽說他到美國入了「紐約協和神學院」（Union Theological Seminary of New York）讀書，返國後在上海基督教青年會任幹事。至於他的思想和人生我卻毫無所聞。

1946 年春我被〔邀〕到成都「燕京大學」〔註一三四〕及「華西大學」〔註一三五〕並「恩□堂」講道時，偶然得到一本《天風半月【週】刊》合訂本。這是吳耀宗主編的（那時吳

〔註一三三〕指吳耀宗。

〔註一三四〕燕京大學，成立於 1919 年，由華北地區的幾所教會學校合併而成，是二十世紀十三所基督教大學之一。

〔註一三五〕華西大學，成立於 1910 年，由英、美及加拿大五個基督教差會合辦，是二十世紀十三所基督教大學之一。

在華西大學任教〔註一三六〕）。那本刊物上發表了吳的一篇文章題目是〈上帝在哪裡？〉。顧名思義就可以明白這是一個無神論者所寫的。文章一開始便說：「在一個現〔代〕人眼中，上帝是不存在的。」好狡猾的說法！吳不說他自己不相信有上帝，卻說「在一個現代人看來」。吳是一個古代的人麼？吳寫這篇文章是在二十世紀四十年代，他不是一個現代人麼？他一開始就說：「上帝是不存在的」。他不是一個無神論者，又是甚麼呢？接著他又說：「他（上帝）象徵著一切迷信……」再往下他又說：「他是一個專制魔王」。二十年代初期「反基督教大同盟」鬧得最猖獗時，北京發刊的一本刊物中發表了一首的話口罵上帝為「老魔鬼」。一篇反基督教的刊物罵上帝為「老魔鬼」，這口不足為奇，《天風半月【週】刊》是一份基督教刊物，吳耀宗是一個任過基督教青年會幹事，後又在基督教大學的教授〔註一三七〕，而且早年在北京受過洗的基督徒，他的口吻怎麼竟和反基督教的無神論者這樣吻合呢？從這篇文章中，我開始認識吳的思想和人生了。他【我】認識他是一個「潛伏在基督教會中的無神論者」。

王明道

遺稿・散頁〔十二〕

【……缺頁】□□便保不住了」。8〔月〕7〔日〕夜間那支對准【準】了我的手槍已經把我嚇胡塗了。審訊員說「要你腦袋」的恫嚇，□□王孟二犯又編造各種使我恐懼的謊言。這種恫嚇的話就是倒退二十年在我二十五歲時，我也不會相信。那年我已55足歲，我竟完全信以為真，這豈不是怪事麼？審訊員和王孟二犯設下了網羅，我在恐懼之下竟自己跳入網羅之中，這就是《舊約．箴言》中所說的「懼怕人的陷入網羅」。1955〔年〕8〔月〕～1965【1956年】9〔月〕，一年零三個多月之間我說了不計其數的謊言，每說一句謊言就像一粒砂子落在眼眶之中一樣，使我寢食不安。我第一次出監，

〔註一三六〕有誤，吳耀宗沒有在華西大學任教。

〔註一三七〕有誤，吳耀宗沒有在基督教大學任教。

就是藉著說謊出去的。1956〔年〕9〔月〕29〔日〕～1958〔年〕4〔月〕29〔日〕，我在會堂和自己家中度過了整整十九個月，吃的飯食、穿的衣服、住的房子都和入監以前相同，但我的心境卻完全不同。入監以前我的人生是「仰不愧於天，俯不詐於人」。那十九個月中，我是「仰既愧於天，俯又詐於人」。這是因為我在草嵐子監獄中說了千百句謊言，給自己捏造了許多假罪狀，說謊否認了我四十年（1914～1955）所信仰的神，說謊應許出監以後要參加「三自會」。實際我那時反對「三自會」的心情比入監以前更為激烈。因為我出監以前兩三個月，審訊員交給我一本「三自會」機關報《天風》社所出版的小冊《從〈五十年來〉看王明道》，其中割裂歪曲了我書中的內容，到了不能想像的地步。我回去看了以後，把我氣幾乎大叫起來。但我還不敢去到外面有一點表示。那時同屋的王克道早已出號，只剩下了孟國輝一個人和我在一起。我不願給孟閱看，但他要看，我也不敢不給他。他看了部份便說：「原來你的案情是這樣重大。」但我怎麼敢對他說我心中的氣忿呢？如果我對他說了，他再對審訊員作了匯報，我就出不去【了】監了。那次我在草嵐〔子〕共渡過了417天，我天天【……缺頁】

遺稿・散頁〔十三〕

「惟仁者能好人，能惡人」（孔仲尼）

「天下興亡，匹夫有責」（袁了凡）

「君子以德，小人以力」

「古者言之不出，恥躬之不逮也」（孔仲尼）

「請問為國？曰聞修身，未嘗聞為國也。君者儀也，民者景也，儀正而景正。君者槃也，民者水也，槃圓而水圓。君者盂也，盂方而水方。君射則臣決。楚莊王好細腰，故朝有餓人。故曰：聞修身，未嘗聞為國也。」（荀況）

「口能言之，身能行之，國寶也。口不能言，身能行之，國器也。口能言之，身不能行，國用也。口言善，身行惡，國妖也。治國者敬其寶，愛其器，任其用，除其妖。」（荀況）

「君人者，隆禮尊賢而王，重法愛民而霸，好利多詐而危」（荀況）

「國將興，必貴師而重傅，貴師而重傅則法度存；國將衰，必賤師而輕傅，賤師而輕傅則人有快，人有快則法度壞」（荀況）

「聰明聖知，守之以愚；功被天下，守之以讓；勇力撫世，守之以怯，富有四海，守之以謙：此所謂挹而損之之道也」（孔仲尼）

「鳥窮則啄，獸窮則攫，人窮則詐，馬窮則佚。自古及今，未有窮其下而能無危者也」（顏淵）

「無欲速，無見小利。欲速則不達，見小利則大事不成」（孔仲尼）

「君子恥其言而過其行」（孔）「古□□□……」（孔仲尼）

「志士仁人，無求生以害仁，有殺身以成仁」（孔）

「生，亦我所欲也；義，亦我所欲也。二者不可得兼，捨生而取義者也」（孟）

「躬自厚而薄責於人，則遠怨矣」（孔）

「君子有三畏：畏天命，畏大人，畏聖人之言。小人不知天命而不畏也，狎大人，侮聖人之言」（孔）

「君子之過也，如日月之食焉：過也，人皆見之；更也，人皆仰之」（子貢）

「小人之過也必文」

遺稿·散頁〔十四〕

【……缺頁】將喪斯文也，後死者不得與於斯文也；天之未喪斯文也，匡人其如予何？」當他聽到桓魋要加害於他的時候，他說：「天生德于予，桓魋其如予何！」孔子在遇到危險時，就因為相信神（天），所以他不畏懼包圍他的匡人，也不畏懼那手握大權的桓魋。在《論語》中還記載了多處論到神（天）的話語。「1974年執政的人」覺得非打倒孔子不可，所以才大肆「批孔」、「反孔」。我是基督的門徒，我也是孔子的弟子。《人民日報》連續發表「批孔」的謬論，我也寫了許多「尊孔」的材料。我不希望出監了，我已經無所畏懼。我於1965年已經恢復了我入監以前的人生。我不怕「當時的政權」說我「反動」。我相信孔子那時所相信的：「天之未喪斯文也，匡人其如予何？」我被判了無期徒刑，那就是說，「活著的時候就絕對出不去監」。但我相信，權柄是在神的手中。我的生命完全在神的掌握之中。我相信神的權柄比世上的任何人的權柄更大，就是這種信心，使我在反對神的人所設立的監獄中不斷地寫材料，為神作見證，使我敢說：「血肉之體的人若想反對神，那等於以卵擊石，自取禍敗」；使我在去年十一月我兒子到蔭營接我時，拒絕出監。「拒絕出監」的人大約很少，也許沒有，那麼我就是僅有的一個人了。不論是否還有別人，我總是一個拒絕出監的人。我不記得是在北京，還是在山西，有一位幹部問我說：「你相信神，你看見過神麼？」我回答說：「我沒看見過神，但我看見過神的見證。我曾講過一個題目：〈神的七個見證〉，其中有一個是：『一個奇異的人生』〔註一三八〕。我的人生就是一個奇異的人生。」貴院不乏「明達之士」，大概也有人讀過我的自傳《五十年〔註一三九〕【……缺頁】

〔註一三八〕王明道：〈神的七個見證（續）〉，《靈食季刊》，冊 110（1954 年夏），頁 37 ~ 41。有關分題應為「一種改變了的人生為神作見證」。

〔註一三九〕指《五十年來》。

遺稿．散頁〔十五〕

【……缺頁】他。我連「右派」都夠不上，竟被打成了「反革命」。此外各地還產生了不可勝數的右派份子。儲安平〔註一四〇〕所主編的《觀察》是一家極敢說話的刊物，它指責國民政府的言詞相當激烈，當國民黨政權竟沒有干涉他，不但沒有逮捕他，而且也未禁止他發行。但在57年他也被打成了「左【右】派」。《毛選》第五卷說明了「大鳴大放」正是中共的一種策略，使魚兒們浮上水面，以便捕捉他們。到這時那些天真的右派才明白自己是中了計，但已經無法拯救自己了。

基督教的「三自革新運動」也是中共的一個策略。中共是「無神論者」。吳耀宗是一個「不信有神的基督徒」我在中學時曾聽到吳的名字，但對他的信仰和思想，我卻毫無所聞。1946年春我到成都講道時，得到吳所主編的《天風半月【週】刊》，見上面登了一篇文章〈上帝在哪裡？〉，我就開始知道他是一個「潛伏在教會內的無神論者」。1950年這個無神論者竟在國內提倡教會應當自治自養自傳。一個無神論者怎麼能大力幫助教會呢？「三自革新會」於51年四月在北京成立了。我對這個組織和它的領導人便抱著極大的疑團。不過因為還未看見它的表現，因此我還不能說甚麼。「三自會」成立不到一年，種種表現就清楚說明了它的目〔的，〕就是要從教會內部來消滅基督教【未完成】

〔註一四〇〕儲安平（1909～?），曾任《光明日報》總編輯，1957年被劃右派，是迄今仍未平反的中央級「五大右派」之一。文革期間遭逼害，生死不明。

遺稿・散頁〔十六〕

【……缺頁】寫了一首長達60句，300字的《正氣歌》，歌中有句說：「哀哉沮洳場，為我安樂國！」我也這樣在70年代以「山西蔭營監獄」為我的「安樂國」了，不然我怎麼在去年冬季拒絕出監呢？文天祥在獄中還寫了八句《衣帶贊》。在《贊》中他注重「成仁」與「取義」兩件事。我在蔭營也為自己寫了八句贊語說：「先知成仁，使徒取義，受命傳道，首重剛毅，熟讀《聖經》，洞曉真理，堅貞不屈，頂天立地。」政府不要以為中國教會中的傳道人都是一些為吃飯而傳道的。這種傳道人固然很多，但也有那樣忠義剛正，堅強不屈，寧為玉碎，不為瓦全，像文天祥一樣的人。這裡不就是一個麼？

從1927〔年〕春我出版了《靈食季刊》，直到1955秋我入獄時□共出版了114期。

我〔寫〕了幾百萬字的文章。我的文章和我所講的道都「注重道德」。這裡面包括著敬神，愛人，誠實，公正，遵守法律，清廉不易，殷勤盡忠，孝敬父母，忠於配偶，公私分明，端莊自守。我出版了幾本書專講這些□身作人之道，諸如《信徒鍼砭》〔註一四一〕、《聖徒藥石》一二集〔註一四二〕、《信徒處世常識》〔註一四三〕、《寫給青年的基督徒》〔註一四四〕、《看這些人》一二輯〔註一四五〕。這些書都是講到「生活與道德」，與讀者的人生與德行極有幫助的文字。但在我入獄之後，這些書都成為「禁書」，被搜查，被沒收，被銷毀，被焚燒。1951 秋北京海關通知我，不要再把我的書刊寄外【到】外國及港【……缺頁】

〔註一四一〕王明道：《信徒鍼砭》（北平：靈食季刊出版社，1935，1951）。
〔註一四二〕王明道：《聖徒藥石》一、二輯（北京：靈食季刊出版社，1954）。
〔註一四三〕王明道：《信徒處世常識》（北平：靈食季刊出版社，1936，1950）。
〔註一四四〕王明道：《寫給青年的基督徒》（北平：靈食季刊出版社，1948）。
〔註一四五〕王明道：《看這些人》一、二輯（北京：靈食季刊出版社，1953）。

遺稿・散頁（十七）

【……缺頁】國統一了天下。貴為天子，富有四海，他為自己建造了一座富麗堂皇甲於全國的陵墓，死後用了各種奇珍異寶上千的男女活人為他〔他〕殉葬，他怕他死後有人盜竊他的陵墓，竟在不遠的地埋了極多像真人大小的「陶俑衛士」來保獲【護】他。過了不多年楚霸王項羽竟帶兵掘開了他的陵口去墓中的珍，揚了他的屍骨，燒了他的饗殿。當我在 1935 年春天憑弔他陵墓時，竟連一塊小小的木牌已【也】看不見。他在咸陽為自己所建的那座窮極奢侈，華豪無比的「阿房宮」也被焚毀。他怕讀書的人造反，奪取他的天下，所以焚了書，坑了儒，以為他的皇朝可以延長到千萬年，不料，傾覆他江山的不是讀書人，反是兩個不讀書的「項羽與劉邦」。唐人有詩說：「竹帛煙銷帝業虛，關河空鎖祖龍居。坑灰未冷山東亂，劉項原來不讀書。」

我也憑弔過在二十世紀七十年代被千萬人詛咒批判過的那位「孔仲尼先師」的墳墓，曲阜城北的孔林。孔子只作過三個月的魯國司寇兼攝相事。他看見魯君受了齊君所餽的女樂，便終日沉溺於聲色，他知道國事已不可挽救，便潔身引退，專一「傳道」，以德服人。二千多年來竟培植了千萬個弟子（我也是其中的一個）。孟子稱讚他說：「以德服人者，中心悦而誠服也，如七十子之服孔子也。詩云：『自西自東，自南自北，無思不服。』此之謂也。」《孟子．公孫丑上》

1931 年夏天，我由安徽懷遠北上，乘京浦車特意在曲阜下車，往曲阜瞻仰了孔廟和孔林，看到孔林及孔子墓。過了四年（1935）我才到了臨潼的秦始皇陵。我把這兩座古墳作了一個比較，生出了無限的感慨。秦始皇是一個「以力服人的人」，孔子是一個「以德服人的人」，孰智孰愚？孰□孰□？還需要考慮麼？

我一生沒有參加過任何政黨，也沒有過問過政治。我在 15～19 歲時曾羨慕作政治家，那是因為我讀了一本《□英雄》，那是一本林肯的傳記，雖是用小説的體裁寫成的，但裡面都是事實，沒有虛構，更沒有任何神話。林肯是一個窮家出身的青年，他有著善良同情的心，他幼年就十分誠實，他作過苦工，當過店中的夥友，歷史【未完成】

遺稿・散頁（十八）

【……缺頁】東方（中國）神藉著孔子傳了這個「道」。在亞洲□西方神藉著摩西（Moses）和舊約時代的眾先知（Prophets）傳了這個「道」。到了第一世紀三十年代，耶穌基督（Jesus Christ）就把這個「道」完完全全地顯明了出來。我三十年之久所傳的就是這個「道」。我在1920年夏清楚地領受了神的選召，便改名為「明道」，就是希望神藉著我的口，我的手和我的人生來證明他的道。我不是一個靠著宣教而吃飯的「宣教士」，我是一個從神領受了使命而傳道的「傳道人」。我是基督的一個「虔誠的門徒」，我也是孔子的一個「忠實的弟子」。我不能不信仰基督，我也不能不尊重孔子，所以我才在批孔運動中寫了許多為我的先師孔子爭辯的材料。我有現今的人生和道德，主要是由於我得力於《聖經》與《四書》這兩部書。二十年代前半那種「反基督教運動」和「打倒孔家店運動」都曾引起了我的反感。1950年春我在天津舊英租界一面磚牆上看見了用紅油漆寫的「宗教自由」四個大字，我誤認為中共不再反基督教，可是就在該年夏季我發現那個根本不相信有神卻冒充基督徒的吳耀宗竟偕同艾年三和涂羽卿在一些大城市中提倡「三自革新運動」，我就感覺到這裡隱藏著甚麼陰謀。吳在成都所發行的《天風》上發表了一篇〈上帝在哪裡?〉，竟說「上帝是不存在的」，□□上帝為「專制魔王」，□□反對神褻瀆神。這一個人怎麼會熱心幫助教會「自治自養自傳」呢?

翌年（1951）一個「中國基督教抗美援朝三自革新會」等籌委【……缺頁】

遺稿・散頁（十九）

【……缺頁】看見我了。他從來沒見過我的面，只是讀了我許多的書，特別是從《五十年來》一書中知道了五十年間一切的事蹟。他只希望有一天能到我幾十年所住的那一所舊居門外，看看我住過的房子（指甘雨胡同29號），再能到史家胡同看看我曾多次講過道的那座「基督徒會堂」，他就心滿意足了。此外還有好幾個特意走到甘雨胡同和史家胡同看看這兩所房子。他們看見了這兩所房子，只是都換了主人。國外的人來信中雖然沒有提及這件事，我想他們訪問北京時，大概也有人到這兩個地方去看過。國外各地凡讀過我的《靈食季刊》和書籍的人都不會忘記"The Spiritual Food Quaterly"和它的地址：「29 Kan Yu Hutung, Peking」。我未來到上海以前，已經有人聽說我到了上海我兒子家中。實際我仍在蔭營監獄中。這大約是他們聽說了我兒子到山西接我的消

甘雨胡同 29 號是王明道的住處，也是靈食季刊社社址

息，他們未曾料到我會拒絕出監的事。我們常聽見有人「拒捕」的事，至於「拒釋」的事，我不知道是否尚有其人，「蓋有之矣，我未之見也」。

我想中共及中府中大概有不少詳細研究過我的身世、人生、歷史和工作，知道我從來沒有參加過任何政黨，也沒有參加過任何政治活動，也詳細調查過我們教會的內容，他們在我的人生中沒有發現任何污點，他們知道我在「財色」二事沒有任何污點。我有資格說使徒保羅對帖撒羅尼迦教會所說的話。他說：「我們向你們信主的人，是何等聖潔、公義，無可指摘，有你們作見證，也有神作見證」。一個□【……缺頁】

遺稿·散頁（二十）

【……缺頁】基督虔誠的門徒，我也是孔子的忠實的弟子。我得有今日這種高尚聖潔的人生和品德，得力於兩部書，就是《聖經》和《四書》。如果我沒有在幼年和青年時接受了這兩部書的培植和教誨，我很難設想我會壞到甚麼地步了。

二十年代前半中國曾大搞了一陣「反基督教運動」和「打倒孔家店運動」。這兩件事不是同出一原【源】麼？基督教訓門徒要「盡心盡性盡力愛神」，其次就是「愛鄰舍如同自己」。孔子講的「敬天」就是《聖經》中所講的「愛神」，「愛人」這一點也是完全一致的。「反基督教」和「打倒孔家店」豈不是同出一源麼？信仰基督如果是「反動」，「尊孔」如果也是「反動」，那麼我這個既信基督又尊孔的人便是「雙料的反動」了。這就不希奇我被判「無期徒刑」了。

從二十年代到五十年代，我在我自己的《靈食季刊》中發表了幾百萬字的文章，在這些文章中，有兩篇最短的：一篇是〈聖【信】徒處世格言〉〔註一四六〕，它的全文如下：

「以敬畏神為立身之基，以愛鄰舍為處世之法；待人要絕對誠實，律己務十分嚴正。貧賤的時候不諂媚，富貴的時候不驕傲。不存嫉妒，見人得好處便與人同樂；不幸災樂禍，見人遭患難便代人分憂。與人同處，看見利益自己不要向前奔跑；和人共事，遇見危害自己不要向後退縮。自己負了別人，要認罪賠償；別人負了自己，要寬容赦免。自己待別人有好處，當看為本分；別人待自己有好處，當認為恩德。經手的財物，不分多寡當廉潔不苟；交接的朋友，無論男女要正大光明。不輕易對人允諾，允諾後必須努力實踐；不隨便向人借貸，借貸了必須及早償還。敬自己的尊長，也敬別人的尊長；愛自己的孩童，也愛別【……缺頁】人的孩童。見別人有長處，當奉為楷模；見別人有短處，當引為鑑戒。約束自己的性情，不急躁發怒；謹慎自己的嘴唇，不輕易開言。不能證實的話，不要傳；不敢見人的事，不要作。見別人有財物，不要妄起貪念；見別人遭困難，不可袖手旁觀。不要在人面前奉承恭維；不要在人背後批評論斷。為人作事，要殷勤盡忠；與人交接，當坦白正直。嫉惡如嫉蛇蠍，慕義如慕珍寶。寧損失金錢，不損失信用；寧捨棄性命，不捨棄節操。不遮掩自己的過失，不誇耀自己的優點。言談舉止，

〔註一四六〕王明道：〈信徒處世格言〉，《靈食季刊》，冊 59（1941 年秋）。

處處有禮貌；身體衣履，時時要清潔。惹人憎的事，不要作；討人厭的話，不可說。煙酒賭博，皆當戒絕；妖冶裝飾，務須屏棄。事事為別人設想，處處求榮耀主名。」【編者按：缺頁後按原文增補】

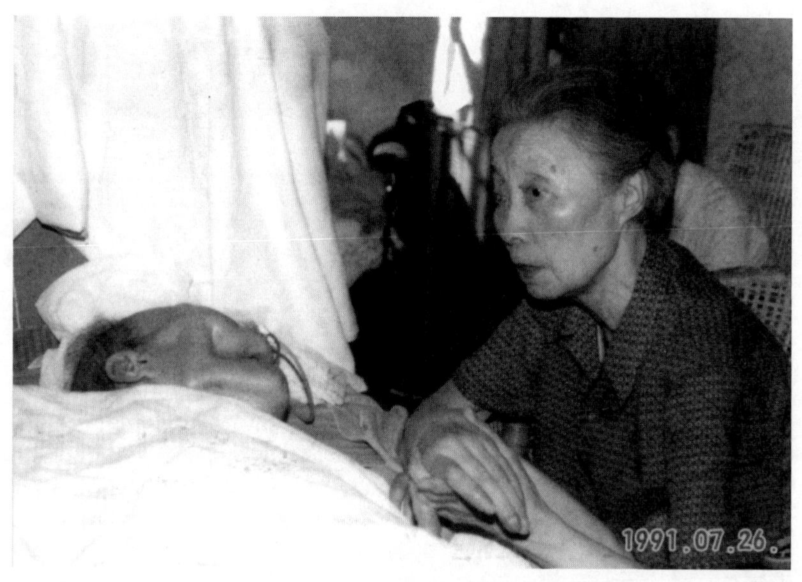

這是王明道病危時，王師母拉著他的手唱：永遠與主同在是我誠心所願

若要在現代這腐敗背道的教會裏忠心為神傳話，斥責教會中一切的罪惡黑暗和背道的教訓，一定要遭遇馬丁路德所遭遇的反對和逼迫。

——王明道

叁 餘論

邢福增

被「反革命」？——重構「王明道反革命集團」案[註一]

上江華談說話　王明道

先用我國先哲的嘉言若干則以為前言

"千人之諾諾，不如一士之諤諤。"

"君無諤諤之臣，父無諤諤之子，兄無諤諤之弟，夫無諤諤之婦，士無諤諤之友，其……

"良藥苦口利於病，忠言逆耳利於行。"

"子路，人告之以有過則喜。禹聞善言則拜。"（孟子）

"夫苟好善，則四海之內皆將輕千里而來告之以善。夫苟不好善，則人將曰：訑訑，予既已知之矣。訑訑之聲音顏色距人於千里之外。士止於千里之外，則讒諂面諛之人至矣。與讒諂面諛之人居，國欲治，可得乎？"

"人而無信，不知其可也。大車無輗，小車無軏，其何以行之哉？"

"自古皆有死，民無信不立。"（孔子）

"言忠信，行篤敬，雖蠻貊之邦行矣。言不忠信，行不篤敬，雖州里行乎哉？"（孔子）

"物格而后知至，知至而后意誠，意誠而后心正，心正而后身修，身修而后家齊，家齊而后國治，國治而后天下平。自天子以至於庶人，壹是皆以修身為本。其本亂而末治者否矣。其所厚者薄，而其所薄者厚，未之有也。"（大……

"……

一　前言

1982年某天，年逾八十的王明道在上海家裏提起紙筆，寫下「上江華院長書」六個字。〔註二〕王明道上書江華院長的目的，是要為自己的「反革命」罪名申訴平反。不過，這些要求平反的信件，最終由於妻子劉景文反對的關係沒有寄出，〔註三〕並由家人保管。1991年7月28日，王明道揹著「反革命分子」的身分離世，終年91歲。王明道形容他的案件是「極大的冤獄」。他是新中國成立後，第一起基督教界「反革命集團」案件的「頭子」。〔註四〕1955年7月開始，中共中央開展肅清「反革命分子」運動，王明道跟妻子劉景文於8月8日凌晨在北京被捕，是首批因涉反革命罪被捕的宗教界人士。王被捕後，不論在政府的內部文件，還是基督教界的公開批判，悉定性此為「反革命集團」案、其為「反革命分子」。不過，由於他願意悔過的關係，1956年9月獲「教育釋放」。但到1958年4月，他與妻子因未履行參加基督教三自愛國組織的承諾，再度被捕，後來正式治以「反革命罪」，其後劉景文於1977年獲釋。

在1955至1956年，中共中央在全國展開肅清「反革命分子」的鬥爭運動，期間針對基督教及天主教界，先後破獲王明道、龔品梅及倪柝聲三起反革命集團案件。〔註五〕王明道與黨國間的矛盾，源自其多番拒絕參加基督教三自運動。關於王氏「反三自」的原因，特別是他如何因「信仰不同」的考量，拒絕與他心目中基督教「不信派」合作，中外學者已有相關的研究。〔註六〕惟現有研究並未疏理1950至1955年間，王明道在反革新問題上的思想歷程，及其立場與黨國及革新運動間的互動關係。本文根據歷史文獻及政府檔案，以「王明道反革命集團」案為中心，從王氏本人、黨國及基督教三自運動三者間的互動，探討這宗案件的始末。本章旨在處理：（一）王明道與黨國支持的基督教三自革新運動間的矛盾，及王氏的思想歷程；（二）黨國如何在不同的政治形勢下，對王明道進行團結及鬥爭，最終並以肅清反革命分子的方式處理王氏；（三）評檢這宗反革命集團案的性質及影響。

二　反三自革新之路——王明道的思想歷程

——拒與「不信派」合作，痛心教會背道者——

我兩次坐監接近 23 年之久，不是因為我犯了任何法律，完全是因為我堅持真理，捍衛聖道，反對那個企圖從教會內部消滅基督教的三自革新運動。〔註七〕

王明道深信，整件「冤案」的根源在於他反對基督教三自革新運動。三自運動是中共建國後，在基督教界以「三自」（自治、自養及自傳）及反帝愛國為名所推展的革新運動。1950 年 9 月，在中共中央的全力策劃及支持下，基督教內的「進步」人士吳耀宗擬訂基督教的〈革新宣言〉，並演變為基督教的反帝愛國運動。1951 年 4 月，中國基督教三自革新運動籌備委員會成立，即是由吳氏擔任主席。〔註八〕

對於吳耀宗發起的基督教〈革新宣言〉，王明道認為所屬的基督徒會堂既不隸屬西方差會組織，也沒有接受其財政津貼，談不上與帝國主義有任何關係，故毋須參與革新。〔註九〕未幾，當他從《人民日報》看到宣言及眾多簽名時，他認為只是教內部分人士藉此向新政權表態之舉，慨歎「在許多無知之信徒眼中或許認為此係基督教之光榮與亨通」。〔註十〕數日後，他跟友人談及此事，「痛斥今日一般人之無節操、人格、廉恥、良心」。〔註十一〕在他心目中，包括吳耀宗在內的革新派，主要是深受自由主義神學（liberal theology）影響的「不信派」，後來他在會堂論及基督教宣言，「戒聖徒勿與不信者攙雜」。〔註十二〕

1951 年 4 月，政務院文教事務委員會在北京召開「處理接受美國津貼的基督教團體會議」，這次會議的重點，主要是籌組基督教革新組織，並展開以肅清基督教與帝國主義的關係為目的的控訴及學習。〔註十三〕對此，王明道以基督徒會堂「從未受外國津貼」為由，覆函「不便出席」。〔註十四〕事後有人建議「另發三自宣言」，王反對這種對抗性的行動，「告以此事之危險性」。〔註十五〕同年6月，王明道在《靈食季刊》撰文，表達了「寧為玉碎，不作瓦全」的心志，要「存敬畏神的心，不怕任何人的窘迫攻擊，堅守他們自己的信仰，決不在任何人面前屈服」。〔註十六〕7月底，有人勸王參加學習會，或最少出席政府官員的報告，王表示「不能與背道之教會聯（合），致惹神怒」。數天後，他又在基督徒會堂的執事禱告會上，分析會堂面對的處境，強調「不與不信者攙雜之決心」。〔註十七〕

這時，王明道最關注的，是那些跟他在神學立場上接近的保守派人士（「屬靈派」或「基要派」〔fundamentalist〕）的表現及動向。1951年11月，他撰文批評教會內「賣主賣友」的人，為了自己的利益而「説謊」、「仇視弟兄」、「陷害配偶」、「戕賊密友」。他認為基督徒不能為自己的利益而「傷害任何人」，否則就是「不忠不義」，「自尋禍患」。〔註十八〕王氏此文，顯然是針對不少教會領袖及信徒在控訴運動中，為求自保而參與控訴的情況。

1951年王明道撰寫多篇文章，對部分教會領袖失望之情，表露無遺。〔註十九〕例如在〈害了神人的竟是老先知〉一文中，批評這些「本來應當是為神發言斥責罪惡」的領袖

（「老先知」），現在卻「懼怕危險禍患不敢開口」，錯誤地帶領教會走向「背叛神」的道路。〔註二十〕

12月27日，他收到屬靈派教會友好楊紹唐的來信，謂：「幾個月來你的思想有無轉變，對今日的政治和基督教革新問題意見如何？……不要因著自己因主恩而有的長處發生有意無意的驕傲，天性的倔強以致受損成為頑固。」當天晚上，他在專門給特定門徒的訓練班上，即選擇主講「老先知與神人」，〔註二一〕毋庸置疑，楊紹唐就是他心目中業已墮落的「老先知」。

二　甘心受辱，順服神旨

1951年12月，是《靈食季刊》出版第100期及刊行二十五週年的大日子，王明道特別重刊1927年創刊時的〈發刊語〉，及馬丁．路德（Martin Luther, 1483 ~ 1546）在宗教改革時期，因反對羅馬教廷而受審前的祈禱文，並在前加上按語：

> 我已經知道，若要在現代這腐敗背道的教會裡忠心為神傳話，斥責教會中一切的罪惡黑暗和背道的教訓，一定要遭遇馬丁路德所遭遇的反對和逼迫。……在這種情形之下，忠心為神傳話的人仍不免遭遇教會中一些領袖和沒有生命的「教友」的詆毀

辱罵反對攻擊，我知道必有這種現象，我也準備遭遇這一切……。

顯然，王藉著重申二十五年前的志願，激勵自己要堅持為真理作見證。他在12月20日晚的《靈食季刊》二十五年出版紀念會上，又再誦讀這篇禱文：

> 全能永生的神哪，這世界是何等可怕！他是怎樣張開他的大牙要吞吃我！我現在倚靠你的心是何等軟弱！我的神啊，求你幫助我抗拒這世界一切的智慧！求你興起作工，這工是你的，不是我的。……主阿〔啊〕，求你幫助我！……我現在已經準備了——準備為你的真理捨棄性命……。〔註二二〕

禱文流露當年馬丁．路德面對巨大壓力的恐懼，以及他如何因倚靠神而得力量，這實亦反映出王明道內心的感受。在1952年王明道的文章中，不斷重申寧願為主作見證而把個人利益置諸度外的心志。他說：「只問是非，不問利害。只要是合乎神的真理的事，我們就努力去作，這樣作了以後得利益也好，遭遇危害也好。」〔註二三〕又說：「因為要遵行神的旨意，不考慮自己的利害，得失，榮辱，毀譽，禍福，窮通，安危，生死。」〔註二四〕王明道形容，這是「在屬靈戰場上與撒但交戰」，絕對不能有絲毫的讓步。「我們不要怕為承認主的名付任何代價，作任何犧牲」。只有這樣，才能「在屬靈的戰場上作得勝的勇士」。〔註二五〕不過，雖然王用「屬靈的戰場」來形容自己對待三自革新的態度，但其表達的仍是較為被動的不合作姿態，他要強調的，是不能受外在環境的壓力而讓步，即使為此而捨命，也是要付的代價。

這時，王明道仍沒有萌生跟三自革新派作激烈鬥爭的念頭。他甚至表示，根本毋須向這些「誣枉我們，冤屈我們」的人「辯白」，因為分訴與辯白根本不能令他們「回心轉意，自認錯失，向我們道歉」。如果強求，反而很容易「不擇手段去作聖徒所不當作的各樣惡事」，結果「我們不但沒有將別人加在我們身上的惡名除掉，而且還實際犯了罪惡」。他主張，在遭遇別人的侮辱咒罵時，要「想到自己在神面前的虧欠和罪惡」，「我們在神面前確是犯過罪作過惡的人，因此也實在是應當受人侮辱咒罵的。既是這樣，我們何必因為別人侮辱咒罵便生氣呢」？只要能夠忍受別人加給自己的侮辱咒罵，「我們還要因此一日比一日聖潔，一日比一日更蒙福，因為神要藉著這一切鍊淨我們的渣滓，磨去我們的稜角，使我們學會了謙卑，忍耐，信靠，順服」。〔註二六〕能否在苦難面前順服，成為當下王氏的「屬靈的戰場」。〔註二七〕

可見，王明道從宗教的立場出發，反對參加三自革新，拒絕與他心目中的「不信派」聯合。他痛心教會內出現的背道及墮落，為此，他更要堅持真理，並且願意承受各種逼迫。與此同時，王明道深切明白，堅持真理的最大敵人，是個人內心的恐懼。他曾跟友人說：「今日教會中許多可憐之現象，皆由信徒恐懼而起。」〔註二八〕他總結《舊約聖經》

人物耶羅波安「犯罪取禍」的原因，就是「懼怕人」與「不信靠神」。「當我們懼怕人的時候，我們就不再會信靠神；當我們不信靠神的時候，我們也就要懼怕人。」面對如斯困境，基督徒只有仰望神，「我們所信的神不是全能的麼？天地海和其中的萬人萬物不是都受他的管轄麼？如果他幫助我們，誰能敵（抵）擋我們呢？」〔註二九〕1952年11月，他撰寫〈不改變的神〉一文，重申神的慈愛、信實、大能、言語及應許永不改變後，在文末總結說：

> 我們既知道神是不改變的，就應當持守神所賜給我們的一切寶貴的語言，接受神所賜給我們一切美好的應許，倚靠那不改變的慈愛誠實和大能，作一群不隨著時代和潮流而改變的人，為那位永不改變的神作不改變的見證，為神那不改變的真理打那美好的仗。〔註三十〕

可以說，王明道在1953年以前主要採取忍辱負重的態度作回應。例如三自革新籌委會的機關刊物《天風》，在1952年初點名指他沒有發動信徒為支援抗美援朝捐獻，〔註三一〕3月，又有聖公會張康年在《天風》批判王沒有捐獻為「不愛國」，「一定是中了英美、超政治的毒菌」。〔註三二〕王明道對這些批評，均不予反駁。1952年8月及11月，北京抗美援朝保衛世界和平基督教分會先後兩次舉辦基督教三自革新學習班，王

明道的基督徒會堂均沒有代表參加。〔註三三〕

——與三自革新派論戰，斥責假先知——

1953年5月，北京市基督教三自革新學習委員會正式成立，由華北公理會王梓仲任主席。學委會主要任務是組織動員全市各教會學習時事，提高愛國主義意識。當時全市各主要教派均已派員參加學習班，〔註三四〕王明道仍拒絕參與。

1953年8月，《天風》刊載署名「一群讀者」的文章，批判上海屬靈派基督徒聚會處的福音書房在同年4月出版的《聖潔沒有瑕疵》，指其內容對新社會多有詆毀，假借屬靈的虔誠來反對新中國及三自革新。文章的最後說：

> 讀了該書，我們不禁感慨起來。人民如此寬大，不念我們過去和帝國主義的種種關係，給了我們信仰自由，讓我們割斷和帝國主義的一切關係，建立中國信徒自己的教會。而教會中竟有人卻妄用了信仰自由和出版自由，直接地或暗示地來散佈毒素，對祖國不利、對教會不利、對三自革新不利。我們不明白，今天的賢明的政府當局和三自革新當局何不以負責的態度，對此類情況給予適當的處理？〔註三五〕

針對《天風》的批評，福音書房編輯部擬了一份反駁聲明，並在屬靈派人士間散發。同時，聚會處又邀請屬靈派座談，把《天風》之舉，定性為三自革新派進一步打擊屬靈派。〔註三六〕9月，吳耀宗在總結三自革新運動今後的方針時，也強調「在自傳方面，教牧人員和全體信徒都應當不斷地對帝國主義的思想毒素進行批判」。〔註三七〕吳氏的呼籲，進一步引起屬靈派的不安。早於1952年10月，上海聚會處曾派長老張愚之訪京與王討論教會路線，特別是屬靈派與三自的關係。王明道的立場，對他們有很大的影響。〔註三八〕筆者相信，王亦同意把此事理解成三自革新派對屬靈派信仰的清算。

對於《天風》的批評，王明道極為不滿，他在8月27日記述：「今日見《天風》上有『一群讀者』批評福音書房《聖潔沒有瑕疵》一書，令人氣憤。」〔註三九〕8月30日，王明道以「巴蘭的道路」為題，開始嚴厲斥責「假先知」及他們散播的「毒素」言論。他向信徒講「堅持信者與不信者分別，厲聲斥責偽先知所講分別信與不信為帝國主義毒素，並云此輩當速脱去羊皮，表顯出本來面目，勿再自命為信徒以欺人」；又「言一己必須忠心代神傳話，一切皆無顧慮。有一語不敢講者，即不配登此講台。講時大有能力，義憤填胸，如與大敵交戰。」〔註四十〕9月13日，他再在聚會中「講神言純淨且不改變」，並「斥『基督教的控訴運動』中控訴《聖經》中之言語為毒素，大聲疾呼，嚴厲斥責。」〔註四一〕同月，王明道又在《靈食季刊》刊登〈巴蘭的道路〉一文，再加批駁。〔註四二〕在該文續篇末段，王引述《啟示錄》對巴蘭的批評後，便將之應用到當下的處境：

> 主耶穌看見別迦摩教會中有人服從了巴蘭的教訓，便吩咐約翰寫信責備那個教會。當巴蘭的教訓充滿今日的教會的時候，讓我也把這段責備的話，傳給今日的教會，並且也替我的主勸誡今日的教會說：「你當悔改。若不悔改，我就快臨到你那裡，用我口中的劍攻擊他們。」〔註四三〕

其實，早在1930年代，王氏已把自由主義神學及社會福音（social gospel）的奉行者斥為「假先知」、「假師傅」。〔註四四〕不過，現在他卻賦予「假先知」、「假師傅」新的含義，就是指曲解《聖經》中的道理，稱《聖經》教訓為「毒素」的教會領袖。〔註四五〕「毒素」指「帝國主義思想毒素」，乃1951年三自革新運動開展後，首先出現在基督教書刊審查工作裏，〔註四六〕後來廣泛在基督教控訴運動中使用。值得留意的是，既然「毒素」一詞早於1951年便流行，為何王氏到1953年下半年才公開回應？筆者以為，1951至1952年控訴運動期間，「毒素」一詞涉及的範圍較廣，泛指基督教被帝國主義及資本主義利用所形成的反共反蘇的立場，雖然其中也有針對「屬靈派」的「超政治」傾向，但卻沒有明顯用來批判屬靈派。1952年10月，王曾在教會內部的「聖道學習班」向核心信徒駁斥「毒素」的指控，「斥今日不信派口口聲聲謂教會中有毒素，但又不說明毒素為何事。實則此輩將聖經中要道皆列為毒素。」〔註四七〕只不過，此時他仍沒有公開駁斥的行動，直到翌年，情形才有所轉變。

從1954年至1955年8月被捕為止這段期間，王明道在《靈食季刊》上接續發表多篇有針對性的文章，又出版《真偽福音辨》、《幾個重要的問題》、《時代的信息》、《我們是為了信仰》等書籍，逐步展開他對三自革新派的反擊。顯然，王明道一貫地堅持其反對「不信派」，為真理作見證的立場，並將之視作「屬靈的爭戰」，但他的戰場已從個人內在爭戰（能否順服神），轉向對外跟「不信派」，甚至政府宣戰。

三　反「愛國大團結」之路——黨國、三自與王明道的互動

筆者在上文業已疏理王明道在1951至1954年間在反三自立場上的思想歷程，接著要探討的，就是黨國及三自革新派在此期間對王氏的態度與對策，及三者間的互動關係。

一　全國宗教工作會議：鬥爭中的團結　一

王明道拒絕與三自革新派合作，自然受到黨國的關注。1953年11月27日至12月16日，第二次全國宗教工作會議在北京舉行。會議由中共中央宣傳部部長兼政務院文

教委副主任、黨組書記習仲勛及政務院文教委副主任陸定一主持，其中一項討論的議程，就是總結1950至1953年間全國基督教的工作，並制訂今後的工作方針及任務。〔註四八〕會議討論題為〈三年來全國基督教工作基本總結和今後的方針任務的意見〉的文件。文件依「政治表現（主要是對愛國革新的態度）」，把教會分成三派：（一）程度不等地參加了三自革新運動，並有一定表現者；（二）反對愛國革新運動或偽裝革新，並在全國範圍內進行各種反動政治活動者；（三）分布零散，在全國範圍內不起作用的各教派。其中，王明道及其北京基督徒會堂被歸入第二類別。文件指出，「第二類教會，即對我最有害的教會，是我們鬥爭的對象，必須展開對這類教會的工作。」針對基督徒會堂，則要「注意切實了解情況，準備予以打擊」。與此同時，在與其「反動分子」鬥爭時，「必須劃清政治與宗教的界限，劃清反動分子與教徒群眾的界限，採取孤立打擊少數爭取大多數的策略。」文件最後指出，必須「擴大『中國基督教三自革新籌委會』這個領導機構，更多的吸收教會中有代表性的上層領袖參加，使它真正成為全國基督教各派廣泛的愛國統一戰線組織。」〔註四九〕

可見，基督教三自革新運動在推展過程中，在不同程度上受到教會人士的抵制及反抗。而那些具全國範圍影響力又對三自革新持消極抵制甚至反對立場者，成為黨國密切關注的對象。但同時，黨國亦沒有忽略從愛國統一戰線的角度來擴大團結面。毋庸置疑，王明道是受到密切關注的重點人物之一。

早於1952年7月，政務院文教委員會宗教事務處的〈宗教情況通報〉，便因王明道拒絕出席1951年4月的北京會議，加上王及基督徒會堂的信徒不參加愛國運動及學習，形容他們為「基督教屬靈派」的「頑固堡壘」。報告又對王標榜自己與帝國主義沒有關係表示懷疑。〔註五十〕

1953年10月，宗教事務處在另一份報告中，特別關注王在全國範圍的影響力，指他在國內，「已成為基督教界反對三自革新的一面旗幟」，在反帝愛國運動中「受到打擊之各地傳道人員及教徒均不斷來京向王請示對策」。同時，又有各地熱心信徒來京「培養靈性」，基督徒會堂「已成為國內基督徒的『聖地』」。報告又指基督徒會堂的信徒向全國各地活動，宣傳不能參加革新的「謬論」。報告又有附圖，整理與會堂有關之京津教會團體名單，涉及的團體包括：香山恩典院、基督徒靈修院、基督徒學生會、天津聖會所、阜城門教會、東大地福音堂、麻線胡同聚會所、果子巷外堂等。有關方面最後對王明道的總結是：

> 發展到目前為止，王之影響已遠非「一個教堂」、「五、六百個信徒」所能估計。因此，我們對其與各「衛星」教會之關係及與各地之聯繫均須予以特別注意。〔註五一〕

雖然王明道及基督徒會堂已受到黨國高度關注，但與另一個反三自的屬靈派基督徒聚會處（又稱「小群派」）相比，由於後者具有全國網絡，教徒人數眾多，黨國仍以聚會處作為重點鬥爭目標。〔註五二〕質言之，黨國對王明道基本上仍採取兩手準備，在預備作打擊鬥爭的同時，亦不排除爭取團結。

根據1953年底全國宗教工作會議的總結，由於全年的宗教工作主要以天主教為重點，因而「比較放鬆」對基督教的工作。因此，1954年「應用一定的力量加強基督教工作」，不論是天主教或基督教，「都應以積極進攻的精神，穩步前進的方針，把兩教的反帝愛國運動深入一步，爭取更大的成績」。〔註五三〕具體而言，黨國部署在1954年召開全國基督教會議，成立基督教愛國運動的全國機構，並爭取那些仍未參與革新的教會人士加入。在這情況下，從1954年開始，王明道面對參加三自組織的壓力便日益增加。

在全國宗教工作會議上，有關方面檢討了基督教三自革新工作未能成功爭取屬靈派的主要原因，在於「革新派」的「脱離群眾的傾向」。文件指「愛國進步分子和積極分子」的宗教生活「太淡」，「不作或少作禮拜，不去過一般的宗教生活」，使「落後的信仰很深的教徒容易懷疑他們沒有信仰，或者懷疑他們所搞的革新運動就是要革掉宗教」，因而被「教會反動分子」藉此以「不信派」的名義作宣傳，大大阻礙愛國運動的發展。這裏所指反對「不信派」的「教會反動分子」就是王明道。文件又指出：

不少地方有這樣的現象，就是愛國傳道人員講道時，教徒很少，而反革新的傳道人員（如北京的王明道，天津的徐宏道）講道時，則教徒很多。這說明宗教的愛國領袖必須過宗教生活，才能聯繫教徒（特別是信仰很深的落後教徒）群眾，才能通過宗教活動去影響、團結和教育教徒，成為他們真正的領袖……。〔註五四〕

顯然，黨國不滿革新派未能爭取團結廣大信徒羣眾，反倒給反革新者在宗教信仰問題上製造口實。有關方面指示今後基督教工作「應強調『愛國』口號，不強調『三自』或『革新』口號」。即將成立的基督教機構，「可用『基督教愛國會』的名義」，藉此消除屬靈派憂慮革掉宗教信仰，藉以爭取他們。〔註五五〕

1953 年 9 月，三自革新籌委會常務委員會決議新聘中華基督教衛理公會會督江長川、上海靈工團監督竺規身及中國浸會聯合會主席戚慶才三人為特邀籌委。〔註五六〕這三人均具有較強的教牧形象，而竺、戚二人更為屬靈派廣泛接納，此舉是要凸顯三自組織與屬靈派的互信。到 1954 年開始，《天風》加強了宗教信仰方面的內容（如查經、講章、佈道及培育靈性文章），並邀請已參加三自的屬靈派人士撰稿。同時，《佈道六講》、《培靈十講》、《講章新集之一》等具濃厚宗教性的書籍先後在 1954 年出版。這些改變，都是在黨國的要求下企圖爭取屬靈派，為即將召開的基督教會議作預備。〔註五七〕

—全國基督教會議：愛國大團結—

1954年5月17至22日，三自革新籌委會舉行全體委員會議，中央宗教事務處處長何成湘、華東宗教事務處處長羅竹風及上海市宗教事務處處長陳一鳴亦出席，其陣容之鼎盛，說明黨國對會議的高度重視。會議閉幕時，決定「團結全國愛國愛教同道，共同促進中國基督教自治、自養、自傳的工作，成立正式領導機構」，並在下半年在北京召開全國基督教會議。〔註五八〕全國會議的目的，就是要加強團結，在「愛國愛教」的大前提下，致力爭取仍未參加三自的基督教派別。王明道及其基督徒會堂，自然成為爭取的重點。

早於1954年3至4月間，王明道與北京11個獨立屬靈派教會共同商討對三自革新的立場，他們總結了當前教會的三條道路：（一）王明道的道路，即從不參加也永不會參加三自運動；（二）北京小群派的道路，即最初參加革新，後來認罪退出；（三）天津徐弘道的道路，天津聖會所在壓力下參加三自革新，徐弘道反對，使教會分裂成兩派，後徐帶領部分信徒退出。其實，小群派及徐弘道之退出或反對三自，均是受到王明道的影響。但小群派曾經一度參加，而徐弘道未能成功帶領全體會眾退出，自然不及王明道的貫徹始終。故會上一致認為，王明道的道路是屬靈派當走的惟一道路。〔註五九〕

7月22日，全國基督教會議正式召開，出席代表共232人，來自全國62個教會及團體，其中包括部分沒有參加三自的屬靈派及獨立教會。在「王明道的道路」影響下，北京30位出席代表中，屬靈派悉數缺席。〔註六十〕儘管如此，大會仍沒有放棄爭取王氏參加，7月17日上午，北京市宗教事務處李續綱處長約見王，跟他談了三小時，但王重申「不論就今日教會中的領袖們的信仰生活品行和歷史那一點來說，我絕對不能與他們聚一次會或有一次的聯合」。下午，四位北京代表（王梓仲、趙復三、蔣振翼、殷繼增）到基督徒會堂，王指其中三人是「不信派巨頭」，故拒絕接見。20日晚間，革新會派專人送信給王，王「怕沾染不義得罪神，當時囑來人將原信帶回去」。7月21日早上，大會再派來五位來自上海的代表（「上海五老」：聖公會主教陳見真、江長川、重慶神學院院長陳崇桂、竺規身、中國耶穌教自立會理事長謝永欽）到會堂，也不獲王接見。22日，大會祕書處曾把會議信函以雙掛號方式寄給王，但王在信封上寫上「收件人不收此信」，將之退回。〔註六一〕後來又有兩位「屬靈派」前往見王，王「從前知道他們是有信仰的」，乃接見他們。但由於兩人現已經參加三自，故「不能和他們握手」，以免與罪有分。〔註六二〕

王明道再三拒絕出席全國基督教會議，自然成為會議的焦點。7月24日，有代表臨時動議「如何處理王明道」案，但有十多代表發言支持王，其中一位上海的代表說：「王明道先生是全國許多信徒所尊敬的人，他向神盡忠。他不參加大會是為了信仰，我們不當給他扣帽子。」另一位又說：「如果你們談處理王明道，你們要惹出大禍來」。最後，議案沒有結果。8月2日，北京安息日會單樂天在會上發言批評王明道。但當日楊紹唐又前往見王，表示：「大會主席團說雖然王明道這次不參加大會，但大會的門仍是對他

敞著的，甚麼時候他肯來我們都歡迎。」王答楊說：「我還沒有找著歪脖柳樹，也沒有拴好繩子套，並且我也不想去找。」〔註六三〕

由於受到與會屬靈派的抵制，大會並沒有出現大規模的「批王」傾向。〔註六四〕但何成湘在會議講話中，不點名地批評王明道，並反駁王氏以「信仰不同」拒絕參加愛國運動的理由，希望屬靈派能夠回到愛國的共同基礎上。他說：

> 基督教某些人以教派不同、信仰不同為藉口來拒絕參加基督教的反帝愛國運動，他們說這個運動是某某派或某某人領導的，他們與這些人教派不同，信仰不同，不能參加，這是不對的。反帝愛國是每個中國人的神聖職責，基督徒當然也不能例外，所以任何教派和任何教徒只要他是中國人都應當反帝愛國，都應當參加這個運動，……這裡並不涉及宗派問題和信仰問題。反帝愛國要劃清的界限是政治上的敵我界限而非宗教上的宗派界限。所以任何藉口來拒絕參加反帝愛國運動都是不對的，都是不利於人民的。〔註六五〕

為促成團結，何成湘坦言三自革新運動中「革新」兩字容易產生誤會，以為要「改革宗教」，妨礙團結工作。因此，他同意取消「革新」二字，目的是「以利愛國團結」。最後，他再次強調，基督教各派雖有不同的信仰、制度及宗教儀式，但在「反帝愛國」的共同

目標下，「只要互相尊重」，就能團結起來。〔註六六〕

整個全國基督教會議的主調就是「團結」，吳耀宗在工作報告中，也承認三自運動在過去四年來的「缺點」，在於未能廣泛爭取不同教會及信徒的參與。他又以「宗派」傾向作自我批評：

我們常把沒有參加這個運動的同道看作是落後的。我們沒有深入地瞭解別人的情況，發現別人的問題，從而尋求可以和別人合作的共同點。對一些進步較為遲緩的同道，我們常常採取急躁的態度，沒有給予熱情的、耐心的幫助。這一種「宗派」的傾向就妨害了團結，使一些還沒有參加三自革新運動的同道對這個運動採取遲疑觀望，甚至對立的態度。〔註六七〕

因此，他重申「團結」的原則，「凡是有利於團結的事，我們總要勉力去做；凡是不利於團結的事，我們應當隨時指出，並加以改正」。為實現團結，吳耀宗提出三個建議：（一）要比過去更謙虛，用愛心及耐心去幫助所有同道；（二）承認各教會、各宗派、各個神學觀點的區別，確立互相尊重的原則；（三）取消「革新」二字，以免被誤會為「革掉教會的制度」或「干涉自己的信仰」，明確「反帝愛國」的原則。新成立的全國機構，名稱可改為「中國基督教三自愛國運動委員會」。〔註六八〕

據大會祕書處主任沈德溶指出，雖然王明道沒有參加會議，但與會的屬靈派（如上海基督徒聚會處、靈糧堂及中國佈道會）卻深受其觀點影響，使會上「始終出現一股不大不小的噪音」。會議期間，這些代表每天晚上均到中山公園碰頭，研究如何在小組會上發言，形成統一意見。〔註六九〕不過，與王不同的是，這些屬靈派願意有條件地參加三自運動，他們的「統一意見」，就是反對三自組織作教會的「太上皇」、爭取對不同信仰傳統的「尊重」，及強調三自只是基督教界的「愛國運動」，不能干涉信仰。〔註七十〕為進一步化解屬靈派的憂慮與鬥爭，會議通過〈告全國同道書〉，重申以團結及互相尊重的原則來指導三自運動的方向：

> 我們知道自治的目的並不是統一或更改各教會的制度，而是要各教會徹底斷絕與帝國主義關係，由我們中國基督徒自己團結起來治理教會；自養的目的不是干涉各教會的經濟，而是要各教會徹底斷絕與帝國主義的經濟關係，完全成為中國信徒自己負責的教會；自傳的目的不是統一信仰，修改信仰，而是要徹底肅清帝國主義殘餘思想影響，使各教會所傳講的是合乎《聖經》的基督純正福音。至於各教會在信仰上、制度上、儀節上所存在的差別，我們應當互相尊重。〔註七一〕

會議又通過四項決議：

在反帝、愛國、愛教的共同目標下，促成基督教各教會所有信徒的大團結，進一步開展基督教三自愛國運動，對各教會在信仰上、制度上、儀節上所存在的差別，採取互相尊重的原則。

擁護〈中華人民共和國憲法草案〉，與祖國人民一同為建設社會主義社會而努力；珍視憲法草案所規定的宗教信仰自由的權利，保證不濫用這個權利，來進行違反人民利益的活動，並提倡愛國守法，履行公民應盡的義務。

號召全國基督徒，積極參加保衛世界和平運動，堅決反對美帝國主義侵佔我國領土台灣。

鼓勵全國基督徒，繼續認真進行愛國主義學習，肅清，明辨是非，分清善惡，純潔教會。〔註七二〕

上述四項決議，其中第二、三項基本上屬於政治立場的表態，而第一項則重申在「反帝、愛國、愛教」的目標下，實現團結及互相尊重。值得留意的是，其在「反帝、愛國」後，增加了「愛教」二字，旨在進一步擴大團結面，並把「反帝愛國」及「愛教」等同起來。至於第四項決議，則強調「肅清帝國主義殘餘影響」，這裏並沒有使用「毒素」一詞，反映其避免刺激屬靈派的考量。〈告全國同道書〉及決議，可以視為與會屬靈派與黨國及三自派間，在團結及尊重的前提下的妥協及共識。據悉，有部分三自革新派不滿對屬靈派讓步過多。〔註七三〕不過，雖然「反帝、愛國、愛教」作為黨國、革新派及屬靈派的共識，但何謂「帝國主義殘餘影響」？如何界定？怎樣「肅清」？這便無可避免地觸及了對信仰傳統及《聖經》的不同詮釋。質言之，「互相尊重」的底線是「反帝愛國」，一旦違反，便成為致力「肅清」的目標，而不在「團結」及「尊重」的範圍之內。

北京市基督教學習委員會在 1954 年 9 月 7 至 10 日，假燕京協和神學院舉行傳達會議，會上單樂天傳達了大會爭取王明道參加會議的經過。北京市宗教事務處處長李續綱在講話中，指「如何擴大團結是首都各教會團體今後的重大任務」。趙復三在總結時指出，「我們不願意看見主的教會分裂，為此更要以愛心團結那些同道，共同建立基督的身體。」〔註七四〕燕京神學院的傳達會議後，在北京城分區又辦了傳達會，10 月後更擴展到教會外的學校、醫學院及街道小小組。傳達會議上，均點出王明道的名字，目的是向其施壓，希望他回心轉意，不要分裂教會。但是，各傳達會上，均有支持信徒發言，支持王明道，並表示對王的抨擊是毫無根據，斷章取義的。〔註七五〕

我們清楚可見，黨國方面在全國會議後扮演比先前更主動的角色，公開介入遊說不參加三自的羣體。1954 年 9 月 23 日，王明道收到北京市宗教事務處的通知，邀請他在9月30日到中山公園出席座談。應邀者為十一所北京沒有參加三自的屬靈派教會代表，[註七六]共一百多人參加。會上，李續綱處長發言表達政府希望各堂參加三自後，王明道馬上站起來，論述其不參加的原因。他說：「我完全不能參加三自會，因為三自會中人連上帝都不相信，我怎麼能跟他們在一起呢？」後來，政府再作讓步，容許他們不參加三自的學習，改由政府派人來領導他們學習。會後各人在基督徒會堂開會商討對策，擔心現在即使參加，將來難免不會和三自一起。最後，他們一致認為：「迫不得已可以用個人名義來參加街道學習」，但參加時「不開口，不開門」，決不以教會或傳道人名義參加，也毋須政府派人領導學習。[註七七]王明道在10月另一個同樣由北京宗教事務處召開的座談會上，再提出類似「政教分離」的原則來回應政府：「政治與宗教必須分開，這是《聖經》的教訓，也是我們的信仰。」他又說：「教徒作為一個公民，在自己的工作崗位上可以參加政治，參加學習。而當基督徒聚在一起的時候就是教會，作為教會或傳道人的身分就不能談政治了。」[註七八]

雖然有關方面在全國基督教會議後沒有放棄團結王明道，但在公開爭取的同時，亦反映出其對王的憂慮。1954年7至9月間，宗教事務處的通報共有四份關於王明道的報告，大致圍繞兩方面的內容，其一是從王明道的文章及講道中，蒐集其「反動」言論，包括：（一）詛咒新社會，破壞和平運動；（二）誣衊人民領袖，煽動教徒與政府對立；（三）破壞各時期中心工作及政策法令；（四）表示與人民鬥爭到底，並呼籲別人也獻出一切。〔註七九〕其二是針對王明道反三自的言行，以及其觀點對全國屬靈派的影響，〔註八十〕這也是黨國最為關注的地方。正因為王明道反三自的形象及影響力，黨國方面更希望可以把他爭取過來，如此便能進一步擴大三自運動的基礎。假使王仍堅拒合作，那就只能採取鬥爭的手段了。

二 王明道的「屬靈戰爭」

對王明道而言，1954 年確實是充滿挑戰的一年。基督教會議召開前，他確定自己已領受神的託付，要為「真道爭辯」，攻擊假先知。〔註八一〕他亦知道自己拒絕全國基督教會議招手的後果。後來，他在日記中多次指出，從 7 月開始，整整半年間，他面對著一場「屬靈戰爭」。〔註八二〕

全國基督教會議從 7 月 22 日至 8 月 6 日在北京召開。從 7 月 18 至 31 日間，王明道在基督徒會堂舉行長達 14 天的夏季講道會，總題是「這些都是我們的鑑戒」。他主講的題目，均環繞著聖經裏的失敗人物，總結其失敗原因，包括疑惑神、貪戀世界、懼怕、輕看神、貪心、行淫、忤逆不孝、倚靠才能、賣主賣友、心高氣傲、被老先知所害、行強暴、輕忽了警告等。從有關講題可見，講道會無疑是王明道對全國基督教會議的抗衡。講道會後，王明道形容自己身心疲累「到了極點」，乃於 8 月 3 日離京，偕妻子到

北戴河休息，至8月19日始回京。〔註八三〕

在北戴河期間，王有感於全國基督教會議成功「團結」了部分屬靈派人士，歎息「今日教會中真實為神作工的人太少」，更令他痛心的是，「那少數真實為神作工的人」，卻「在仇敵面前站立不住」，「沒有能力和勇氣去應付屬靈的戰爭」。作基督的僕人，必須向神盡忠，才能在「經歷的戰場上」得勝利。〔註八四〕回京後，王明道便以更堅決的態度來面對黨國及三自運動的「團結」呼籲，公開地作出反擊。

首先，王決定出版《真偽福音辨》的增訂版，他在再版序中，慨歎「有些本來忠心事奉神的人」，竟然願意與「那些背道的人聯合」，故他自覺到有更重大的責任，就是要「起來斥責」教會中的背道行為。〔註八五〕

其次，王公開反駁各種批評他的觀點。9月13日，他完成〈信仰不同呢？沒有信仰呢？〉一文，把假先知定性為沒有信仰的人，並明確回應「互相尊重」的原則。他認為，「對待那些假弟兄和假先知，我們卻不能應用這個原則」，因為他們不是「真信主的」，而是「撒但的差役，是混到教會裡來吞吃群羊的」。對此，「我們不但不尊重他們，我們要揭露他們的真面目，好提醒信徒躲避他們。」在文末，王明道明確駁斥「帝國主義所散播的毒素」這個說法：

這般傳道人身為教會的領袖，自稱是神的僕人，竟然將主耶穌和他自己的使徒所留給我們的教訓稱為「帝國主義所散播的毒素」，希圖用這種說話來模糊信徒的思想，免得信徒認出來他們是假先知；同時又用這種話語恐嚇神的僕人們，使他們因為想要避免「散播帝國主義的毒素」的罪名，便緘口不再攻擊他們，他們以後便可以更肆無忌憚的宣傳那些真正敗壞信徒信心的「撒但的毒素」。〔註八六〕

如果「互相尊重」是三自運動爭取王明道的主要理據，那麼，「反帝愛國」便是政府方面對王的要求。當時部分屬靈派，便以「服從掌權者」在「反帝愛國」方面的要求作為參加三自運動的理據。〔註八七〕對此，王明道重申，「順服人的制度」和「一切在上有權柄的人」的說法並不是無條件的，基督徒在「遵行神的旨意」及「保守教會的聖潔」的問題上，「絕不能受任何人的干涉」。他從使徒行傳中總結出「使徒的道路」，就是「順從神，不順從人，是應當的」。如果「教會的信仰和事工」放在「人的制度」和「人的權柄」之下，結果便會出現「真理被蒙蔽，《聖經》被歪曲，教會變了質」的惡果。〔註八八〕

從王明道 1954 年撰寫的文章中，可見他對待三自及政府的態度是貫徹如一的。不過，當時基督徒會堂內部，其實亦在強大的壓力下，出現了不同的意見。特別是在「愛國」的問題上，王明道的態度也曾有所動搖。例如，有青年信徒（王恩慶及曹聯璞）倡議成立聚會，一面學《聖經》，一面學馬列。王、曹常批評會堂內其他信徒不愛國或不服從組織，又主張參加全國基督教會議。這些觀點在會堂內帶來一定的困擾。結果，王明道在 1954 年秋末冬初，召集了一個小型會議，討論應否接納王、曹的建議。最後，有關建議被一致否決。〔註八九〕

如果王、曹的主張代表會堂內主張妥協的聲音，則與之對立的是另一派深受王明道影響的信徒。他們的態度甚至比王明道更強硬。例如 1954 年 7 月 17 日，北京宗教事務處李續綱處長與王明道見面，其中曾談論關於學習憲法問題。會後王向會堂的執事報告，他們不滿王答應學習憲法一事，甚至批評王「不應在『人』前低頭」。執事甚至認為，宗教事務處找王談話，尚有其他原因，估計王有許多「把柄」落在政府手裏，於是決定每天為王明道舉行禱告會。此事令王明道的態度更加強硬。〔註九十〕7 月 25 日，王明道在聖徒聚會上，跟百多人分享最近因拒絕出席全國基督教會議而受的攻擊，結果眾人對他表示支持，他在給兒子的信中形容當時的情景：

> 聖徒們都同我站在一邊，向我表示無論遇見任何事都陪著我，大家同聲對著我讀路得記一章十六十七節的話。不少人接連著站起來用經上的話勉勵我堅固我安慰我。那天我看見了在基督裡的愛，也看見了神的榮耀。二十年的勞苦真不歸於徒然。〔註九一〕

從以上事例可見，王明道對某些政府的政策（如學習憲法）並不一定採取不服從的態度，但他的決定卻不免激起會堂內其他執事的異議，甚至懷疑。同時，他又面對會堂內部其他不同的意見，如何處理內外的壓力，顯然也是王明道在1954年面對的嚴酷考驗。在重大的壓力下，王也曾有所猶豫和懼怕，最後他別無選擇，只得堅持其一貫立場，拒絕作絲毫的妥協，甚至作出更激烈的反抗。〔註九二〕

1954年11月，王明道在文章中再點出「屬靈的戰爭」的主題，他說：

> 在這屬靈的戰場上，只能進，不能退，只能堅守陣地，絕不能作一丈、一尺、一寸、一分的讓步。〔註九三〕

不作一寸一分的讓步，是王對「屬靈戰爭」的總結。抑有進者，他在12月撰寫〈真理呢？毒素呢？〉一文，再次公開反駁「帝國主義思想的毒素」的錯謬。所謂「毒素」，就是指帝國主義使用《聖經》來「離間信徒和廣大的人民，使他們不能彼此團結」，或是「排斥在教會中與自己信仰不同的信徒，……使教會不能合一，以便利帝國主義的控制」。但王明道卻強調，《聖經》中的真理，正是「神是如何的要求我們和不信的人分別出來」；「和不信的人分別出來」不是與他們「對立」，而是要「活出分別為聖的生活」，在不信的人中間彰顯神的美德，並「防備魔鬼藉不信的人向我們進行各種的試探」。質言之，「假先知」所稱的「帝國主義思想的毒素」，壓根兒就是「《聖經》中的真理」。他們把「真理」歪曲為「毒素」的原因，就是「為反對神的人效力，要從教會裡面來消滅基督的福音」。王指出：「這種『反基督教宣傳』比在教會外面反更容易收效，因為他們不是以仇敵的面貌出現，而是以朋友、家人的面貌出現。」他重申：聖經中「信與不信的原不相配，不要同負一軛」的經文，是用來保守信徒可受仇敵損害的「一道堅固的圍牆」。所以，王明道最後說：「今日是我們為他的聖名、他的福音、他的教會興起戰鬪的時候。不要膽怯，不要畏縮，不要讓步，不要妥協。戰爭誠然劇烈，戰場誠然危險，但神的榮耀要在這裡彰顯，神的信實要在這裡證明。」最後他說：

基督勝利！基督勝利！撒但攻擊！撒但攻擊！戰！戰！戰！〔註九四〕

這種爭戰立場，不僅僅因為王要反對「不信派」與「假先知」，而且要更進一步地把三自運動定性為共產政權消滅教會的工具。其實，王在建國初年仍對中共的宗教信仰自由政策深信不疑，〔註九五〕但為何現在卻得出政府要消滅教會的結論？原因或許與中共全方位地支持「不信派」領導的三自運動有關。由於黨國的介入，王強烈感受到其對立面已不再是單純的三自派，還有執政共產黨對他施加的多番壓力。因此，除了持守政教分離的原則外，他更以「反對神者」（即指中共政權）欲藉不信派來消滅教會，作為他不服從政權的根據。質言之，〈真理呢？毒素呢？〉一文把王明道與中共的矛盾置於根本的對立。這也是其「屬靈爭戰」的另一個重要含義。

1955年1月1日下午，王明道召集兩百多名信徒開聯歡會，「講述1954年下半年之屬靈戰爭，並神大顯榮耀之經過」。數天後，他又把〈信仰不同呢？沒有信仰呢？〉、〈真理呢？毒素呢？〉兩文，連同1929年出版另一篇批評「不信派」的文章〈你們心持兩意要到幾時呢？〉結集成《幾個重要的問題》。這是繼《真偽福音辨》增訂再版後，第二本針對三自運動的文集。[註九六] 6月，另一本文集《時代的信息》出版，收錄了他在1953年後的十多篇文章。[註九七] 這時，王明道的心理，正如他在一篇文章所言：在「每天準備著去死」的同時，又怕自己「對神失去信心」。[註九八] 為了增強自己的信心，他多次在講道中論及自己的「屬靈戰爭」，後來被阜內街教會的袁相忱批評他「太多注重今日之屬靈戰爭」，「講道當注意其他方面」。[註九九]

王明道堅定不移的反三自形象，以及其多篇反三自的文章，對三自運動的發展構成一定打擊。1955年起，各地先後出現了退出三自的浪潮。[註一〇〇] 也有來自各地的信徒來京，特地探訪王，了解他對三自的看法。[註一〇一] 而各地訂閱《靈食季刊》的數目，也有顯著的增加，結果他在1955年春季號的《靈食季刊》，要加印至3,000本。王大受激勵：「此次印數及寄出之數皆為空前，際此教會受打擊之時期而有此種情形，真屬神之奇妙作為，可不益加奮勉工作，以期不負神之付託乎？」[註一〇二] 到他在6月出版夏

季號時，又再增印至4,000本。[註一〇三]

但當王明道得悉部分屬靈派人士願意對三自或政府讓步的消息時，又感到萬分痛心。例如在1955年4月底，上海市召開成立三自運動代表會議，正式成立三自組織，並爭取更多「自立」教派參加。上海市宗教事務處處長羅竹風[註一〇四]在會上指出，「自立」教會「好像沒有『差會』背景」，但其標榜的「自立」並沒有「反帝的內容」。同時，傳道人亦應在教會的立場上參加愛國運動，「三自愛國運動是中國基督徒對帝國主義利用基督教這一罪惡事實所表示的政治態度，根本不涉及甚麼信仰問題」。政府的要求只有一個，「就是要他們愛國守法」。[註一〇五]羅氏的講話，旨在爭取自立背景的屬靈派參加三自。當時，除上海基督徒聚會處外，不少屬靈派（如靈糧堂、中國佈道會、靈修學院、自立會、中國傳道人修養院）均參加會議。羅竹風在爭取上海屬靈派方面，下了許多工夫，[註一〇六]當然亦給予屬靈派相當壓力。早在3月間，王已得到來自上海的消息，指部分屬靈派「驚惶失措，……同意不在三自領導下參加」政治學習。[註一〇七]後來，他知道屬靈派的重量級人物賈玉銘答允任政協代表，「令人惋惜」；又得悉「上海成立三自會，賈（玉銘）、焦（維真）二人之慘敗及靈糧堂參加情形，令人惋惜憤慨」。[註一〇八]他對這些妥協者的不滿情緒，甚至反映在其夢中。1955年4月4日，他在夢中「斥責陳崇桂，予發言甚多，妻為予吵醒，後又夢與多數偽師周旋，又說夢話甚多。」[註一〇九]這些屬靈派在政治壓力下的妥協，進一步激發王要為真道爭辯的決心。

我們從1955年1月初王明道寫給兒子的一封信中，可以進一步了解他在這場屬靈爭戰中的內心感受。王特別提及自己從面對攻擊時的「氣忿」轉為「喜樂」背後的三個原因：（一）主耶穌曾說：「人若因我辱罵你們，逼迫你們，揑造各樣壞話毀謗你們，你們就有福了，應當歡喜快樂，因為你們在天上的賞賜是大的」。現時各處對王的攻擊，「正是保證了主的應許會成就在我身上」；（二）為自己能坦然無懼的站在仇敵面前而感恩。「那些攻擊我的人除了作假見證陷害我以外，竟不能舉出一件能證實的事來。也就是因此使許多聖徒能放膽為我作見證，假使他們能找出一件事實來，他們就不必費這麼多的時光和心血揑造這麼一大堆偽證來誣陷我了」；（三）即使在攻擊中，仍有許多信徒勇敢地「起來為真理作見證，抵擋那些假見證」。〔註一一〇〕

王在信中又提及，從十月間全市展開傳達以後，參加基督徒會堂聚會的人反而增加了，在在令王深信，自己的抗爭是正確的。「生活在這樣的時代，參加這個光榮的屬靈的戰鬥，真有意思。我越來生活得越起勁了」。而他在信末對兒子的一番話，未嘗不是自己的告白：

> 親愛的鐸兒，你父親的一生就是戰鬥的人生，與魔鬼戰鬥，與罪惡戰鬥，與假先知和猶大的門徒戰鬥，與社會和教會中的惡勢力戰鬥，與謊言和欺詐戰鬥。不妥協，不屈服，不畏縮，不讓步，利害榮辱安危禍福一概置之度外。已經戰鬥了三十年，

並且越戰越勇，我也深信那得勝的主必率領我得勝，像他得了勝一樣。〔註一一一〕

四 「反革命分子」之路——愛國與愛教之爭

一 對王明道屬靈思想的鬥爭

王明道在1954年下半年把反三自與反對神的政權結合起來，無可避免地激化其與黨國的矛盾。1955年1月26日，北京宗教事務處召集各教會團體負責人到新橋飯店相聚，並沒有邀請王明道，〔註一一二〕此舉反映出政府已放棄團結王。同時，宗教事務局對王的定性是：

> 自解放以來一貫地利用「屬靈」為幌子，堅持反對基督教三自愛國運動，公開和隱藏地與政府對抗；形成了基督教界不愛國、不團結和反對政府的「旗幟」。一直到一九五四年基督教全國會議方始對其歷來的反動言論作了初步的揭發和批判。

宗教局又評估「王明道的反動影響在日漸擴大中」，特別是他反對三自的「路線」，以「盡量爭取合法，著重宗教上的進攻，擴大宗派矛盾，打擊愛國分子在『信仰』上的弱點，鞏固內部，擴大影響」的鬥爭策略，成為「『反對派』的旗幟。」〔註一一三〕因此，黨國決定對王採取鬥爭手段。

1955年2月2至22日，第三次全國宗教工作會議在北京召開，會議總結了1954年天主教與基督教的工作，也討論了1955年的工作方針。其中基督教工作的主要問題，就是跟基督徒聚會處及基督徒會堂的鬥爭。報告把這種鬥爭，定性為「國家過渡時期尖銳的階級鬥爭在宗教方面的反映」，而「鬥爭的實質是政治性的」。上述兩個教派中的「反革命分子」，「有意識地利用宗教信仰與宗派矛盾，企圖用一層『宗教』的迷霧，把政治問題掩藏起來，以蒙蔽群眾」，成為三自運動的主要障礙。為擴大與鞏固基督教的反帝愛國運動，必須「分化、削弱、孤立、打擊基督徒聚會處、基督徒會堂中的反動勢力」。報告提及要組織鬥爭王明道派，打擊其反動氣焰。具體而言，（一）要採「挖根」辦法，爭取及發動其教徒羣眾；（二）爭取其教會教牧人員中的善良分子，使部分向政府靠攏；（三）打擊其反動言行，展開愛國理論的鬥爭，審查《靈食季刊》的內容，「抓住其政治性反動言論」。〔註一一四〕

雖然會議確定鬥爭的方向，但國務院祕書長兼國務院機關黨組書記習仲勛在總結時，仍批評「愛國積極分子還不會團結別人」，「政治氣氛」太強而「宗教色彩太少」，在「求同存異」上仍然不夠。在基督教工作方面，習氏指出1955年的工作，要「大力培養愛國力量和鞏固愛國陣地，爭取盡可能多的教牧人員」，並強調必須把反帝愛國統一戰線擴大到「屬靈派教會」，特別是基督徒聚會處及基督徒會堂。主要的策略就是「分化上層、打擊反動分子，爭取善良分子」。他又明確指出，必須促成屬靈派的「分化」，爭取他們參加三自運動。過去在「小群」及王明道當中的工作不夠，今後要在「黨委統一領導下，利用一切可能去作，加強對他們的工作」。習氏明確指出，要「抓住王明道，打擊和削弱王明道的反動囂張氣焰和縮小王明道對各地的影響」。以往北京「有些束手束腳」，有「右」的問題，〔註一一五〕現在要在兩個原則下「專門打擊王明道」：「一是不鬥死，二是不鬥跑。」

可見，全國宗教工作會議確定對反三自勢力作堅決鬥爭，王明道已被戴上「反動」甚至「反革命分子」的帽子。在這背景下，三自組織亦緊密部署反擊。1955年2月底，《天風》發表署名「秦牧」的文章，題為〈「你們和不信的原不相配，不要同負一軛」的正意與曲解〉，從釋經角度反駁王「曲解」經文，指「拒絕參加反帝愛國運動，並沒有《聖經》的根據，而是出於帝國主義的思想毒素」。〔註一一六〕據《天風》主編沈德溶指出，由於王明道反三自的觀點立足於對《聖經》中「信與不信，不能同負一軛」的解釋，於是決定從《聖經》原意來駁斥。結果青年會全國協會校會組的幹事黃培永願意承擔此項任務，未幾，廣學會更出版單行本，取名《信的見證》。〔註一一七〕王明道後來也曾在會堂內的講習班上，討論此文。〔註一一八〕

全國宗教工作會議在2月22日結束後，三自常委會馬上於2月26日至3月4日在上海召開第三次全體會議，除了37位常委外，國務院宗教事務局〔註一一九〕局長何成湘及上海市宗教事務處處長羅竹風亦出席。會議的任務是就針對全國「反團結」及「破壞三自」的問題交換意見，並確定今後的工作方針。〔註一二〇〕政府代表傳達了全國宗教工作會議打擊王明道的決定，為基督教界的「批王」揭開序幕。南京金陵協和神學院院長丁光訓在發言中，不點名地批評王明道，「倒（到）底是信仰上有著某種了不得的不同而不能團結呢？還是為某種了不得的原因而不肯團結而誇大信仰上的分歧？」〔註一二一〕丁氏所指的「某種了不得的原因」，是從泛政治化的角度來處理團結的問題，把宗教信仰內的不同觀點，詮釋成政治立場的問題。這意味著王的問題已成為錯誤的政治立場。會議在團結問題方面作出重要決議：

> 我們在半年來發現了有些傳道人和個別教會負責人蓄意破壞中國基督徒反帝愛國大團結的文字、言論和行動，他們破壞團結，污衊三自愛國運動，蒙蔽善良信徒，使那些信徒們不能參加反帝愛國運動，我們應當以嚴肅的態度來對待這樣錯誤的言論與行為。〔註一二二〕

5月開始，《天風》刊登大量文章，不點名地反駁王明道的觀點。例如中華基督教會總幹事崔憲詳批評王「以攻擊個人為手段來破壞這個運動」。〔註一二三〕5月至7月間，西安、南京、合肥、瀋陽、蘇州、天津等地先後舉行座談會，批判王明道破壞三自愛國運動。[註一二四]甚至全國各地信徒致函《天風》，「憤怒」地聲討王明道。[註一二五]這些「反王」活動，顯然是一場有計劃及部署的行動，為下一級行動造勢。

打從全國三自常委會議召開後，王明道已感受到三自派以團結為名對他的反攻。他讀到《天風》一些文章，「諸人之卑鄙陰險在在可見」，並確認「三自運動實為消滅基督教最有效之方法」。[註一二六]5月15日，他在聚會講道時主講「堅決的態度與勝利的人生」，「引證去秋拒絕猶大輩之經過」。[註一二七]這篇講章後來刊在《靈食季刊》，文中重申面對各種試探，「決不！決不！」作任何得罪神的事。[註一二八]

1955年5月19日，王明道收到消息，指天津公安在18日分別逮捕了徐弘道、荊樂天及李良柱。[註一二九]徐弘道是天津聖會所牧師，原是基督徒會堂的同工，後又因三自問題退出聖會所，是天津反三自的代表。[註一三〇]徐被捕是政府針對王的行動，王曾說：「這是向我示威。」[註一三一]5月底，當他再閱讀吳耀宗的《黑暗與光明》後，得到「新引導」，決定「從信仰不同一點著手」撰文反擊。這篇文章從6月3日開始撰寫，到6月9日完稿，全文長2萬多字，題為〈我們是為了信仰！〉，刊於6月號的《靈食季刊》。[註一三二]王十分重視此文，先後數次在講習班講解，並且出版獨立的單行本，印數達5,000冊。[註一三三]在文中，他首次點名反擊，詳細羅列吳耀宗、崔憲詳、丁光訓的觀點，論證其為深受現代主義影響的不信派。同時，他又批評參加三自的屬靈派汪維藩，反駁他認為現代派與基要派間只是「大同小異」的說法。最後，他重申，「不和這般『不信派』有任何聯合，或參加他們的任何組織」，因為這是《聖經》的真理。「我們不惜付任何代價，作任何犧牲，歪曲和誣陷是嚇不倒我們的。」[註一三四]〈我們是為了信仰！〉一文，總結了王明道的立場及心志，後來成為反三自的經典文獻。

一　對「王明道反革命集團」的鬥爭　—

1955年，王明道與黨國及三自間的關係可說處於前所未有的極度緊張，中國文藝界亦發生一起重大事故，左翼文學理論家胡風因其獨立觀點受批判，未幾被中央定性為一場「胡風反革命集團的鬥爭」，成為中共在黨政軍民各機關單位展開清洗的藉口。這場全國範圍展開的反胡風運動，反映出黨國對知識分子潛存的「反革命思想」的憂慮，進一步演變成全國性的肅清反革命分子運動。[註一三五]正如毛澤東所說：肅反的目的，「不但在於肅清胡風反革命集團分子，主要地是借著這一鬥爭提高廣大羣眾（主要是知識分子和幹部）的覺悟，揭露各種暗藏的反革命分子（國民黨特務分子，帝國主義的特務分子，托派分子和其他反動分子），進一步純潔革命隊伍。」[註一三六]不久，7月1日及8月25日，中央即先後發出〈關於展開鬥爭肅清暗藏的反革命分子的指示〉及〈關於徹底肅清暗藏的反革命反子的指示〉。[註一三七]

在肅反的形勢下，針對王明道的批判無可避免地朝反革命鬥爭的方向發展。6月14日，上海市宗教事務處召集上海五百多名基督教界人士參加揭露「胡風反革命集團」的會議，會上市委宣傳部部長石西民強調宗教界必須「特別注意反革命分子挑撥離間我們和人民以及政府之間的關係」。他強調宗教界與政府的共同基礎是愛國，但「今天有人藉此來挑撥，使宗教界對此事不滿」，故此宗教界必須警惕，把反革命分子揭發出來。其後多位基督教人士發言，指明要警惕及提防隱藏在基督教內的反革命分子。〔註一三八〕6月20日，全國及上海三自運動委員會再召開「聲討胡風反革命集團」的座談會，青年會黃培永在發言時，從胡風問題不點名地指向王明道。他說：

> 胡風的做法是挑撥人民與政府的團結合作，這一點教訓我們特別記牢，因為在教會中也有人會藉著信仰的問題來挑撥信徒與政府的關係。我們決不容許以信仰為藉口造成政治上的分歧。〔註一三九〕

7月11日，《天風》發表題為〈加強團結，明辨是非〉的社論，首次點名批判王明道的錯誤：（一）根本否認中國基督教被帝國主義所利用，把帝國主義的思想毒素說成是聖經的「真理」；（二）妄圖挑起基督教內部「基要派」與「現代派」間在信仰上的爭戰，藉以動搖及取消三自愛國運動的基礎；（三）自吹自捧為神的僕人，把參加三自的基督徒「判決」為「靈性墮落」和「不信派」。因此，面對王明道「假藉信仰作口實進行破壞反帝愛國」，社論呼籲愛國愛教的基督徒必須從「反帝愛國的政治原則來同王明道先生劃清是非界限」，積極投入鬥爭之中。〔註一四〇〕

《天風》主編沈德溶憶述，這篇「分量很重」的社論，是由上海市宗教事務處處長羅竹風執筆的，〔註一四一〕反映出黨國十分重視對王明道的鬥爭。同時，也說明處理王明道問題已提昇至中央的層次。社論發表後，三自組織加強批判王，黃培永（「秦牧」）及青年會的江文漢分別模仿王明道的語調，發表〈反「現代派」呢？反三自愛國運動呢？〉及〈我們是為了反帝愛國〉，明確指出王「政治立場」的錯誤。〔註一四二〕這一連串「政治」指控，在當時整個肅反的背景下，預示著王明道無法逃避的命運。

王明道身處的北京，在1955年7月4日開始肅反鬥爭的羣眾運動。據北京市委的報告，鬥爭首先是從高校學生中發動，其中北京醫學院「突破王明道反革命集團」，〔註一四三〕北醫的孫葆忱及赫康成在會上控訴王明道。〔註一四四〕據悉，當時北京市高校的肅反鬥爭中，要求凡在基督徒會堂聚會的學生均要交代及檢舉王的問題。其中北京人民大學研究生吳德祥因不肯交代而跳樓自殺。又有北京醫學院的劉樾慶及石昇華因拒絕交代而在大會上當場被捕。〔註一四五〕在8月7日的北京醫學院及協和醫學院全體學生大會上，與王關係密切的王紹武、吳以遵、劉秀瑾等亦被捕。〔註一四六〕

早於7月《天風》發表社論時，王明道已明白，這是「正面向予開火」。對於攻擊他的文章，王認為「歪曲誣陷令人憤慨」。到8月3日，他在日記中記下「今日予心中充滿幽暗苦悶，甚至轉為畏懼」，當晚他「臥床不能睡，愈變愈劣」，至一時才入睡，但到四時即醒，「心中充滿恐懼」。〔註一四七〕可見，連日圍繞他的批判、不同單位舉行的檢舉，甚至有青年信徒被捕，已對其心理構成重大威脅，表面堅強的他，內心亦出現恐懼。

8月5日，上海市宗教事務處召集宗教界學習「胡風反革命集團」的材料，羅竹風處長重申不允許「利用宗教進行反革命活動」，宗教徒必須「把反革命分子從教會內部清除出去」。他形容宗教界的反革命分子，主要「以虔誠、熱心的面貌出現」，實際上只是「披著宗教外衣」來欺騙信眾。〔註一四八〕羅氏的報告，無疑宣告宗教界反革命鬥爭的揭幕。

8月7日是禮拜日，王在會堂主講「他們就是這樣陷害耶穌」。8日凌晨，王明道夫婦在家中被捕，同時在北京、香山、長春、廣州被捕者約二十人。〔註一四九〕8月15日，《天風》刊登題為〈揭露王明道的反動言行〉的短評，雖然沒有提及王被捕的消息，但其矛頭已指向「過去受王明道欺騙和蒙蔽的同道們」，呼籲他們「堅決揭露王明道的反動言行，立刻與王明道劃清界線，以免墮落到王明道的泥坑裡去。」短評又警告教會內「極少數」提倡「王明道路線」者，若繼續奉行這條「反動的、反人民」的路線，「必將和王明道一樣自絕於人民」。〔註一五〇〕

被王明道形容為「不信派」的吳耀宗，在1955年8月底出席基督教復臨安息日會中華總會三自革新籌委會擴大會議作報告時，談及王明道問題。當時王已被公安逮捕，吳氏用「反革命分子」來形容王，指王「一貫地散佈反蘇、反共、反人民的思想毒素，仇視新中國；侮衊共產黨是尼布革尼撒的統治。破壞政府的法令和各項中心運動，污衊政府的宗教政策，毒害青年，破壞基督教三自愛國運動，勾結反動派和帝國主義企圖顛覆中華人民共和國。」吳特別針對信仰不同的問題：「他企圖分裂和消滅『三自』運動，竟以信仰不同為藉口，誣衊參加『三自』的人是沒有信仰的，來破壞我們的團結。他妄想通過破壞三自愛國運動來破壞新中國。他所做的不是為了信仰，而是為了反革命。過去我們是和王明道劃分是非界線；但今天必須同他劃清敵我界線了。」他最後透露王明道的罪行不久將在報上公布，並重申「處理王明道完全是一個政治問題，絕對不是因著信仰的緣故」。〔註一五一〕

王被捕後，8月至11月間全國各地三自組織及教會展開對「王明道反革命集團」的聲討。〔註一五二〕在這些「討王」大會上，參與者除了從不同角度批判王，與王劃清界線外，更向政府表達嚴懲王的要求。在敵我分明的反革命形勢下，批王無可避免地攙雜沒有根據的指控，甚至演變成激烈的羣眾運動。例如安息日會單樂天指斥王「誣稱共產黨因不信神而要消滅宗教，所以基督教也要起來消滅共產黨。」〔註一五三〕又如在江蘇徐州，會議的主持人高喊「王明道該不該槍斃？」「同意槍斃王明道的人請舉手！」其中有一位名叫關品鶴的人因沒有舉手，結果被判五年徒刑。〔註一五四〕另一位在河南醫學院工作的張育明，在8月肅反期間被審查，由於他跟王明道關係密切，故被要求控訴王，張拒絕後被捕。〔註一五五〕

除座談會外，《天風》亦連篇累牘地刊登批判文章，許多基督教人士均撰文表態批王，而部分曾受王明道影響的青年學生及信徒，如鄭璧如、李奇芬、劉閩生、許蕙萱（北京中國協和醫學院）、赫康成、梁家驤、余國梅（北京醫學院）、欒玉潔（北京市立第四中學）等，亦紛紛投入聲討王的行列。〔註一五六〕未幾，在廣州的「王明道分子」林獻羔被捕，〔註一五七〕而上海又展開對「王明道反革命論調的上海版」——《聖膏》的批判。〔註一五八〕10月及11月，《天風》資料室又編輯《揭露反革命分子王明道的反動言論》及《控訴揭發王明道反革命集團》的資料集，全面地批判王明道及其黨羽，並且呼籲全國同道，提防該集團在全國許多地方的「爪牙」，「這些人無孔不入，不擇手段，隱瞞了反動歷史，披上了宗教外衣，打入教會和教會機構」。因此，必須「把一切暗藏在教會中的反革命分子都揭發出來，再不容他們把上主的聖殿當作反革命的賊窩來利用」。〔註一五九〕

針對基督徒會堂內部，黨國對大量「受蒙蔽」的教徒進行「細緻耐心的教育和爭取工作」。據宗教事務局的報告，共動員475名信徒參加運動，其中407人已「轉變過來」。這些「起義教徒」轉變的程度不一，部分人「經歷了劇烈的思想鬥爭」，最後才跟「王明道反革命集團」劃清界線。但仍有少數未轉變的教徒堅持把王明道問題視作「宗教信仰問題」，甚至自己也準備被捕。對此，政府決定「使用起義教徒去向未轉變的教徒進行勸說工作」，先召集報告會，由「起義教徒」來揭發和控訴王明道的「反革命活動」，啟發未轉變的教徒。此外又舉辦座談會，讓各人交換心得，特別是引用《聖經》來解答未轉變教徒的問題。同時又安排個別談話，讓未轉變教徒「大膽暴露思想」，再「細緻深入的解決他們的具體思想問題」。最後，「起義教徒」再寫信給熟悉的未轉變教徒，「談自己的轉變，勸說他們轉變」。報告又詳細總結了使用「起義教徒」的經驗，認為這是「瓦解王明道反革命集團及解決『頂牛』狀況的銳利武器」，對「最後徹底的粉碎王明道反革命集團」起了極大作用。〔註一六〇〕

1955 年 9 月 19 日，北京市副市長兼公安局長馮基平在北京市一屆人大三次會議上，報告肅反工作時，提到了王明道：

> 最近我們在群眾的幫助和揭發下，破獲了王明道反革命陰謀集團案件，並且已經將其中首要分子、一直與帝國主義和蔣匪特務相勾結的、披著宗教外衣欺騙青年、進行反革命破壞活動的王明道逮捕起來。經初步審訊，王明道已經承認了他在敵偽時期就與日本帝國主義相勾結，解放以後，更大事進行反對國家、反對人民的反革命運動。〔註一六一〕

據中共北京市委向中央的報告，1955 年底共破獲「教會中的反革命案件 14 件，嚴重打擊了基督教王明道反革命集團」。〔註一六二〕有趣的是，當時對王的聲討，只局限在政府及基督教界內部，《人民日報》及《北京日報》對這宗「反革命集團」案卻隻字不提。與差不多同期的「天主教龔品梅反革命集團」案相比，龔案更進一步在社會形成批判輿論。〔註一六三〕一方面是黨國要利用龔案來打擊天主教會的「反愛國」勢力，然而，王案已在全國各地收到預期效果，大大削弱了反三自的聲勢。〔註一六四〕另方面，相信也與王明道被捕後的態度有關。

王明道被捕後，經過數十次的審訊，期間抵受不住威嚇與壓力，終於向政府認罪。同時，基督徒會堂亦在楊潤民帶領下參加三自。〔註一六五〕1956 年 9 月 29 日，王因願意悔罪，並答允參加三自，而獲「教育釋放」。獲釋前一天，公安部幹部要求他撰寫認罪材料。離開看守所當日，他馬上被安排到北京市宗教事務處，有關官員要求他下午去見北京三自愛國運動委員會〔註一六六〕主席王梓仲。王梓仲請王明道翌日下午到青年會開會，並當眾宣讀其獲釋前撰寫的材料。原來這是北京市三自會特別召開的擴大會議，共一百多人出席，歡迎王參加三自愛國會。王迫不得已在會上把自己的認罪材料讀出，後來《天風》以〈我的檢討〉為題刊登。王明道開首第一句是「我是一個犯了反革命罪行的人」，接著陳述其如何「借著宗教形式進行反革命活動」：（一）散布反動言論，破壞政府各項政策和歷次社會改革運動，並反對政府和共產黨；（二）藉著信仰不同，挑撥教徒與非教徒、教徒與政府的關係，製造對立，特別是使教徒與無神論者對立起來；（三）諷刺社會主義，影響信徒；（四）誣衊政府要藉三自運動來消滅基督教，激烈地攻擊參加三自運動的傳道人，嚴重破壞三自運動。〔註一六七〕

王明道獲釋後，不能接受自己竟軟弱至謊話盡説，自覺沒資格再任傳道，拒絕帶領基督徒會堂，並且不再主領講道。後來他甚至遷離基督徒會堂，與其脱離關係。雖然王答允參加三自，但他一直沒有履行承諾，1958 年 4 月 29 日，政府再次逮捕王氏夫婦。1961 年 4 月，北京市人民檢察院正式據〈懲治反革命條例〉起訴他們，指「一九五六年經我政府從寬處理後，被告不但不知悔改，仍繼續進行反革命破壞活動，實屬罪行嚴重，經教不改的反革命分子」。1963 年 7 月，北京市中級人民法院以反革命罪分別判王明道及劉景文無期徒刑及有期徒刑 15 年。王明道不服上訴，9 月，由北京市高級人民法院刑事終審處判決維持原判。〔註一六八〕

五 結論

1956 年 1 月，最高人民法院院長董必武在第二屆全國政協二次全體會議上，就肅反問題作報告，指「肅清一切暗藏的反革命分子，才能保障我國社會主義建設和社會主義改造事業的順利進行」。他又提及有反革命分子「披著宗教的外衣，以宗教團體為掩護，進行各種反革命活動」。〔註一六九〕毋庸置疑，宗教界的肅反鬥爭，是全國肅反工作中的重要環節。而「王明道反革命集團」一案，在全國肅反高潮中，又是基督教界反革命鬥爭的重點。

中共自命為革命政黨，以實現共產革命為目標。任何個人或團體意圖破壞其政策，甚至挑戰其執政地位，均被視作「反動」及「反革命」勢力。早於1951年2月，人民政府頒布〈懲治反革命條例〉，將「反革命」罪界定為意圖「推翻人民民主政權，破壞人民民主事業」。〔註一七〇〕而在建國第一個十年間，中共先後發起兩次針對反革命分子的全國性政治運動—分別是1951至1953年間的「鎮壓反革命」運動，及1955至1957年間的「肅清反革命分子」運動。有學者指出，鎮反運動的目的，是通過羣眾鬥爭運動，消除各種可能威脅中共的勢力，藉此鞏固新政權。〔註一七一〕1955年開始，由於中共評估國內階級鬥爭的新形勢，認為仍有大量暗藏的反革命分子未被揭露和肅清，決定藉反「胡風反革命集團」而展開全國性的肅反運動。7月3日及25日，《人民日報》先後發表兩篇社論，號召全國對暗藏的反革命分子進行鬥爭。〔註一七二〕肅清反革命鬥爭由是在各領域展開。

根據判決書，王明道是觸犯了〈懲治反革命條例〉第十及十三條，有關規定如下：

第十條　以反革命為目的，有下列挑撥、煽惑行為之一者，處三年以上徒刑；其情節重大者處死刑或無期徒刑：

煽動群眾抗拒、破壞人民政府徵糧、徵稅、公役、兵役或其他政令之實施者；

挑撥離間各民族、各民主階級、各民主黨派、各人民團體或人民與政府間的團結者；

進行反革命宣傳鼓動、製造和散佈謠言者。

第十三條　窩藏、包庇反革命罪犯者，處十年以下徒刑；其情節重大者，處十年以上徒刑、無期徒刑或死刑。〔註一七三〕

上述的控罪，第十條主要是針對王的反政府言行，特別是在基督教界「挑撥離間」與政府的團結，至於第十三條則指王在解放後，曾包庇「反革命分子」梁立志。關於梁立志的問題，相信只是在審查過程中的附加控罪。〔註一七四〕從上文的討論可見，黨國與王明道間的根本矛盾，是他「竭力破壞全國基督徒發起的『三自愛國運動』」及「堅決與政府對抗」（起訴書語）。究竟上述的矛盾，是否足以構成「反革命」的罪名？我們又該如何檢視這宗案件所涉及的政教矛盾與關係？

通過本文的研究，可見王明道選擇站在三自運動的對立面，完全是基於「宗教」（而非「政治」）的考量。在基督教的傳統中，王屬於典型的「基要派」，強烈反對「現代主義」或「自由主義」偏離基本信仰的立場。同時，基要派（在中國一般稱作「屬靈派」）在社會及政治問題上，大多持「分離」原則，否定基督教具有任何社會改革的使命或任務，並且嚴格持守政教分離（separation of church and state）的教導。〔註一七五〕

關於基要派（或「屬靈派」）與現代派間的神學爭論，本屬基督教傳統的內部問題，王明道以「宗教信仰」為理由，拒絕參與由吳耀宗（「現代派」）領導的三自革新，可說符合其一貫立場。他寧願忠於其「信仰」，而不願與他心目中的「不信派」合作，這也跟其長期的「戰鬥」（militant）性格吻合。〔註一七六〕這種戰鬥性格，與其說是針對中共或三自，倒不如是指向世俗政權及現代派神學。「為了信仰」，王明道反對三自運動，但由於三自運動的本質並不純粹是基督教界內部自發的運動，而是黨國在1950年代推展的反帝愛國鬥爭，〔註一七七〕終使王在反三自的同時，逐步地把自己置於黨國的對立面。基要派與現代派在神學觀點上的差異，因涉及政治權力的介入，最終演變成基要派與黨國的矛盾。當王後來視三自運動為中共消滅基督教的工具時，更進一步尖銳化及激化這種矛盾。

不過，反三自運動是否就等同「反革命」呢？就黨國立場而言，三自運動是基督教界的反帝愛國運動，在1950年代高舉「反帝」及「愛國」的革命洪流中，王明道反對三自，自然可被理解成反「反帝愛國」。但他的立場，嚴格而言，只是一種拒絕與官方指定之意識形態及立場「合模」的宗教取向，實際上不構成推翻中共政權的動機與行動。王最大的問題是「不團結」——一方面破壞了黨國期望在基督教界凝造的愛國大團結，另方面也妨礙了黨國與屬靈派的團結。在多元社會裏，不團結可被理解為不同的觀點與行動取向，但在愈趨一元化的全能主義政治（Totalism）格局裏，〔註一七八〕任何與黨國路線不合模或不順從者，只能在「革命」與「反革命」、「人民」與「反人民」的二元思維中作生與死的抉擇。王明道的宗教取向及戰爭性格，相對於選擇順應革命形勢，尋求妥協的大多數，成為特立獨行的異議者，挑戰及動搖了黨國的宗教管控體制及一元化格局。最後他只能在肅反形勢中，揹上暗藏在基督教內的「反革命分子」的罪名。抑有進者，黨國對王的政治指控，又為部分不認同王氏保守及排他立場的基督教人士賦予了批王行動的「正當性」。宗教界假借政治力量打擊「異見者」的情況，也是1950年代的教會歷史不可忽視的一個環節。

從政教關係的角度來檢視這宗基督教界的「反革命」案，也有助我們評估王明道對當代中國基督教傳承的影響。政教關係指政權與教會組織的關係（state and church relations），由於王明道的基要派取向，社會及政治議題從來不是他的首要關懷，其教導也極少涉及政教關係的課題。但他與三自運動的鬥爭，特別是在1954至1955年間的「屬靈爭戰」中，逐漸確立了「政教分離」的觀點。具體而言，包括：（一）教會是宗教組織，不應成為政權的附庸或工具；〔註一七九〕（二）基督徒（包括教牧傳道）作為個人可以履行公民責任（包括愛國學習及活動），但卻不能以教會的名義參與政治及介入政治議題；

（三）基督徒在不違反信仰的原則下，可以遵守法律及順服政權，但設若有關法令違背了信仰，即可以信仰為依據而抗命。〔註一八〇〕王氏的政教分離觀，充分反映基要派的徹底「分離」原則，在近代中國基督教發展歷史中，具有一定的代表性，其影響甚至延伸至現在。

套用 1950 年代的中國教會關於「愛國愛教」的論述，王明道強調「愛教」的絕對性，拒絕把「愛國」凌駕於「愛教」之上。這種「愛教」立場，隨著政治形勢逐漸激化，為 1950 年代的政教關係，帶來了兩方面的影響：第一，在黨國實踐團結為主的路線時，王對「愛教」的堅持，或多或少抗衡了三自革新運動的「政治化」傾向。從上文的討論可見，黨國多次批評三自革新派「宗教性」不強，甚至主動提出以「愛國」取代「革新」的口號，以爭取團結屬靈派，在在說明王氏觀點的影響力。可以說，「愛國愛教」是黨國企圖調和兩者間的矛盾而提出的主張。當時部分屬靈派願意參加三自運動，其實也反映其對「愛國愛教」的認同。而王明道與參加三自的屬靈派間的矛盾，也說明基督教在面對國家政權時的不同態勢。1950 年代黨國、三自與不同背景教會人士間的關係，其實遠比我們掌握的圖像複雜及多元。第二，隨著黨國路線愈趨「左」傾，反革命鬥爭取代團結原則，王對「愛教」的堅持，威脅了三自運動的發展，結果令王遭受嚴厲的政治清算。抑有進者，1958 年後抬頭的極「左」宗教政策，更摧毀那些企圖在三自愛國下實踐愛教者的生存空間，也反過來證明王明道式徹底分離及不妥協路線的正確性。王的堅持及戰爭性格，成為1950年代教會內罕見的異議者，不僅讓他建立崇高的道德形象，更贏得殉道者的美譽。這種殉道者形象，更成為對革命鬥爭時代的有力指控，並且形成日後黨國與部分教會羣體間的互不信任。

公安部部長羅瑞卿在1957年底指出，「我國的肅反鬥爭已經取得了偉大勝利」。1955至1957年間全國規模的肅反鬥爭，共查出10萬多名「反革命分子」及其他「壞分子」，另有6.5萬名「普通反革命分子」及各種「反動分子」和「刑事犯罪分子」。同時，在社會鎮反運動中，又有37萬反革命分子和其他犯罪分子。但即或如此，他仍強調：「我們同反革命的鬥爭，不僅還存在，而且在一定條件下還可能達到相當尖銳，有時甚至是十分尖銳的程度。」[註一八一] 毋庸置疑，在「不斷革命」的時代裏，任何異議者均動輒被治以「反革命」的罪名，但這些「反革命分子」中，到底有多少人蒙冤受屈，根本無從追究。[註一八二] 值得留意的是，作為肅反鬥爭的導火線，胡風的反革命罪名，在1980年7月已獲最高人民法院、最高人民檢察院及公安部黨組覆查，結果確認為「錯案錯判」。中共中央承認在當時「混淆了兩類不同性質的矛盾，將有錯誤言論、宗派活動的一些同志定為反革命分子」，故決定「凡定為胡風反革命分子的，一律改正，恢復名譽……。凡因『胡風問題』受到株連的，要徹底糾正」。[註一八三] 那麼，在王明道案中，黨國是否也混淆了宗教及政治兩種不同性質的矛盾，因而錯誤地把王定為「反革命分子」？

胡風獲平反的消息，對同樣揹負「反革命」罪的王明道而言，不禁感到納悶。他在給江華院長的上書裏說：

政府為許多遭受冤屈的知名人士平反時，都為他們恢復了名譽。我坐了二十多年的監，名譽不但未曾受到損失，反而得到了更多的榮譽。我出監已有兩年多了，政府對我這個基督教中最大的冤獄，始終沒有任何表示。〔註一八四〕

王明道常以「最大的冤獄」來形容他的遭遇，並萌生申訴平反的念頭，其主要考量，並非計較個人的榮辱得失，而是為當年在寧「左」勿右的肅反氛圍下，眾多受牽連者呼冤：

有的人從來未曾見過我的面，只看過我的書刊，特別是那本《五十年來》。他們知道我的人生和我對神的忠心。他們知道我被捕坐監，完全是為了信仰。因而同情我，為我祈禱。還有人在我被捕後，在聚會中提議為我祈禱，竟因此被猶大的門徒所誣陷而被捕，判了刑，被誣為「走王明道道路的人」，為「王明道的代理人」。有的竟被稱為「王明道反革命集團的骨幹份子」。總之，凡與王明道有些關係，有些來往的信徒，免不了受人誣陷。〔註一八五〕

我們現在已無法確查到底有多少人在肅反期間因王明道的關係受株連。〔註一八六〕但關於「王明道反革命集團」一案的覆查，在王明道逝世20年後仍無法落實。〔註一八七〕基督教「王明道反革命集團」案（也包括同期涉及的基督教及天主教反革命集團案）的處理，不僅關係到當事人及眾多受株連者的名譽是否獲得公正評價，無疑也是當前政府及教會人士能否正視歷史的重要指標。〔註一八八〕

〔註一〕本文原刊於《中央研究院近代史研究所集刊》期 67（2010 年 3 月），頁 97～147，是香港特別行政區研究資助局優配研究金撥款支持計畫「愛國與愛教之爭：革命時代吳耀宗與王明道研究（1949～1966）」（CUHK 453508）之部分成果，亦曾獲香港中文大學 Direct Grant for Research 資助。此外，本研究蒙王天鐸先生（王明道兒子）俞允複印及使用王明道未刊文獻（包括日記、書信、文稿等），謹此向王先生衷心致謝。其中王明道日記部分，蒙香港建道神學院基督教與中國文化研究中心允許引用其整理稿；另王明道 1980 年獲釋後，在上海照顧他的張桂炎先生亦向筆者提供重大幫助，在此一併致謝。最後要感謝兩位評審者的寶貴意見。收入本書時曾作修訂補充。

〔註二〕王明道：〈上江華院長書〉，手稿複印件，具體日期不詳。王曾撰寫多封上訴書，標題各異。有關王明道該批要求平反的信函內容及史料價值，參本書導讀。

〔註三〕劉氏跟王說：「你說你冤枉，那我冤不冤枉？你去坐監，我也坐監，我一共坐了十九年呢！這些實在沒有甚麼可冤的，一切都是天父許可才發生的，今天我們不明白，將來我們必知曉！」這種觀點，反映出基督教保守傳統認為凡事都在神的允許下發生，遇到不公平的事時，基督徒不必為自己申辯，神在終末的最後審判自會有伸張正義。林秋香、章冠英：《受傷的勇士——王明道的一世紀》（台北：橄欖出版有限公司，2006），頁 100。

〔註四〕「粉碎披著宗教外衣的王明道反革命集團（提綱）」，國務院宗教事務局編：〈宗教情況通報〉，（55）第二十號（1955 年 9 月 22 日），頁 1，四川省檔案館藏，50-532-631。

〔註五〕天主教龔品梅反革命集團案，可參 Paul P. Mariani, *Church Militant: Bishop Kung and Catholic Resistance in Communist Shanghai*（Cambridge, MA: Harvard University Press, 2011）。基督教倪柝聲反革命集團案，可參邢福增：《反帝．愛國．屬靈人——倪柝聲與基督徒聚會處研究》（香港：基督教中國宗教文化研究社，2005）。

〔註六〕「不信派」是王明道用來形容那些受自由主義及現代主義影響的神學觀點。他認為不信派已否定了基要派的信仰，故嚴格而言，根本不是基督徒。由於三自革新運動的領導人物，如吳耀宗的神學立場屬現代派，故他以「信仰不同」為理由拒絕參與。參吳利明：《基督教與中國社會變遷》（香港：基督教文藝出版社，1981），頁 158～163；梁家麟：《他們是為了信仰——北京基督徒學生會與中華基督徒佈道會》（香港：建道神學院基督教與中國文化研究中心，2001），頁 103～131；Thomas A. Harvey, *Acquainted with Grief: Wang Mingdao's Stand for The Persecuted Church in China*（Grand Rapids, MI: Brazos

Press, 2002）, Ch. 4; Richard R. Cook, "Fundamentalism and Modern Culture in Republican China: The Popular Language of Wang Mingdao, 1900 ～ 1991,"（Ph. D. dissertation, Iowa: University of Iowa, 2003）, 107 ～ 114; Carsten T. Vala, "Failing to Contain Religion: The Emergence of A Protestant Movement in Contemporary China,"（Ph. D. dissertation, Berkeley, CA: University of California, 2008）, Ch. 3。

〔註七〕王明道：〈上江華院長書〉，手稿複印件，日期不詳。

〔註八〕邢福增：〈反帝愛國與宗教革新——論中共建國初期的基督教〈革新宣言〉〉，《中央研究院近代史研究所集刊》，期 56（2007 年 6 月），頁 91 ～ 141。另參見劉建平：《紅旗下的十字架——新中國對基督教和天主教的政策演變及其影響（1949 ～ 1955）》（香港：基督教中國宗教文化研究社，2012）。

〔註九〕王明道日記，未刊手稿複印件（下同），1950 年 12 月 17 日。

〔註十〕王明道日記，1950 年 9 月 23 日。

〔註十一〕王明道日記，1950 年 9 月 26 日。

〔註十二〕王明道日記，1950 年 10 月 22 日。

〔註十三〕關於基督教控訴運動的情況，可參邢福增：〈打掃房子——1951 年的基督教控訴運動〉，收入氏著：《基督教在中國的失敗？——中國共產運動與基督教史論》（香港：道風書社，2008），第 2 章。

〔註十四〕王明道日記，1951 年 4 月 13 日。

〔註十五〕王明道日記，1951 年 4 月 23 日。

〔註十六〕王明道：〈投靠耶和華強似倚賴人〉，《靈食季刊》，冊 94（1950 年夏），頁 13。

〔註十七〕王明道日記，1951 年 7 月 30 日，8 月 6 日。

〔註十八〕王明道：〈兩個自縊身死的人〉，《靈食季刊》，冊 96（1950 年冬），頁 4 ～ 6。

〔註十九〕參見《靈食季刊》，冊 99（1951 年秋）及冊 100（1951 年冬）。

〔註二十〕王明道：〈害了神人的竟是老先知〉，《靈食季刊》，冊 97（1951 年春），頁 26；冊 98（1951 年夏），頁 14。

〔註二一〕王明道日記，1951 年 12 月 27 日。

〔註二二〕王明道：〈《靈食季刊》的發刊語和路德馬丁的一篇禱文〉，《靈食季刊》，冊 100（1951 年冬），頁 80 ～ 82。

〔註二三〕王明道：〈基督徒生活中的兩個原則〉，《靈食季刊》，冊 101（1952 年春），頁 19。

〔註二四〕王明道：〈但遵神旨莫問前程〉，《靈食季刊》，冊 102（1952 年夏），頁 4。

〔註二五〕王明道：〈說謊是不是大罪呢？〉，《靈食季刊》，冊 104（1952 年冬），頁 6。

〔註二六〕王明道：〈明智的大衛〉，《靈食季刊》，冊 103（1952 年秋），頁 15 ～ 16。

〔註二七〕王明道：〈順服，苦難，長進，勝利，榮耀〉，《靈食季刊》，冊 106（1953 年夏），頁 23。

〔註二八〕王明道日記，1952 年 4 月 1 日。

〔註二九〕王明道：〈弄巧成拙的耶羅波安〉，《靈食季刊》，冊 102（1952 年夏），頁 15 ～ 16。

〔註三十〕王明道：〈不改變的神〉，《靈食季刊》，冊 104（1952 年冬），頁 20。

〔註三一〕〈北京市基督教團體捐獻運動報告〉，《天風》，期 301（1952 年 2 月 16 日），頁 10。

〔註三二〕〈西安市基督教聯合會控訴美帝進行細菌戰爭座談會記錄摘要〉，《天風》，期 306（1952 年 3 月 22 日），頁 3。

〔註三三〕北京市地方志編纂委員會編：《北京志：宗教志》（北京：北京出版社，2007），頁 527 ～ 528。當時青年會背景的革新派骨幹趙復三曾跟會堂中人表示，希望基督徒會堂可以派人參加三自革新學習班。王明道日記，1952 年 8 月 10 日。

〔註三四〕北京市地方志編纂委員會編：《北京志：宗教志》，頁 528。

〔註三五〕〈一群讀者對於《聖潔沒有瑕疵》的意見〉，《天風》，期 377 ～ 378（1953 年 8 月 21 日），頁 16 ～ 17。

〔註三六〕〈匿名上海教會人士訪問記錄（二）〉，2002 年 7 月 10 日，上海。

〔註三七〕吳耀宗：〈中國基督教三自革新運動今後的方針任務〉，《天風》，期 382 ～ 383（1953 年 9 月 24 日），頁 2。

〔註三八〕參見邢福增：《反帝．愛國．屬靈人》，頁 103 ～ 104。

〔註三九〕王明道日記，1953 年 8 月 27 日。

〔註四十〕王明道日記，1953 年 8 月 30 日。

〔註四一〕王明道日記，1953 年 9 月 13 日。

〔註四二〕王明道：〈巴蘭的道路〉，《靈食季刊》，冊 107（1953 年秋），頁 28 ～ 33。

〔註四三〕王明道：〈巴蘭的道路（續）〉，《靈食季刊》，冊 108（1953 年冬），頁 20。

〔註四四〕王明道：〈謹防假師傅〉，《靈食季刊》，冊 26（1935 年冬），頁 9 ～ 20。

〔註四五〕王明道：〈巴蘭的道路（續）〉，頁 20。

〔註四六〕邢福增：〈學習與改造：中共建國初期的基督教出版事業（1951 ~ 1953）〉，收入王爾敏教授八秩嵩壽榮慶學術論文集編輯委員會策劃編輯：《史學與史識：王爾敏教授八秩嵩壽榮慶學術論文集》（台北：廣文書局，2009），頁 83 ~ 88。修訂稿收入邢福增：《基督教在中國的失敗？——中國共產運動與基督教史論》（香港：道風書社，2012 增訂版），第 4 章。

〔註四七〕王明道日記，1952 年 10 月 16 日。

〔註四八〕〈關於全國宗教工作會議的報告（1953 年 12 月）〉，收入中共中央宣傳部辦公廳、中央檔案館編研部編：《中國共產黨宣傳工作文獻選編，1949 ~ 1956》（北京：學習出版社，1996），頁 765。

〔註四九〕〈三年來全國基督教工作基本總結和今後的方針任務的意見〉（草稿），福建省檔案館藏，150 ~ 151。

〔註五十〕「關於王明道及其『基督徒會堂』」，政務院文委宗教事務處編：〈宗教情況通報〉，期 37（1952 年 7 月 26 日），頁 1，四川省檔案館藏，50-525-624。

〔註五一〕「王明道及其『基督徒會堂』活動情況」，政務院文委宗教事務處編：〈宗教情況通報〉，期 90（1953 年 10 月 30 日），頁 3，四川省檔案館藏，50-528-627。

〔註五二〕〈三年來全國基督教工作基本總結和今後的方針任務的意見〉（草稿），頁 4。有關黨國與基督徒聚會處的矛盾與衝突，參見邢福增：《反帝．愛國．屬靈人》，第 3 ~ 5 章。

〔註五三〕〈關於全國宗教工作會議的報告（1953 年 12 月）〉，收入《中國共產黨宣傳工作文獻選編，1949 ~ 1956》，頁 766 ~ 767。

〔註五四〕〈三年來全國基督教工作基本總結和今後的方針任務的意見〉（草稿），頁 4。

〔註五五〕〈三年來全國基督教工作基本總結和今後的方針任務的意見〉（草稿），頁 3、6。

〔註五六〕〈三自革新籌委會常務委員會新聘三位特邀籌備委員〉，《天風》，期 382 ~ 383（1952 年 9 月 24 日），頁 3。

〔註五七〕宗教事務處指出，基督教愛國組織要正視屬靈派虔誠信徒的「靈性枯乾」，可據「宗教語言，愛國內容」的原則，多作結合政治的屬靈講道，並出版這方面的書籍。「北京、天津等地基督教愛國組織進行宗教活動的幾點體會」，政務院文委宗教事務處編：〈宗教情況通報〉，(54) 第十一號（1954 年 4 月），頁 1 ~ 3，四川省檔案館藏，50-529-628。

〔註五八〕〈全國三自革新籌委會舉行第二次全體委員會議〉，《天風》，期 417 ~ 418（1954 年 6 月 9 日），頁 1。

〔註五九〕「北京基督徒會堂王明道近幾個月來的活動情況」，政務院文委宗教事務處編：〈宗教情況通報〉，

（54）第二十七號（1954年7月30日），頁1～2，四川省檔案館藏，50-530-629。另參國務院宗教事務局資料組編：〈王明道及其「基督徒會堂」活動情況資料〉，1955年1月，頁2～3，四川省檔案館藏，50-391-364。

〔註六十〕全國基督教會議向五位北京屬靈派教會代表發出邀請（王明道、畢詠琴、王鎮、闔迦勒、陳善理），悉數拒絕出席。參見「北京市基督教屬靈派教會及團體與王明道的關係」，政務院文委宗教事務處編：〈宗教情況通報〉，號36（1954年9月15日），頁1，四川省檔案館藏，50-530-629。

〔註六一〕「王明道致王天鐸函」，1955年1月7～8日。

〔註六二〕「反革命分子王明道一九五四年冬至一九五五年夏『講道』摘要」，國務院宗教事務局編：〈宗教情況通報〉，（55）第十二號（1955年8月14日），頁6，四川省檔案館藏，50-532-631。王在給王天鐸的信中，提及曾於8月2日與楊紹唐見面，相信其中一人是楊。

〔註六三〕「王明道致王天鐸函」，1955年1月7～8日。

〔註六四〕〈匿名上海教會人士訪問記錄（四）〉，2009年8月13日，上海。

〔註六五〕何成湘：〈在中國基督教全國會議上的講話〉，頁2～3，陝西省檔案館藏，228-2-15。何成湘在會議上曾作兩次（7月28日及8月6日）講話，從內容可見，本文件應為第一次講話。

〔註六六〕何成湘：〈在中國基督教全國會議上的講話〉，頁3，7。

〔註六七〕吳耀宗：〈中國基督教三自革新運動四年來的工作報告〉，《天風》，期425～427（1954年9月3日），頁7。

〔註六八〕吳耀宗：〈中國基督教三自革新運動四年來的工作報告〉，頁8。

〔註六九〕沈德溶：《在三自工作五十年》（上海：中國基督教全國兩會，2000），頁28，67。

〔註七十〕〈匿名上海教會人士訪問記錄（四）〉。

〔註七一〕〈中國基督教全國會議告全國同道書〉，《天風》，期425～427（1954年9月3日），頁41。

〔註七二〕〈中國基督教全國會議四項決議〉，《天風》，期425～427（1954年9月3日），頁43。

〔註七三〕〈匿名上海教會人士訪問記錄（四）〉。

〔註七四〕〈北京市各教會團體勝利完成「中國基督教全國會議」的傳達工作〉，《天風》，期439（1954年11月22日），頁1～2。

〔註七五〕「王明道致王天鐸函」，1955年1月7～8日。

〔註七六〕十一個教會團體包括：基督徒會堂、基督徒學生會、基督徒聚會處、香山靈修院、香山恩典院、東大地福音堂、交道日基督徒聚會處、阜內大街教會、南順城街教會、香山福音堂、中華基督教自立會。

〔註七七〕「北京市基督教屬靈教會及團體與王明道的關係」，政務院文委宗教事務處編：〈宗教情況通報〉，號36（1954年9月15日），頁5，四川省檔案館藏，50-530-629。另參王長新：《又四十年》，頁53～55；李迪亞：《活祭》（新加坡：逐家文字佈道會，2000），頁98～99。《活祭》是關於北京阜內街教會袁相忱的傳記。

〔註七八〕國務院宗教事務局資料組編：〈王明道及其「基督徒會堂」活動情況資料〉，附件二，「解放以來王明道反動論點摘要」，1955年1月，四川省檔案館藏，50-391-364。

〔註七九〕「解放以來王明道的反動言論摘要」，政務院文委宗教事務處編：〈宗教情況通報〉，（54）第二十四號（1954年7月9日），四川省檔案館藏，50-529-628。

〔註八十〕「北京基督徒會堂王明道近幾個月來的活動情況」，政務院文委宗教事務處編（下同）：〈宗教情況通報〉，（54）第二十七號（1954年7月30日）；「北京基督徒會堂王明道在全國各地的影響」，〈宗教情況通報〉，（54）第三十一號（1954年8月26日）；「北京市基督教屬靈教會及團體與王明道的關係」，〈宗教情況通報〉，（54）第三十六號（1954年9月15日）。上述三份檔案均收於四川省檔案館藏，50-530-629。

〔註八一〕王明道：〈一個重要的警告〉，《靈食季刊》，冊110（1954年夏），頁25～27。

〔註八二〕王明道日記，1955年1月1日，1月8日，1月10日，1月26日。王明道全套被政府沒收的日記（1915年至1955年8月），後來獲發還。遺憾的是，獨缺了1954年的日記。這對了解王氏此年的心路歷程，無疑是個極大的損失。

〔註八三〕〈編者的消息〉，《靈食季刊》，冊111（1954年秋），頁43。

〔註八四〕王明道：〈他們就是這樣陷害耶穌〉，《靈食季刊》，冊111（1954年秋），頁9～10。

〔註八五〕王明道：《真偽福音辨》（香港：晨星出版社，1987）；王明道：〈真偽福音辨再版序〉，《靈食季刊》，冊111（1954年秋），頁20。《真偽福音辨》早於1936年出版，許頌聲曾考證1936年及1954年兩個版本，指出王氏所新增的文章，均是針對三自運動內的「不信派」。參見許頌聲，〈《真偽福音辨》發微〉，未刊稿。

〔註八六〕王明道：〈信仰不同呢？沒有信仰呢？〉，《靈食季刊》，冊111（1954年秋），頁40～42。

〔註八七〕面對政府以反帝愛國的名義要求參加三自，上海屬靈派在1953年組成不定期的聯席會議。參與者包括上海基督徒聚會處、靈糧堂及烏魯木齊北路禮拜堂。結果，與會代表分成兩派：一派認為愛國沒問題，只要能保持信仰即可；另一派則主張王明道的立場，堅拒參與三自。參見〈匿名上海教會人士訪問記錄（一）〉，2001年10月22日，上海。另見邢福增：《反帝・愛國・屬靈人》，頁116～117。

〔註八八〕王明道：〈順從人呢？順從神呢？〉，《靈食季刊》，冊112（1954年冬），頁21。

〔註八九〕王長新：《又四十年》，頁39～40。

〔註九十〕「北京基督徒會堂王明道近幾個月來的活動情況」，政務院文委宗教事務處編：〈宗教情況通報〉（54）第二十七號（1954年7月30日），四川省檔案館藏，50-530-629。

〔註九一〕「王明道致王天鐸函」，1955年1月7～8日。

〔註九二〕1954年全國基督教會議後，王在會堂召開「特別緊急會議」，分享教會內各人對他的支持，給予他極大的信心。他說：「十二年前的戰爭是孤軍作戰，同心的人只有幾個，今天是整個教會一大群與我一同作戰，……此後我們大家要同心合意，生則同生，死則同死，一個也不能軟弱跌倒。」國務院宗教事務局資料組編：〈王明道及其「基督徒會堂」活動情況資料〉，附件二，「解放以來王明道反動論點摘要」，1955年1月，頁17，四川省檔案館藏，50-391-364。

〔註九三〕王明道：〈一個重要的真理〉，《靈食季刊》，冊112（1954年冬），頁13。

〔註九四〕王明道：〈真理呢？毒素呢？〉，《靈食季刊》，冊112（1954年冬），頁25～40。

〔註九五〕王長新：《又四十年》，頁2～3。另見王明道日記，1952年9月25日。

〔註九六〕〈新書出版〉，《靈食季刊》，冊113（1955年春），頁17。

〔註九七〕王明道：《時代的信息》（香港：宣道書局，1964）。

〔註九八〕王明道：〈一個天天死的人〉，《靈食季刊》，冊113（1955年春），頁4、7。

〔註九九〕王明道日記，1955年3月10日。

〔註一〇〇〕王長新：《又四十年》，頁84～85。

〔註一〇一〕例如其中一次，便有來自酒泉、天水、上海、瀋陽、天津、哈爾濱、保定、昌黎、太原等地共25人來訪，王跟他們分享「靈戰經過」。王明道日記，1955年1月26日。

〔註一〇二〕王明道日記，1955年3月15日。

〔註一〇三〕王明道日記，1955年6月15日。

〔註一〇四〕羅竹風原為華東宗教事務處處長。1954年6月，中央撤銷華東、中南、東北、西北、西南及華北六大行政區，華東宗教事務處亦一併撤銷。1955年2月，國務院批准成立上海市人民委員會宗教事務處（由原來的市文教委宗教事務處改組），羅竹風調任處長。參見上海宗教志編纂委員會編：《上海宗教志》（上海：上海社會科學院出版社，2001），頁603。

〔註一〇五〕〈上海市基督教三自愛國運動代表會議勝利閉幕〉，《天風》，期462～463（1955年5月6日），頁2。

〔註一〇六〕羅氏曾召集獨立教會召開數次座談會，反覆說明基督教界反帝愛國的團結是中國人民大團結的一環。陸傳芳，〈在學習中認識三自，在工作中理解三自〉，收入上海市基督教兩會編：《上海基督教紀念三自愛國運動50週年神學思想建設研討會專輯》（上海：上海市基督教兩會，2000），頁18。

〔註一〇七〕王明道日記，1955年3月13日。

〔註一〇八〕王明道日記，1955年3月30日，5月8日。

〔註一〇九〕王明道日記，1955年4月4日。陳崇桂是另一位積極參加三自的屬靈派，參見邢福增：《中國基要主義者的時代實踐與困境——陳崇桂的神學思想與時代》（香港：建道神學院基督教與中國文化研究中心，2001），第6章。

〔註一一〇〕「王明道致王天鐸函」，1955年1月7～8日。

〔註一一一〕「王明道致王天鐸函」，1955年1月7～8日。

〔註一一二〕王長新：《又四十年》，頁57；王明道日記，1955年1月25日。

〔註一一三〕國務院宗教事務局資料組編：〈王明道及其「基督徒會堂」活動情況資料〉，頁2～3；另參其附件二，「解放以來王明道反動論點摘要」，頁10，1955年1月，四川省檔案館藏，50-391-364。

〔註一一四〕「一九五四年基督教工作總結及一九五五年基督教工作的方針任務報告」，四川省檔案館藏，50-24-71。

〔註一一五〕「習仲勛同志於全國宗教工作會議的總結（筆記整理）」，四川省檔案館藏，50-24-71。

〔註一一六〕秦牧：〈「你們和不信的原不相配，不要同負一軛」的正意與曲解〉，《天風》，期453（1955年2月28日），頁6～10。

〔註一一七〕沈德溶：《在三自工作五十年》，頁63～64。

〔註一一八〕王明道日記，1955年4月21日。

〔註一一九〕1954年11月，中央宗教事務處改組為國務院宗教事務局，為國務院直屬機關。何成湘任黨組書記及局長。赤耐主編：《當代中國的宗教工作》（北京：當代中國出版社，1998），下冊，頁 367。

〔註一二〇〕〈中國基督教三自愛國運動委員會常務委員會第三次全體會議〉，《天風》，期 457（1955 年 3 月 28 日），頁 2。

〔註一二一〕〈丁光訓常委發言摘要〉，《天風》，期 457（1955 年 3 月 28 日），頁 7。

〔註一二二〕〈關於中國基督徒反帝愛國大團結的決議〉，《天風》，期 457（1955 年 3 月 28 日），頁 4。

〔註一二三〕崔憲詳：〈一定要鞏固和擴大我們的團結〉，《天風》，期 464（1955 年 5 月 16 日），頁 4。

〔註一二四〕參見 1955 年 7 ～ 8 月期間的《天風》。

〔註一二五〕〈全國各地同道紛紛來信一致憤怒聲斥王明道〉，《天風》，期 479（1955 年 8 月 22 日），頁 7 ～ 9。

〔註一二六〕王明道日記，1955 年 4 月 14 日，5 月 8 日。

〔註一二七〕王明道日記，1955 年 5 月 15 日。

〔註一二八〕王明道：〈堅決的態度與勝利的人生〉，《靈食季刊》，冊 114（1955 年夏），頁 6。

〔註一二九〕王明道日記，1955 年 5 月 19 日。

〔註一三〇〕王長新：《又四十年》，頁 85。政府把徐定性為「反動的『遊行佈道家』」。參見〈天津市天主教、基督教中的反動分子活動頻繁〉，收入新華通訊社編：《內部參考》，1955 年 89 期（4 月 19 日），頁 295 ～ 296。

〔註一三一〕王約瑟：《王明道見證（增訂版）》（香港：中華福音服務社，2000），頁 24。對於徐被捕，王在日記中說，感到「神得榮耀之時至矣」。王明道日記，1955 年 5 月 19 日。

〔註一三二〕王明道日記，1955 年 5 月 27 日，6 月 3 日，6 月 9 日。

〔註一三三〕王明道日記，1955 年 6 月 16 日，6 月 23 日，6 月 28 日，6 月 30 日，7 月 3 日，7 月 12 日。王明道：《我們是為了信仰》（北京：靈食季刊社，1955）。

〔註一三四〕王明道：〈我們是為了信仰！〉，《靈食季刊》，冊 114（1955 年夏），頁 25 ～ 53。汪維藩曾撰寫〈是為了信仰麼？〉反駁王。汪文見《天風》，期 473 ～ 474（1955 年 7 月 21 日），頁 15 ～ 16。

〔註一三五〕陳永發：《中國共產革命七十年（修訂版）》（台北：聯經出版事業股份有限公司，2001），冊下，頁 675。另 Frederick C. Teiwes, *Politics and Purges in China: Rectification and the Decline of Party Norms, 1950 ～ 1965*（New York: M.E. Sharpe, 1993）, 244 ～ 246. 另見林蘊暉：《向社會主義過渡——中國經濟與社會的轉型（1953 ～ 1955）》，收入香港中文大學當代中國文化研究中心編，《中華人民共和國史》（香

港：香港中文大學當代中國文化研究中心，2009），卷2，頁496～522。

〔註一三六〕毛澤東：〈對中央關於揭露胡風反革命集團的指示稿的批語和修改（1955年6月3日）〉，收入中共中央文獻研究室編：《建國以來毛澤東文稿》（北京：中央文獻出版社，1997），冊5，頁148。

〔註一三七〕〈中共中央關於徹底肅清暗藏的反革命反子的指示（1955年8月25日）〉，收入中共中央文獻研究室編：《建國以來重要文獻選編》（北京：中央文獻出版社，1993），冊7，頁134～148。

〔註一三八〕〈從胡風事件吸取教訓，肅清一切隱藏的反革命分子〉，《天風》，期469～470（1955年6月24日），頁11～13。

〔註一三九〕〈聲討胡風反革命集團，全國及上海三自愛國運動委員會召開座談會〉，《天風》，期469～470（1955年6月24日），頁3～4。

〔註一四〇〕〈加強團結，明辨是非〉，《天風》，期471～472（1955年7月11日），頁3～5。

〔註一四一〕沈德溶：《在三自工作五十年》，頁77。

〔註一四二〕秦牧：〈反「現代派」呢？反三自愛國運動呢？〉；江文漢：〈我們是為了反帝愛國〉，《天風》，期473～474（1955年7月21日），頁8～14。

〔註一四三〕〈中共北京市委關於肅清暗藏反革命分子的鬥爭向中央的報告〉（1955年8月4日），收入北京市檔案館、中共北京市委黨史研究室編：《北京市重要文獻選編：1955》（北京：中國檔案出版社，2003），頁524、527。

〔註一四四〕王明道日記，1955年7月25日。

〔註一四五〕王長新：《又四十年》，頁89。另參王約瑟，《王明道見證（增訂版）》，頁24。

〔註一四六〕梁家麟：《他們是為了信仰》，頁133。

〔註一四七〕王明道日記，1955年7月16日，7月27日，8月3日，8月4日。

〔註一四八〕〈上海市宗教事務處羅竹風處長向宗教界作胡風問題學習的輔導報告〉，《天風》，期477～478（1955年8月15日），頁24。

〔註一四九〕王長新：《又四十年》，頁93，98～100。1955年被捕的其他教會人士包括彭宏亮（東大地福音堂）、王鎮（交道口東大街基督徒聚會處）等。

〔註一五〇〕〈揭露王明道的反動言行〉，《天風》，期477～478（1955年8月15日），頁5。

〔註一五一〕〈吳耀宗先生報告〉，《牧聲》，新20～21（1955年9月），頁12。

〔註一五二〕參見1955年9～12月的《天風》，另見1955年9～11月的《協進》。

〔註一五三〕〈單樂天牧師發言摘要〉，《牧聲》，新20～21（1955年9月），頁15。

〔註一五四〕王約瑟：《王明道見證（增訂版）》，頁68。

〔註一五五〕張育明：《血淚年華——張育明教授回憶錄》（台北：宇宙光出版社，1999），頁251。

〔註一五六〕鄭壁如：〈我對王明道的控訴和揭發〉，《天風》，期482～483（1955年9月19日），頁8；許蕙萱：〈我跳出了王明道反革命集團的泥坑〉、欒玉潔：〈堅決和王明道反革命分子劃清界線〉，以上兩文收入《田家》，1955年22期（1955年11月），頁6～9；赫康成，〈我要控訴反革命分子王明道〉、梁家驤：〈依法制裁王明道〉、余國梅：〈再不上反革命分子王明道的當了〉，以上三文收入《天風》，期484（1955年9月26日），頁3～5；劉閩生：〈我控訴王明道的反革命罪行〉、李奇芬：〈王明道毒害了我〉，以上兩文收入《天風》，期486～487（1955年10月17日），頁10～11。

〔註一五七〕〈廣州各教會同道揭露王明道分子林獻羔等反革命罪行〉，《天風》，期488～489（1955年10月31日），頁3～6。

〔註一五八〕譚理：〈斥《聖膏》——王明道反革命論調的上海版〉，《天風》，期494～495（1955年12月12日），頁23～27。

〔註一五九〕〈前言〉，天風週刊資料室編：《控訴揭發王明道反革命集團》（上海：廣學會，1955），頁5。另參天風週刊資料室編：《揭露反革命分子王明道的反動言論》（上海：廣學會，1955）。

〔註一六〇〕「關於在打擊王明道反革命集團鬥爭中使用起義教徒進行工作的幾個問題」，國務院宗教事務局編：〈宗教情況通報〉，（55）第二十二號（1955年10月17日），頁1～9，四川省檔案館藏，50-532-631。

〔註一六一〕馮基平：〈關於肅清反革命分子的工作〉（1955年9月19日），收入《北京市重要文獻選編：1955》，頁627。

〔註一六二〕〈中共北京市委關於1955年鎮壓反革命情況向中央的報告〉（1955年12月31日），收入《北京市重要文獻選編：1955》，頁985。

〔註一六三〕人民日報編：《堅決肅清龔品梅反革命集團，徹底清除暗藏在天主教內的一切反革命分子》（北京：人民日報出版社，1955）。

〔註一六四〕王明道被捕後，上海及各地基督徒聚會處的反三自勢力明顯收斂。參見「『上海教會』（即小群）

學習揭露王明道反革命集團罪行的情況」、「各地基督徒聚會處在反革命分子王明道被捕後的動態」，國務院宗教事務局編：〈宗教情況通報〉，（55）第三十一號（1955年11月29日）及（55）第三十二號（1955年11月29日），均收入四川省檔案館藏，50-532-631。

〔註一六五〕王長新：《又四十年》，頁101～138。

〔註一六六〕北京市三自愛國運動委員會於1956年4月成立，主席是王梓仲。

〔註一六七〕王長新：《又四十年》，頁149～152。另參王明道：〈我的檢討〉，《天風》，期515（1956年10月17日），頁7～9。

〔註一六八〕王長新：《又四十年》，頁174～188。

〔註一六九〕董必武：〈關於肅清一切反革命分子問題的報告〉，《人民日報》，1956年2月1日。

〔註一七〇〕〈中華人民共和國懲治反革命條例（1951年2月20日）〉，收入中共中央文獻研究室編：《建國以來重要文獻選編》（北京：中央文獻出版社，1992），冊2，頁44。

〔註一七一〕陳永發：《中國共產革命七十年（修訂版）》，冊上，頁572～577。另 Julia C. Strauss, "Paternalist Terror: The Campaign to Suppress Counterrevolutionaries and Regime Consolidation in The People's Republic of China, 1950～1953," *Comparative Studies in Society and History* 44:1（2002）, 99. 1951～1953年間，在全國逮捕了262萬名反革命分子，其中處決了71.2萬，關禁了129萬及管制了120萬人。參見楊奎松：〈新中國「鎮壓反革命」運動研究〉，《史學月刊》，2006年第1期，頁59。

〔註一七二〕〈肅清一切暗藏的反革命分子〉、〈對暗藏的反革命分子進行鬥爭〉，《人民日報》，1955年7月3日，7月25日。

〔註一七三〕〈中華人民共和國懲治反革命條例（1951年2月20日）〉，收入《建國以來重要文獻選編》，冊2，頁46。

〔註一七四〕梁曾任國民黨昌黎縣書記長，曾參加基督徒會堂聚會，並在會堂住了數個月。

〔註一七五〕關於基要派的神學立場，可參見 George M. Marsden, *Understanding Fundamentalism and Evangelicalism* (Grand Rapids: Wm B. Eerdmans Publishing Co., 1991).

〔註一七六〕王晚年嘗言：「我從14歲作基督徒起，便進入一種『戰鬥的人生』。」參見王明道，〈上江華院長書〉。

〔註一七七〕邢福增：〈反帝愛國與宗教革新——論中共建國初期的基督教〈革新宣言〉〉，《中央研究院近代史研究所集刊》，期 56，頁 109 ～ 112，116 ～ 121。

〔註一七八〕全能主義政治對中國的影響，參見鄒讜：《二十世紀中國政治——從宏觀歷史與微觀行動的角度看》（香港：牛津大學出版社，1994）。

〔註一七九〕1952 年王以「政治與宗教不當連合」為題授課，內容主要是「講羅馬教會之異端，裁判所，與政教分離之必要」。王明道日記，1952 年 8 月 21 日。

〔註一八〇〕以宗教信仰為理由拒絕服從某些政府法令的情況，並不罕見。以服兵役為例，台灣在 2000 年實施「社會役」（替代役），讓因為宗教信仰而拒服兵役的役男，有了另一種服務社會的方式。參麻雅芳、黃慧敏：〈宗教法與宗教團體管理問題探討〉（澎湖：民政局 95 年度自行研究計畫，2006），頁 2 註 4。

〔註一八一〕羅瑞卿：《我國肅反鬥爭的成就和今後的任務》（北京：中國青年出版社，1958），頁 4 ～ 5，26 ～ 30。

〔註一八二〕陳永發：《中國共產革命七十年（修訂版）》，下冊，頁 677。

〔註一八三〕林蘊暉：《向社會主義過渡—中國經濟與社會的轉型（1953 ～ 1955）》，頁 522。

〔註一八四〕王明道：〈上江華院長書〉。

〔註一八五〕王明道：〈上江華院長書〉。

〔註一八六〕據宗教事務局的內部文件，「王明道反革命集團」的涉案人士，除了若干北京的反動骨幹分子外，更涉及廣東廣州、福建、哈爾濱、內蒙古、新疆、山東青島、甘肅蘭州、武威、天津等地。「關於反革命分子王明道的材料」，國務院宗教事務局編：〈宗教情況通報〉，（55）第十三號（1955 年 8 月 22 日），頁 9 ～ 11，四川省檔案館藏，50-532-630。

〔註一八七〕王明道的兒子王天鐸，在 2000 年後曾委託律師申訴，結果被駁回。〈王天鐸先生訪問記錄〉，2009 年 8 月 13 日，上海。中共中央迄今仍維持對 1955 ～ 1956 年間涉及基督教及天主教的三起重大「反革命集團」案的結論，因為「翻案」難免引伸一連串對歷史問題的重新評價，動搖了對現存官方認可宗教組織的威望及地位，不利於維持社會穩定。

〔註一八八〕王明道逝世後多年，官方認可的基督教組織仍視他為批判的對象。例如中國基督教兩會（三自愛國運動委員會及中國基督教協會）在 1999 年曾以「王明道『信仰』析」作《會訊》（內部刊物）主題，惟主要內容仍沿襲 1950 年代的批王材料。編者說：「海外有人把王明道捧得很高，說他如何『屬靈』、『信仰』如何純正堅定等等。這些不實之詞很影響了我們中間的一些年輕人。影響受得深了，就要以王明道為榜樣，這就糟透了。為了教育下一代，我們編了這份材料。」「人有宗教立場，也有政治立場。人們的很多問題，不是由於宗教信仰，而是由於政治立場。」〈編者的話〉，中國基督教全國兩會編：《會訊》，1999年增刊（1999年12月）。

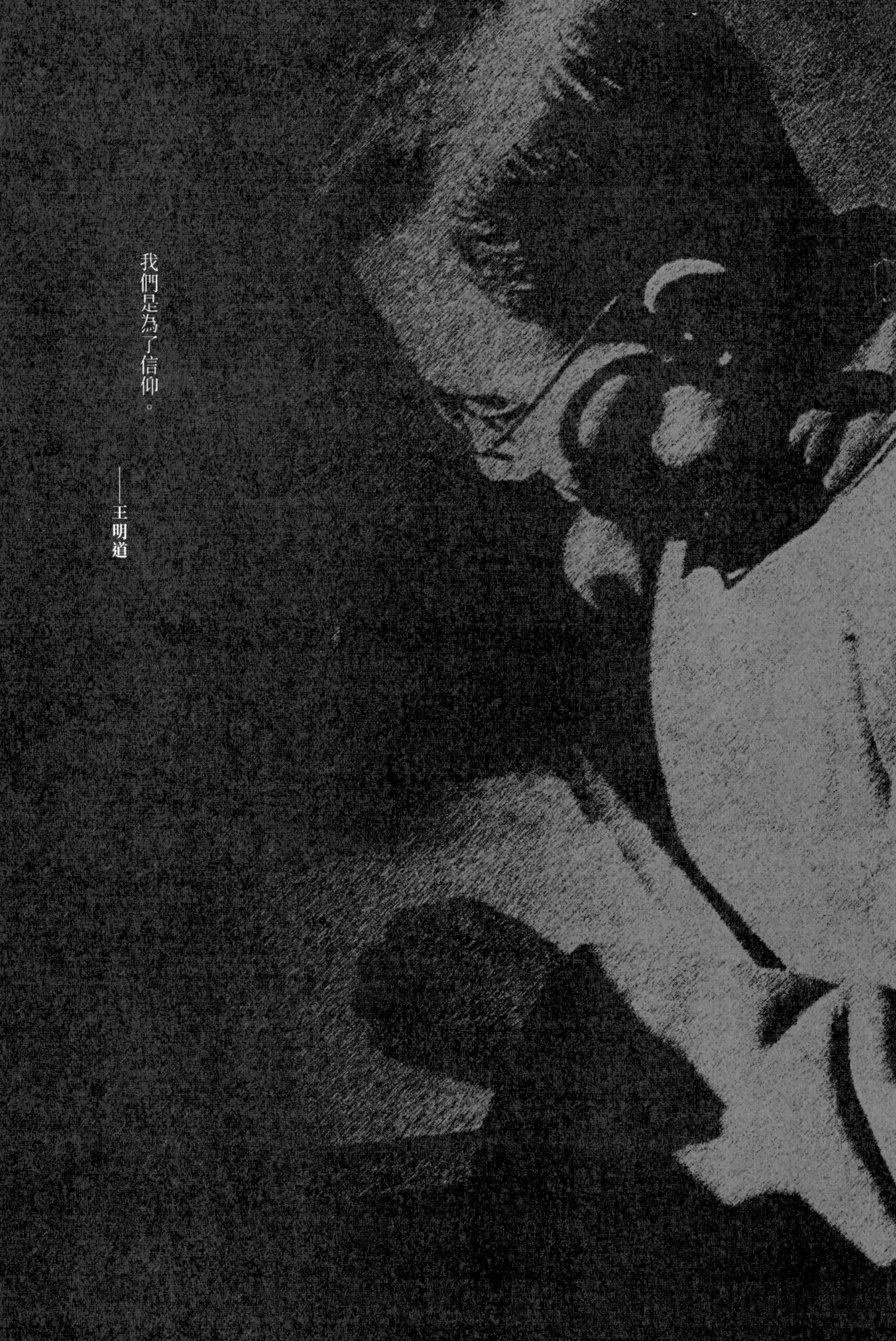
我們是為了信仰。
——王明道

肆　附錄

山西省高级人民法院

裁定书

（79）晋法刑二清裁字第324号

在押犯王明道，男，79岁，北京省（市）

县（市）人。因反革命罪于

1963年9月21日经北京市中级人民法院判

处无期徒刑剥夺政治权利终身。

该犯在劳动改造期间，能认罪服法，遵守监规纪律，

学习联系实际，批判犯罪思想，并能完成生产任务，有悔

改表现，由无期徒刑剥夺政治权利终身，减为有期徒刑

一年，免去剥夺政治权利[illegible]提前释放。

1979年 月 日

山西省高級人民法院裁定書，1979

（一）王明道兒子王天鐸申訴文件

編者按

王明道獲釋後，先後住在上海平江路及武康路王天鐸中科院的宿舍，其平反文稿就是在八十年代初期撰寫。1981 及 1986 年間，王天鐸兩度擬定為父親申訴的文件。不過，平反一事卻不為妻子劉景文支持。由於劉景文反對的關係，王的平反信件及其兒子的複查提請最終也沒有寄出。現收錄王天鐸的申訴文件，並附北京市高級人民法院刑事終審判決書。

〈為王明道反革命案請求複查事〉（1981）

我叫王天鐸。我父親是王明道，母親是劉景文，1955年8月因反革命案被逮捕，1956年9月底寬大釋放，1958年4月29日重新被逮捕，1963年經北京中級人民法院判決，判王明道無期徒刑，剝奪政治權利終身；判劉景文有期徒刑15年，剝奪政治權利20年。（劉景文於1973年4月期滿釋放，留場勞動；王明道於1979年12月經山西省高級人民法院改判有期徒刑一年，提前釋放。現均已來上海居住了。）

王明道案是基督教界的一個大案件，牽連的人極多，判刑的就有數十人，審查、影響的人更多。這個案子處理得當與否，既影響這些人本人及其親屬，也影響黨和政府宗教政策的貫徹。

從該案處理的經過，與判決書上列舉的罪狀看來，關鍵的問題有以下幾個：（一）王明道是從事基督教傳教的傳道人，還是從事反對黨、反對政府的政治活動的反革命份子；（二）對黨所領導的政治運動是否曾經為反對共產黨而從政治上進行破壞；（三）不參加「三自愛國運動」組織和反對「三自愛國運動」的某些領導人是否構成違法和犯罪，特別是是否構成反革命罪；（四）1956年9月釋放至1958年4月一段期間有甚麼違法活動；（五）對梁立志有沒有隱瞞其歷史和身分。

我與王明道、劉景文有父子、母子關係，對此案的處理非常關心。但由於我自1952

年離北京到上海，以後又脱離教會活動，對情況的了解不夠直接。對有關政策法令的學習也不夠。現在就起訴書、判決書又終審判決書中的一些提法提出問題（另寫），請求最高人民法院予以複查，按照「以事實為根據，以法律為準繩」的原則，來妥善處理。如在複查中需要核查情況，我當盡我所知提供情況或線索。

此致

敬禮

王天鐸　1981 年 1 月

中國科學院上海植物生理研究所

一 起訴書中的問題

（一）關於「一貫破壞人民政府的政策、法令和社會各項政治運動」。對這個問題應考慮到基督教與馬列主義在世界觀、道德觀方面，出發點和看法是兩回事，難以要求其一致。因此應區別幾個界限：(1)是基督教原來有此教義，還是為政治目的而增加的內容；(2)是歷來如此傳講，還是在解放後為了反對某項政治運動而新提出的。王明道自二十年代就從事基督教活動，並有許多各時期寫的著作，不難加以對比。

如「動刀的必死於刀下」，是聖經中耶穌說的話，應看作是基督教教義本身的問題，與馬克思主義區別正義戰爭與非正義戰爭的立場有原則上的不同。但不是自抗美援朝開始而提出這種看法，不能作為「利用講道的機會破壞兵役法」。

（二）關於「肅反運動開展後召集隱藏在機關、學校內的反革命集團骨幹分子……等，了解運動情況，佈置抗拒運動的手段，密謀破壞肅反運動」，應弄清所說王紹武等人本身是否反革命分子，是犯了哪些反革命罪，抗拒運動又是為了保護哪些反革命分子。

（三）關於「散佈反革命言論，惡毒誣蔑現社會為蠻（彎）曲悖謬」、「淫亂邪惡」的社會，應區別是從宗教觀點認為人類有罪和對解放後的社會的攻擊。關於「誹謗群眾檢舉犯罪份子是彼此陷害、彼此恨惡」，應查清是說檢舉運動中有彼此陷害的現象，還是說凡是檢舉都是彼此陷害。

（四）關於「破壞全國基督徒發起的『三自愛國運動』」問題，這是整個案件的中心。這裡需要區別(1)反對三自愛國的實質（自立、自養、自傳與愛國）和反對三自愛國運動的某些領導人；(2)與三自愛國運動的某些領導人在宗教教育上的分歧與政治問題的差別；(3)政治上進步與否和違反法律的活動兩者的差別。一些基督徒發起的組織，另一些基督徒不贊成，不參加，就作為違法甚至作為反革命定罪，在法律上是沒有依據的。

（五）關於北京、青島等地一些教會退出三自愛國運動組織是受王明道、劉景文鼓動問題，退出本身不構違法、犯罪，影響其退出，也不構成違法。

（六）關於「窩藏包庇反革命分子匪國民黨昌黎縣黨支部書記長梁立志」問題，梁立志為國民黨昌黎縣書記長的身分是公開的，在解放前一、二年已脫離國民黨組織，在基督徒會堂也是有戶口的，不屬於隱匿。他在擔任國民黨職務時的所作所為，如與在基督徒會堂的宗教活動沒有聯繫，應作為個人歷史問題看待。

（七）關於王明道「1956年9月釋放後的幾項活動，說『在監獄承認的罪行是誇大了，表示冤枉』等，是對過去問題的認識問題。如在判決後認為冤枉而上訴，本身也是法律所允許的，不能認為上訴就是重新犯罪。何況在1956年9月釋放時並未判決，也未宣佈罪名。所說「多方策劃繼續抗拒三自愛國運動」，按當時情況，王明道、劉景文已離開基督徒會堂，回甘雨胡同29號家中居住，並未干預基督徒會堂參加三自愛國運動。關於「整風運動中秘密計議、乘鳴放之機申冤」，即使申冤成為行動，也不違反，計議更不構成犯罪。

二　關於判決書的一些問題

判決書中所列舉的罪行內容，與起訴書大體相同，但有幾處略有不同。對不同處有幾點問題。

（一）說「實行兵役法時，乘機煽動、威脅教徒破壞兵役法的實施」，因為教會領袖只有通過講道等以言論影響信徒，沒有行政、經濟上的權利，一般無法威脅教徒做他們自己不願意做的事。

（二）關於「佈置教徒在肅反運動中抗拒坦白檢舉」，所說抗拒坦白，這須有實例證明哪些信徒確有反革命問題，因王明道佈置而拒不坦白。至於「抗拒檢舉」是不能成立的。如果是指別人有罪不檢舉，屬於知情不報，而如果是自己有罪，則別人檢舉時是無法抗拒的。

（三）關於「誣蔑三自愛國運動攻擊謾罵三自愛國運動的領導人」，應該區別發表對組織和個人的看法與意見，與對組織和個人提出不符合事實的指責。如果這種指責涉及法律問題，應按法律處理，並不構成反革命罪。

（四）說「指使『反革命分子』林淬峰、孫振陸破壞三自愛〔國〕運動」事，應澄清林淬峰、孫振陸以前從事過何種反革命活動而定為反革命分子，還是因破壞三自愛國運動而構成反革命罪。參加與退出三自運動均應是自願的，林、孫等用甚麼手段能使這些教堂違反自己的意志被迫退出三自愛國運動？而且退出三自愛國運動本身並不觸犯法律，也說不上「煽惑鼓動」。

（五）說「劉景文經常為王明道出謀劃策進行幕後活動」。二人同是基督徒會堂負責人，又是夫妻，無所謂幕前幕後。

（六）關於「釋放後『喊冤』、『叫屈』，妄圖乘機翻案」問題，當時並未定案，不存在翻案問題。

（七）「退出會堂，以示反抗」一節，也不構成犯罪。基督徒會堂是一宗教性團體，參加與否悉聽自便，都不涉及法律問題。

—〈為請求複查王明道反革命案事〉（1986）—

我父親王明道、母親劉景文於1955年反革命罪被逮捕，1956年9月底釋放；1958年4月重被逮捕，並於1963年7月18日由北京中級人民法院以（61）中刑反字第548號判決書判決王明道無期徒刑，剝奪政治權利終身；劉景文有期徒刑15年，剝奪政治權利5年。

此案在國內是一重大案件，在基督教界影響很大，受牽連被逮捕、判刑、勞改、撤銷職務、批判的人數極多，有必要按照以事實為依據，以法律為準繩的原則，給以認真複查，以求得合理合法的處理。

據起訴書及判決書中所列舉的罪名，主要是三方面，即：(1) 不參加並反對「三自愛國運動」及其領導人；(2) 反對和破壞政治運動；(3) 窩藏反革命分子梁立志。

關於第一點，三自愛國運動只是基督教界的自願參加的組織，參加與否或贊成與反對，都不違反任何法律，更不涉及反革命。而且王明道的教會本身是中國人創辦和維持的，實質上已經符合「自立自傳自養」的原則，是否符合「三自」不按著實際行動而按照是否參加「三自愛國運動」組織也不合情理。

關於第二點，宗教宣講或著作中有與黨和政府的方針或主張相抵觸之處，應與破壞政府運動或法令有區別。如佛教講慈悲和戒殺不能定為反對和破壞政府進行衛國戰爭。

關於第三點，梁立志於解放前已脫離國民黨約一年之久，以後是到昌黎自首的。在他在基督徒會堂居住時並未隱瞞其過去身分。

此案的發生與胡風案先後相差不遠，處理方式也有類似之處。在未定案之前，已在「三自愛國運動」機關刊物上刊登批判、揭發的文章，並在各地組織批判會。徐州有在會上不舉行贊成槍斃王明道即被判刑的。因此證據的收集不是在客觀的氣氛下收集的，收集後也未見得能客觀地核實。判決時也沒有律師辯護。

從判決書上「妄圖乘機翻案，繼續與政府對抗」，終審判決書中「經常向教途〔徒〕表示其被捕是『冤枉』」，並且把這些列為「反革命活動」的內容，也可看出，判決書與終審判決書沒有嚴格按照把以推翻人民民主政權為目的和有除思想和言論以外的破壞行動為主要標準衡量是否反革命，混淆了思想與政治，政治態度與政府行為，政治行為與反革命活動之間的界限。

王明道本人已86歲高齡，耳聾目瞽，已無法寫申訴書，因此代為寫此申訴書，希望此案能在他有生之年得到妥善處理。

1986年10月1日　王天鐸

——〈北京市高級人民法院終審判決書〉——

上訴人（即被告）：王明道，男，63歲，北京市人，原係基督教傳道人。1955年8月7日因反革命罪被逮捕，1956年9月29日，經政府寬大處理，教育釋放。1958年4月29日又因反革命罪被逮捕，捕前住本市東城區甘雨胡同29號。現在押。

上訴人為反革命一案，不服北京市人民法院1963年7月18日（61）中刑反字第548號判處其無期徒刑，剝奪政治權利終身的判決，向本院提起上訴，以被釋放後雖有

北京市高级人民法院终审判决书

上诉人(即被告):王明道,男,63岁,北京市人,原系基督教传道人.1955年8月7日因反革命罪被逮捕,1956年9月29日,经政府宽大处理,教育释放.1958年4月29日又因反革命罪被逮捕,捕前住本市东城区甘雨胡同29号.现在押.

上诉人为反革命一案,不服北京市人民法院1963年7月18日(61)中刑反字548号判处其无期徒刑,剥夺政治权利终身的判决,向本院提起上诉.以被释放后虽有“不平思想”和退出教会辞去工作的消极抵抗行为,但并未拉拢被释放的反革命分子和教徒,继承破坏“三自爱国运动”;也未乘党整风之机妄图翻案为理由,请求改判从宽处理.经本院组成合议庭,审议本案,现已审理终结,查明:

上诉人王明道,解放后一贯坚持反动立场,仇视社会主义制度,利用宗教活动,散布反革命言论,诬蔑新社会,对政府的政策法令和政治运动,大肆进行破坏.在抗美援朝时,积极向教徒进行反革命宣传,阻止教徒参军和参加爱国捐献活动;三反运动时,亦乘机进行诬蔑破坏;肃反运动时,多次召集在机关、学校工作的教徒聚会,煽动教徒抗拒肃反运动.基督教徒发起“三自爱国运动”后,利用“聚会布道”和书写反动文章,攻击、诬蔑“三自爱国运动”及其领导人,并指使反革命分子林淬峰、孙振陆在青岛、长春等地,破坏“三自爱国运动”,致使北京、青岛、长春等地的一些教堂退出“三自爱国运动”.此外,上诉人在反革命分子徐弘道被捕后,煽动徐妻赴天津市人民政府闹事.解放互,上诉人还曾窝藏反革命分子匪国民党昌黎县党部书记梁立志.

上诉人因犯上述反革命罪行,于1955 年8 月7 日被逮捕,1956年(月经政府宽大处理,教育释放.释放后,上诉人仍不知悔改,继续坚持反动立场,进行反革命活动,经常向教徒表示其被捕“冤枉”,拉拢被政府宽大释放的反革命和教徒,继续破坏“三自爱国运动”,辱骂参加“三自爱国运动”的教徒,叫嚣与他们“势不两立”,并退出教会,以示反抗.1957年,上诉人乘党整风之机,又与反革命分子和教徒密议,妄图翻案.

上述罪行,经本院审理属实.今上诉人对第一次被逮捕前的反革命罪行并不否认,但对其被宽大释放后的反革命罪行提出辩解,否认继续破坏“三自爱国运动”及乘党整风之机企图翻案.经查上诉人的犯罪事实,已有同案犯及有关证人检举材料在案足以证明属实,上诉人所诉理由不予采信.本院认为:上诉人解放后,一贯利用宗教活动,散布反革命言论,破坏政府的

6

終審判決書

「不平思想」和退出教會辭去工作的消極抵抗行為，但並未拉攏被釋放的反革命分子和教徒，繼承破壞「三自愛國運動」；也未乘黨整風之機妄圖翻案為理由，請求改判從寬處理。經本院組成合議庭，審議本案，現已審理終結，查明：

上訴人王明道，解放後一貫堅持立場，仇視社會主義制度，利用宗教活動，散佈反革命言論，誣蔑新社會，對政府的政策法令和政治運動，大肆進行破壞。在抗美援朝時，積極向教徒進行反革命宣傳，阻止教徒參軍和參加愛國捐獻運動；三反運動時，亦乘機

進行誣蔑破壞；肅反運動時，多次召集在機關、學校工作的教徒聚會，煽動教徒抗拒肅反運動。基督教徒發起「三自愛國運動」後，利用「聚會佈道」和書寫反動文章，攻擊、誣蔑「三自愛國運動」及其領導人，並指使反革命分子林淬峰、孫振陸在青島、長春等地，破壞「三自愛國運動」，致使北京、青島、長春等地的一些教堂退出「三自愛國運動」。此外，上訴人在反革命分子徐弘道被捕後，煽動徐妻赴天津市人民政府鬧事。解放後，上訴人還曾窩藏反革命分子匪國民黨昌黎縣黨部書記梁立志。

上訴人因犯上述反革命罪行，於 1955 年 8 月 7 日被逮捕，1956 年 9 月經政府寬大處理，教育釋放。釋放後，上訴人仍不知悔改，繼續堅持反動立場，進行反革命活動，經常向教徒表示其被捕「冤枉」，拉攏被政府寬大釋放的反革命和教徒，繼續破壞「三自愛國運動」，辱罵參加「三自愛國運動」的教徒，叫囂與他們「勢不兩立」，並退出教會，以示反抗。1957 年，上訴人乘黨整風之機，又與反革命分子和教徒密議，妄圖翻案。

上述罪行，經本院審理屬實。今上訴人對第一次被逮捕前的反革命罪行並不否認，但對其被寬大釋放後的反革命罪行提出辯解，否認繼續破壞「三自愛國運動」及乘黨整風之機企圖翻案。經查上訴人的犯罪事實，已有同案犯及有關證人檢舉材料在案足以證明屬實，上訴人所訴理由不予採信。本院認為：上訴人解放後，一貫利用宗教活動，散佈反革命言論，破壞政府的政策法令和政治運動，煽動教徒與政府對抗，並窩藏和包庇反革命分子。經政府寬大釋放後，仍堅持反動立場，繼續進行反革命活動，實屬經教不改的反革命分子，原審法院根據上訴人的全部罪行，依法判處其無期徒刑，剝奪政治權利終身並無不當。故本院判決如下：

上訴駁回，維持原判。

院　長　劉　湧

審判長　蔣淑芬

審判員　馮加陵

代理審判員　馬　英

1963 年 9 月 21 日

書記員　焦玉萍

（二）王明道與青年會

編者按

1935年4月，王明道在《靈食季刊》上發表〈現代基督教青年會的罪惡〉一文，斥責青年會的種種「罪惡」，特別是在神學上的「新神學派」（即王所指的「不信派」）傾向。王文刊登後，青年會方面並沒有公開回應。到翌年7月，青年會全國協會總幹事梁小初在《同工》撰文，題為〈青年會與屬靈派〉，藉回應李觀森在青年會的靈修分享而闡述他對「屬靈派」批評的回應。編者特收錄這兩篇文章於附錄內，不僅有助讀者認識王明道對青年會及「不信派」的敵視，更進一步反映出中國基督教史上「屬靈派」與「現代派」間的神學分歧。（文字的強調為原文所有）

現代基督教青年會的罪惡

看見現代基督教青年會(以下簡稱青年會)的罪惡並牠給予基督徒和不信的人的損害，十幾年來我的心中所感到的苦痛眞難計算有多少．許多次想應當將青年會的罪惡盡量的宣佈一下，好使許多人不至再受牠的損害．但因爲種種的緣故就擱了這許多時候．近來在各地工作，一天比一天多聽見看見青年會的罪惡，也一天比一天多遇見受了牠的損害的人．到這時只覺得神的使命臨到我的身上，要我不顧一切將這與教會與社會有害無益的現代的基督教青年會的罪惡盡量的宣佈出來．我不是不知道我寫這篇文字要招來許多反對攻擊，惹起許多的人惡感，不過我既看清楚青年會的罪惡和牠給予教會並社會的損害，並且又從神得着這種使命，若再緘默不言，我就不配再稱爲基督的僕人，不配再爲神作工，不配再站在我的元帥基督的麾下．我的元帥基督並不這樣膽怯畏葸怕得罪人．他曾放膽責備那些掛着宗教招牌欺騙羣衆的法利賽人和文士，他將他們的假面具在衆人面前揭破，他將他們的罪惡盡量的宣佈出來．他這樣作不是爲他自己的任何種利益．他爲神的眞理，爲羣衆的益處打算，不得不這樣作．他不是不知

王明道：〈現代基督教青年會的罪惡〉，
《靈食季刊》冊 34（1935 年夏），頁 38 ~ 55。

看見現代基督教青年會（以下簡稱青年會）的罪惡並牠給予基督徒和不信的人的損害，十幾年來我的心中所感到的苦痛真難計算有多少。許多次想應當將青年會的罪惡盡量的宣佈一下，好使許多人不至再受牠的損害。但因為種種的緣故躭擱了這許多時候。近來在各地工作，一天比一天多聽見看見青年會的罪惡，也一天比一天多遇見受了牠的損害的人。到這時只覺得神的使命臨到我的身上，要我不顧一切將這與教會與社會有害無益的現代的基督教青年會的罪惡盡量的宣佈出來。我不是不知道我寫這篇文字要招來許多反擊，惹起許多人的惡感，不過我既看清楚青年會的罪惡和牠給予教會並社會的損害，並且又從神得著這種使命，若再緘默不言，我就不配再稱為基督的僕人，不配再為神作工，不配再站在我的元帥基督的麾下。我的元帥基督並不這樣膽怯畏葸，怕得罪人。他曾放膽責備那些掛著宗教招牌欺騙羣眾的法利賽人和文士，他將他們的假面具在眾人面前揭破，他將他們的罪惡盡量的宣佈出來。他這樣作不是為他自己的任何種利益。他為神的真理，為羣眾的益處打算，不得不這樣作。他不是不知道他這樣作要犯眾怒，招攻擊，只因他順服神和愛人的心勝過了畏懼苦難的心，所以他便不顧一切，勇敢無畏的講了他當講的話，作了他當作的工。也就是因為這個緣故，他便遭遇了他所遭遇的那一切苦難和羞辱，甚至被他們釘在十字架上。我深感覺慚愧，因為我離我的主所要我到的地步還得遠；但我不敢不勉力奔赴他要我奔赴的標準。就是因為這個緣故，我現在拿起筆來寫這一篇文字。

在這裏我先要聲明一件事：我現在所要寫的乃是現代青年會的罪惡。青年會創始的時候並不是像現在的樣子，創立青年會的人也不像現在一般青年會的幹事們。可是演到現在，和最初的情形便完全不同了。我所說的就是現代的青年會。我再要聲明的就是我所指責的青年會的罪惡是指著整個的青年會說的。青年會中或者還有極少數熱心愛主的人，因為甚麼緣故還未曾脱離青年會。他們中間也許有人還想要對青年會加以挽救。我們不能不尊重這些人。然而我們也不能因為這極少數的人的緣故，便對青年會加以寬容，眼看著牠去敗壞許多人。我寫這篇文字，不是對人而發，乃是對整個的青年會。至於青年會中的大多腐敗分子，因為我説著他們的黑幕和劣跡，以致反對我，毀謗我，辱罵我，攻擊我，我都毫不介意。我已經準備忍受這些。我既然寫這一篇文字，就早已將這一切置之度外。若是因為我的這篇文字幫助一些人曉得青年會的罪惡，因而躲避牠不受牠的損害，我雖然因此多受些辱罵，多遭些反對，也覺得十二分的快樂了。

青年會的第一樣罪惡就是他們打著基督教的招牌去辦一些與基督教無關的事。同時還説他們是為領人信基督。你若問青年會的幹事們説，「你們辦青年會的目標是甚麼」？他們如果知道你是一個熱心的基督徒，他們必要回答説，「我們要藉著青年會領人歸向基督」。但我們若詳細查考他們的工作，便知道他們所辦的事業只有映電影，演戲劇，打球，滑冰，開食堂、浴室、理髮館，寄宿舍，比這個較為高尚一些的不過是書報閱覽，學術演講，辦幾所學校，提倡些甚麼教育運動，衛生運動，兒童幸福運動，社會改良運動。高起興來再來個宗教運動，請幾個和尚，道士，講幾段金剛經，道德經，再請幾位以色〔列〕加略人猶大的門徒講幾段新神學和社會福音。如果他們真是藉著這些事業引人認識基督，引人到基督這裏來，（自然這在事實上是絕對不能的）我們也就不說甚麼了。但他們何嘗作這些事。許多人可以作見證說，他們作了幾年的青年會會員，到青年會去看過幾百次電影戲劇，打過多少次球，滑過多少次冰，在青年會的寄宿舍裏住過多少日子，在青年會的食堂裏喫過多少頓飯，差不多天天到青年會的閱報室裏去閱報，時常到青年會的演講會去聽演講，但從來沒有人對他們講過一次基督救人的要道。事實既是這樣，那麼青年會的幹事所說，「我們要藉著青年會領人歸向基督」的話是不是謊言呢？青年會上面冠以「基督教」幾個字，是不是「掛羊頭賣狗肉」呢？如果他們正式聲明將「基督教」的招牌摘下去，也不再告訴信徒說他們的目標是領人歸向基督，此後就作為一種社會上高尚娛樂的會集，那我就甚麼話也不說了。如果總是這樣「掛羊頭賣狗肉」，我為真理的緣故總不能不堅決反對的。

青年會的第二樣罪惡就是他們聯合教會中的不信派（即新神學派）與真理為敵。今日各處教會中都顯見有兩派不同的領袖和傳道士。一派是篤信聖經和基督為罪人死的福音的，另一派是批評聖經，不信救恩的要道的。這一派批評聖經的教會領袖和傳道士並不承認他們不信聖經和救恩，他們會用極巧妙的方法遮掩他們的不信。一面他們卻宣傳那種敗壞人信心的偽道。這些人是真道的仇敵，是用親嘴作暗號賣耶穌的。各地的青年會總是與這般人合作。各地的青年會不開關於宗教的演講就不用說了，只要有關於宗教的演講，十次中至少有九次是請這些新神學派或是傳社會福音的人演講，不過這些人當中有的旗幟鮮明，公然宣傳反聖經的理論，有的狡詐一些，不明然表示他們的信仰就是了。六〔、〕七年前在北平有一位傳純正福音的使者從遠方來，開了些日子布道會。他纔走不久，青年會便開了七八天的擴大講經會每日由一位講員擔任，這幾位講員除去了一兩位我不十分認識外，其餘完全是新神學派的領袖。他們所講的完全是反福音的學說。（無論他承認不承認，事實就是如此）他們這樣作明顯是故意抵制那位傳福音的人所傳的道。掛著「基督教」的招牌，不領人歸向基督，已經是名不符實了，如今竟作這種與福音為敵的工作，這是多麼令人痛心的事呢！

青年會每年夏季都開幾處學生夏令會。別國我不知道，中國各地青年會所開的夏令會中的講員和領袖差不多完全是不信派（即新神學派）和傳社會福音的人。在這些夏令會中這些不信派的講員竭力將他們那種似是而非的道理灌輸到一般赴會的青年人心中去。未曾信主的青年人中了他們的毒，以後更難悔改信主，已經信主的青年人所有的一些尚未堅固信仰，被他們毀壞得不可挽救。這些鐵一般的事實，不曉得使多少虔誠的聖徒悲哀歎息了。「基督教」青年會非但不能引領青年人信靠基督，反倒敗壞青年會基督徒的信仰，假使創立青年會的維廉佐治先生活到今日，恐怕也不免因為創立青年會後悔了罷。

最近艾迪博士到中國來，青年會到處為他大事宣傳，說他是大佈道家，在各地開佈道大會，事後並大作報告說，某處多少人決志信基督，某處多少人決志入查經班。其實艾迪博士最近在中國何嘗傳過福音。他在中國大多數的演講都是與福音毫無關係的。他所講的是改革政治，剷除毒物，普及教育，提高人格，農村運動，社會服務，以及其他種種屬世界的事。我說他沒有傳過福音麼？不是的，他也傳過幾次福音，但他所傳的就是我上文所提的那一般傳道士所傳的社會福音。雖然他自己也曾聲辯說，他傳基督救恩的福音，不傳社會福音。但事實最為雄辯。他的演講和他的著作已經足能證實他的聲辯是「言不由衷」的話了。青年會就是與這種人合作，請這種人演講，為這種人宣傳。我們總未曾聽說甚麼地方的青年會請篤信聖經宣揚救恩福音的宣道士講道。我一點不希奇他們這樣作，本來他們中間大多數的份子都不是真信基督的，他們與那些不信基督的宣教士合作，卻不與篤信基督的福音使者合作，本是在情理中的事。不過口頭上說領人歸向基督，實際上卻與那些敵擋基督的人攜手，共同作破壞信仰宣傳「別的福音」的事工，這真使我不能緘默不言了。

青年會第三樣罪惡就是他們掛著基督教的招牌到處向那些富貴的人們脅肩諂笑，逢迎獻媚，目的是無非募化幾個捐款好供給會中的開支。他們表面上説是徵求會員，聯絡感情，實際就是到處諂媚富貴，向人伸手討錢。他們表面上喊些反對軍閥政客剝削民眾脂膏的口號，唱些資本家不當苦待勞工的論調，實際上他們還專是仰這般人的鼻息，靠這般人的豢養。説起青年會諂媚貴人巴結財主的那種醜態來，簡直令人肉麻，這是許多人可以作見證的。因為這個掛著「基督教」招牌的青年會到處演這種醜劇，基督的名不曉得受了多少輕藐和羞辱，傳福音的工作不曉得加了多少困難和阻礙。想到這裏真令人欲哭無淚了。我説的這些可恥的事實，就是那些青年會的幹事們聽見，在清夜捫心的時候，大概也總不能不承認罷。

青年會的第四樣罪惡，就是將有害的娛樂介紹給許多年青人。就拿映電影一件事説罷。有的青年會所演的影片竟與普通營業電影院所演的影片沒有分別。我雖然説信徒最好不看電影，但我卻不對一切影片都加以反對。我只反對誨淫的影片。不過大多數的人因為要放縱情慾的緣故，都喜歡看那些香艷——其實是淫穢——的影片。高尚有價值的倫理影片，宗教影片，教育影片，科學影片，反不及那些接吻，跳舞，裸體，淫奔的影片能招致顧客。影片公司和電影院不過以賺錢為目的，誰過去問看電影的人受甚麼惡影響不受。因為有這種情形，所以要看好的影片，雖不能説絕對沒有，卻也像鳳毛麟角了。青年會縱不能領人歸向基督，最低的限度也不當領著一般青年人走墮落的路。誰知道青年會的幹事為籌募經費招徠青年起見，竟不惜同一般只顧營利不問顧客利益的電影院競爭起營業來。不問影片的好壞，一律放映，於是在「基督徒」青年會的大禮堂前竟高高貼起「浪漫女明星克拉寶」，「美人成隊，玉腿齊飛」，「風流寡婦」，「嫦娥愛少年」，還有許多寫出來污人眼目的廣告和圖畫。禮堂外面的廣告如此，禮堂中銀幕上所映的影片如何，也就不問可知了。北平我住的地方離青年會不過一里多路，幾年來每逢走過青年會的門前，總會有這些惹人注目的廣告。映入我的眼簾。

在北平的青年會尚有一件極可怪的現象，就是他們演那些淫穢的電影的禮堂左角上，正是青年會會所房角石所在的地方。那塊角石上刻著一句話說，「此基而外無他基，基也者耶穌基督也」。如今他們就在這座以基督耶穌為房角石的禮堂中大演淫穢裸體爭風的影片，就在這座禮堂前面張貼不堪入目的廣告和畫圖。這是多麼褻瀆，多麼令人痛心的事啊！

我提到北平青年會禮堂中演電影的事，也許北平青年會的幹事們要為他們自己辯護說，「我們的禮堂早已租給電影院了。他們所演的電影怎樣我們是不能負責任的」。這種辯護的話真是太無意味了。北平青年會的禮堂在未曾租給電影院以前，是不是已經多日映過電影呢？青年會自己映電影的時候，所映的都是甚麼影片，想北平青年會的幹事總不至這樣健忘，忘到一點都想不起來罷。再進一步說，今日在青年會禮堂中映電影的固然是電影院，但映電影的禮堂是不是青年會的產業呢？假使青年會不將禮堂租給電影院，電影院的主人還能強佔青年會的禮堂映電影麼？北平青年會如果真是經濟困難到極點，不將禮堂租給電影院，沒有別的方法能維持下去。那麼至少也當爽爽快快將房角石上那句話鑿下來，還可以使基督的名少受些褻瀆。

一九一九年冬我在一個學校教讀，寒假時回到家中，因為我家離青年會很近，所以我每日到青年會去看報。（那時我還未曾蒙召，也未曾看明青年會的罪惡）那裏除去幾份日報以外，還有十來種週刊，月刊，季刊。（這些刊物多半都夭折了）在那些刊物中有好幾種極端攻擊宗教的。有一天我受了牠們裏面幾篇文字的影響，幾乎不再信有神。感謝神，他從極大的危機中將我救拔出來。不然，我真不知道以後到了甚麼地步。自那時以後我便再不敢到青年會去閱報了。宣傳無神學說的刊物在無神黨所辦的俱樂部裏陳列著是當然的事。就是在普通的閱報室內陳列著也不足奇。所奇的就是以掛著「基督教」的招牌的青年會，不陳列傳揚福音的刊物，反陳列無神黨宣傳無神主義的刊物至數種之多，這是多麼矛盾的事！青年會的幹事還有辭可以自解麼？

青年會腐敗到這種地步一點不足希奇，因為辦青年會事業的人大多數是沒有信仰的。青年會的幹事們聽見我的話一定要爭辯說，「你怎麼說我們是沒有信仰的呢？我們是基督徒，我們信基督，不過我們不像你那樣迷信，那樣愚腐，那樣落伍，那樣開倒車罷了」。好了，好了。篤信聖經，篤信基督的救恩，是迷信，是愚腐，是落伍，是開倒車，青年會的幹事們自己已經承認他們是沒有信仰了。還用我再舉甚麼證據麼？我固然不敢說所有青年會的幹事們都是沒有信仰的。青年會的幹事裏也許有很虔誠很愛主的信徒。但總不會很多。全中國有城市青年會的地方有四十幾處，這些地方我至少三分之二都到過，我既不眼瞎又不耳聾，還有看不見聽不見的理？不說我觀察所得的，就以他們自己的言論態度和工作來說，就足證明他們中間大多數是沒有信仰的了。事實最為雄辯，他們承認不承認又有甚麼關係呢？暫且不提別的，青年會的幹事們總不敢不承認基督徒決不可缺少靈修的工夫罷？但我請他們拿出良心來在天底下說實話，他們中間每天用一刻鐘祈禱讀經的人究竟有多少？他們若覺得不好回答，可不可請認識他們的人或他們的鄰舍替他們回答一下。以這般人去辦青年會，還能希望有比現在更好的成績麼？

青年會在二十年前在中國也曾有過一頁光榮歷史。別的我就說不上了。只說那時候的書報部，就確實對青年人有過不少的貢獻。那時協會書報部的出版物除去幾種關於衛生或體育的書籍以外，大多數都是關於聖道或靈修或裁培青年人德行的書籍。而今那些刊物都漸漸銷聲匿跡，代替牠們的除了體育、衛生、政治、主義、教育、兩性，傳記，等等刊物外，所僅有的關於宗教的刊物，都是新神學派或社會福音主義者的作品。還記得我在中學的時候，正直謝洪賚先生任協會書報部的幹事。那時我對謝先生的作品或譯品幾於無一不讀。所得的好處至今不能遺忘。謝先生的文字十之八九都是幫助青年人信仰和德行的。現在今在青年會中再要找像先生那樣的人，還可以尋得見麼？反過來說，今日青年會腐敗到這種地步，即使再有像謝先生那樣的人，恐怕在青年會中也不會有立足之地了。

現代的青年會給予社會最大的損害就是攔阻人不容易信基督。青年會的腐敗不但愛主的人看得出來，就是社會中一般不信基督的人何嘗看不出來。社會上對青年會的評語是甚麼？有氣節的人士對青年會在富貴人前奔走逢迎的醜行是怎樣的輕藐鄙視？這些情形我們不在青年會的人或者比青年會的幹事還多知道一些。大多數的中國人對於基督的道理可以說完全不認識，就是少數認識的人所認識的也很淺，他們不知道教會與青年會的分別。許多人以為牧師就是青年會的幹事。我屢次在旅行的時候與同車或同船的客人談話，他們聽見我說是傳福音的，便問我是不是在青年會作事。我明說我是傳福音的，他們還問我是不是在青年會作事，可見他們常是青年會與教會混在一處，將傳道人當作青年會的幹事。許多人看見青年會的劣蹟便輕看了基督的道理，毀謗基督的名。還記得十幾年中國反對基督風潮最烈的時候，反教的份子常以青年會的劣蹟作攻擊基督的把柄。我們看見這些批評的話，真沒有話可說。他們說的有許多是事實。多少不明白內容的人，就這樣誤會，以為青年會就足以代表基督教，青年會的幹事就是傳道的人，甚至以為青年會的會員就是基督徒。這樣青年會對於傳道的事工不但沒有好處，反倒成了傳道的障礙，不信的人的絆脚石。其實青年會與基督教真沒有多少關係，只因他們掛了一塊「基督教」的招牌，便使基督的名和傳福音的事工受了這樣大的惡影響。想到這裏，我真一萬分的希望青年會快些正式將「基督教」的招牌摘下。青年會既免得因著受基督的牽連遭社會的輕看，基督也免得受青年會的連累多受許多羞辱，我們傳福音的時候也可以減少許多障礙，豈不是一舉三得的事？自然現在青年會的人也感覺「基督教」這個名詞害他們不淺，所以他們在許多地方已經不提這個名詞，只單稱「青年會」，不過如果他們肯正式將這個招牌撤去，效果一定還要大得許多。又何樂而不為呢？

青年會給予基督徒的損害更是多得不可勝述。信仰不堅固真理的知識不充足的信徒，因為青年會掛著基督教的招牌，便以為青年會是他們可去的地方，以為青年會的聚會是能使他們得益處的，以為青年會的領袖和他們聚會所請的講員可作他們的導師，卻不知青年會不但不能幫助他們，反倒適足以敗壞他們的信仰和德行。這樣軟弱的信徒就這樣因為不明白的緣故受了青年會的害。這是多麼令人痛心的事啊！

青年會腐敗到這種地步，已經足彀使人痛心的了。不想到有些教會的領袖們，竟看出青年會的好成績來，他們恨他們自己的教會趕不上青年會，於是便「當仁不讓」，也努力的效法青年會，創辦甚麼「社交會堂」。在其中豫備打球場，彈子房，浴室，食堂，映電影，演新劇，開交際會，音樂會，歌詩班，辯論班。這些教會既走了青年會所走的道路，自然必有青年會的成績，那是不用問便可知道的了。你若疑惑我的話，不妨去到那些社交會堂去調查一下，再想想我說的話對不對。

最令人不解的，就是有些篤信救道的信徒和傳道人，明知道青年會的危險和罪惡，也看出來青年會給予許多人的損害。但他們卻不肯遠離青年會，反對青年會，只是虛與委蛇。青年會徵求他們作會員的時候，他們允諾；青年會開甚麼會的時候，他們也參加；

青年會有甚麼事請他們幫忙的時候，他們雖然不盡心竭力去作，但總要敷衍周旋幾次。推測這般人的心理，總不外乎「怕得罪人」。他們不願表示反對青年會，免得惹出惡感，多樹仇敵，使自己的名譽利益受損失，招來人的笑罵和反對。如果不是為這個緣故，就是他們誤解了「追求和睦」的教訓，以為表示反對青年會就不免失去和睦，違背主耶穌所講「愛人」的教訓。豈不知我們如果真愛人，正應當反對一切抵擋真理和與人有害的事物。我們的主那樣愛人，然而他毫不留情的嚴厲責備那些假冒為善的法利賽人和文士，又將在聖殿中作買賣的人趕出去，推翻他們的桌子。正是因為這些篤信救道的信徒和傳道人不表示反對青年會，所以青年會更多害一些人。不能分辨真假的軟弱信徒，看見那些篤信救道的信徒和傳道士不反對青年會，有時還與青年會携手，就以為青年會必是與人有益的。偶爾有一兩個勇敢嫉惡的信徒出來攻擊青年會的罪惡，許多人就要說他們是好挑起爭端，破壞和平。不然為甚麼別的熱心的信徒對青年會沒有甚麼反對的表示，惟獨只有一兩人個人這樣態度強硬呢？如果每一個篤信救道看出青年會的罪惡的信徒都對青年會表示反對，最低的限度也能減少青年會幾分勢力，多使一些人明白青年會的危險和罪惡，少使幾個人受青年會的害。如果我們因為避免得罪人的緣故，以致得罪神，那真是最不上算的事了。

真實屬基督的人今後應當怎樣對付這與真理為敵使多人受害的青年會呢？容我現在提出幾樣當作的事來：

一 遠離青年會。不加入青年會為會員。不任青年會的董事。不在青年會作幹事。已經入會的應當急速出會，已經任董事的應當趕快辭職。不可因顧全人的顏面，以致不順服神。作幹事的應當另找別的事作。免得與青年會的罪有分，以致得罪神。（我這話是為愛主的人說的）。

二 不參加青年會任何種集會和工作。不赴青年會所開的夏令會。

三 不捐款與青年會，更不為青年會募捐。

四 教會的事工和聚會不與青年會聯合，也不容青年會參與。（青年會中若有真實信主的人以個人的立場參與是可以的）。

五 將青年會的危險和腐敗的情形指示人，叫人防備以免受害。

六 幫助不信的人明白青年會與基督的福音是沒有關係的。解除他們的誤會，以免他們受青年會的影響不肯信主。

七 認清楚我們是反對青年會，不是反對青年會中的甚麼人，切不可攻擊青年會的幹事，董事，和會員。不可向他們個人存惡意，仇恨，惱怒，和輕藐。不可與他們個人以難堪。我們恨的是青年會的罪惡，但我們切不可恨任何人。

末了我要聲述，按我個人的私意我真不願意寫這一篇。我知道因我盡力攻擊教會中的罪惡，攻擊那些反對聖經的道理，樹的仇敵已經彀多的了。如今再明明提出青年會來，聲述牠的罪惡，勢必惹起更大的反感，招來更多的辱罵。我自己實在想避免這些痛苦和損失。我幾次想擱筆不再寫，但我「覺得心裏似乎有燒著的火，閉塞在我骨中，我就含忍不住，不能自禁」。我現在深深明白了先知耶利米的苦衷和困難。感謝神，他對他的僕人耶利米所說的話也安慰了我，堅固了我。他說，「我差遣你到誰那裏去，你都要去；我吩咐你說甚麼話，你都要說。你不要懼怕他們，因為我與你同在，要拯救你」。——耶一章七，八節。「所以你當束腰，將我所吩咐你的一切話告訴他們：不要因他們驚惶，免得我使你在他們面前驚惶。看哪，我今日使你成為堅城，鐵柱，銅牆，與全地和猶大的君王，首領，祭司，並地上的眾民反對，他們要攻擊你；卻不能勝你：因為我與你同在，要拯救你，這是耶和華說的。」——耶一章十七至十九節。我既清楚知道神要我寫這一篇，我就確信他必與我同在，既是這樣，我還怕甚麼呢？

這篇文字寫完了。青年會的幹事們讀了以後，無論怎樣辱罵我，攻擊我，反對我，毀謗我，我都一言不發。只要神藉著我這一篇文字幫助一些人遠避青年會，防備青年會，不受牠的損害，我自己不論因此受甚麼毀謗攻擊，都是甘心樂意的。

一九三五，四，二八，西安。

梁小初〔註一四七〕：〈青年會與屬靈派〉，《同工》期154（1936年7月15日），頁1～5。

協會幹事部同人，每晨在開始辦公之前，有數分鐘的靈修時間。最近李觀森先生〔註一四八〕被請來主領三天的靈修會。李先生是上海商界中一位有力的領袖，平素對於青年會和其他社會事業極為熱心。他曾任本協會董事有年，對各種事工；有過很大的貢獻。不過近數年來，他受屬靈派布道家的影響，宗教思想上發生了很大的改變，對於青年會也漸漸的疏遠了。這在熟悉屬靈派思想的人們，是很容易瞭解的。

他主領這三天的靈修會時，大談其出世主義的福音，勸我們不要注意世俗的事，要注意屬靈的事。談到青年會，他也不脱乎屬靈派的見解；不過他的態度卻極誠懇，言語也極溫和，這是我們覺得可以佩服的地方。當他第三天講畢時，協會總幹事梁小初先生向同人作簡短的演説，一方面對於李先生勸勉我們的地方，誠懇地表示感謝；同時關於青年會運動的根本立場，也有簡要的説明，表示我們堅決的信仰。

我們鑒於近來國內有少數所謂屬靈派的布道家，對於青年會每每作猛烈的攻擊，而

〔註一四七〕梁小初（1889～1967），1935至1950年任中華基督教青年會全國協會總幹事。

〔註一四八〕李觀森，自幼留學美國。回學後曾任教上海聖約翰大學，後從商。著有 *Changed Exchange Broker*（中譯：《一個上海商人的改變》，1939）、《中國勝利的奧秘》（1946）、《聖經裡的中國》（1957）、《上帝創造的奇妙》（1957）等書。

我們對於這種攻擊，尚少適當的文字作品，表明我們的態度和立場。梁先生這篇演説，雖言簡意賅，却已相當地闡明了青年會的立場了，所以把它登載出來。

編者附誌

我先要感謝李觀森先生，在這三天早晨對我們講了許多勵勉的話。我更感謝他，用了誠懇坦白的態度，指出青年會的弱點。我深信他的話是出於至誠的心和愛護青年會的動機。他的批評應當作為我們思想和祈禱的資料。

關於李先生對青年會所作的批評，我毫絲不以為怪，因為我知道李先生近幾年來，與一班屬靈派布道家很為接近，而深受了他們的影響。我所覺得奇怪的，倒是李先生的批評，並不怎樣苛細，像別的屬靈派布道家那樣。

我覺得我們青年會幹事，對於派（屬）靈派布道家的攻擊，**應當持有三種的態度**。第一，我們應當**有自省和懺悔的態度**。我承認我們同人當中，也許有人——我不説人人——在有的時候——我不説時常——在其個人生活和青年會事工上，對於靈性方面不免有所忽略。這些同工們必須在上帝面前誠心懺悔和力圖補救，這樣定能使我們的個人生活和青年會團體生活，增多一些生命力。我們都記得福音書上載著主耶穌講到兩個人同在聖殿裡祈禱，一個是法利賽人，一個是税吏。法利賽人自命為義，在上帝面前誇耀一切，而那税吏卻具著謙卑的心，只求上帝赦他的罪。這兩個人的禱告，那一個會被上帝接納呢？當然是那稅吏的。由此可見我們應當效法那稅吏，而不應效法那法利賽人。我們應當在上帝面前承認我們的弱點和過失，才可以蒙上帝的接納。

第二，我們**應當有同情和了解的態度**。例如對於屬靈派信徒的見解，我們應當用同情的態度，以求認識和了解；如果他們的信仰能夠改善他們自己的生活，並能改善別人的生活，我們應當虛心研求他們能力的來源，這對於我們的生活和工作，是有很大的助益的。同時，我們對於他們的狂熱和偏執的地方，也不應當有所盲從。我們得認清**我們和他們中間自有其根本的不同點**。

第三，我們**應當有堅決的信仰**。屬靈派信徒**注重個人的福音**，而許多自由派的基督教團體則**注重社會的福音**。我們如傾向甲方，就不免受乙方的攻擊，反過來也是這樣。試舉牛津團體運動為例。我個人對於牛津團體運動的原則，很表同情，雖然我不是一個團員。可是我近來在旅行時遇到一位著名的基督徒學者〔註一四九〕，與他談到牛津團體運動〔註一五〇〕。他說，牛津團體運動，在神學上說，是不健全（Theologically unsound）；在

〔註一四九〕趙紫宸曾撰文評介牛津團契運動，參氏著：〈牛津團契運動〉，《真理與生命》，卷8期1（1934年4月），頁9～27。趙文的觀點跟梁所引述的接近，梁所指的「著名的基督徒學者」有可能是趙紫宸。

〔註一五〇〕即牛津團契運動（Oxford Group Movement），發起人是美國人卜克門（Frank Buchman, 1878～1961）。運動的四句口號是：絕對的誠實，絕對的愛，絕對的不自私，絕對的清潔。由於犯罪違反這四項原則，故自省及認罪成為參與者的重要操練。其團體生活提倡經驗分享和個人談話。而社會生活則提出「改變個人，以改變世界」的口號。

心理上說，是有危險（Psychologically dangerous）。為甚麼在神學上是不健全呢？他說，因為牛津團體運動，偏重消極的認罪。它教團員天天講認罪，甚至以認罪為榮耀的事。其實個人的得救，是在經過了赦罪的感覺之後，從基督那裡，得到了新生命。基督教運動的注重點，應當在這一方面。為甚麼在心理上有危險？他說，因為一個團員要把他的宗教經驗，一而再，再而三地在許多人面前作見證，而每次作見證時，他於不知不覺中，按著聽眾興趣的不同，保留有興趣之點，而把無興趣之點刪去，直到後來他所說的，已與原來的經驗大相逕庭了。這種評論，是否確當，我並無絲毫的成見。我所以在這裡提起這件事，無非要說明一個人的宗教思想，無論如何總免不了要受批評。我個人覺得真理是在兩極端之間，我們當設法求出一個融會貫通之點來。不過這樣做，我們要受兩方面的攻擊。因此我們必須具有堅決的信仰，和不懼反對的勇氣。如果我們覺得我們的立場是不錯的，我們不必受別人的批評而自餒而應當引以為榮。主耶穌教我們在遇逼迫時應當引為快樂。我們效忠於真理，必須付相當的代價。

關於李先生抹煞一切的批評，說青年會完全失掉了宗教和基督，我卻不能承認。就我在青年會服務二十八年的經驗而論，我深覺青年會的工作，始終是以耶穌基督為中心的。我在廣州青年會當幹事時，每年有二三百位學生，和五六百位商界的青年，加入青年會的查經班。我可以舉出幾百位的青年，最初受青年會的宗教教育，後來加入教會作基督徒。即在非基運動達到高潮的時候，這種宗教工作，也從未停止過。從我加入全國協會以來，我又親見普遍全國的青年與宗教運動，這種運動，從其結果而論，確是名符其實的一種運動。我在青年會當幹事，不論在地方青年會和協會，無時無地不努力把耶穌基督作我們工作的中心。

不過**我們進行基督教運動所用的方法和手續，不能不與教會，尤其是屬靈派布道家所用的，有些異別。因為我們工作的對象是智識界的青年和非基督徒**，而教會和屬靈派布道家，普遍是為基督徒而工作的。我們為欲使宗教工作能夠發生效果，必須與青年們發生友誼的關係。在宗教工作上所用的名詞，並須為他們所能瞭解。我們必須循序漸進的去引導他們，直至他們完全同化於基督徒的生活。

基督教的福音確是有兩方面的，一方面是個人福音，一方面是社會福音，二者是不**可偏廢的，我們必須融會而貫通之**。假如青年會不以虔敬聞於世，而稍稍偏重了服務活動和「社會的表現」（Social expression　按指主張社會改造等——譯者）這種情形，我以為是不必過慮的。主耶穌曾清楚地告訴我們說，奉他的名而傳道，趕鬼和行神跡，未必能使我們進入天國；反之，在他敘述最後審判時，卻曾指出承受天國的，就是直接服務人羣而間接服務耶穌的那些人。所以，青年會服務社會，就是在服務耶穌和上帝。我們的任務是使天國降臨於地上。**我們要在此時此地，完成上帝的旨意**。如果在這一點上，我們與屬靈派的見解不同，我們是不必引為疚心的。

最後，我們還要具著一種容忍的態度。我們可以不附和別人的見解，但我們却應當絕對的彼此相愛。前天我們曾讀到馬大和馬利亞的故事，許多人對於這故事的解釋，都以為耶穌重視靈修和輕視服務。但是我們從聖經中別的地方記載著的耶穌的教訓，處處表示服務和靈修是基督徒生活的不可少的要素。我不信主耶穌在這裡獨輕視服務。如果我們把這段聖經仔細研究一下，我們就看出主耶穌之所以斥責馬大，不是因為她為服事耶穌而辛苦工作，却是因為她缺乏容忍的態度，而要藉著耶穌的命令，強迫馬利亞放棄她所認為寶貴的，去做馬大要她做的。我們應當從這件事學得了一種教訓，對於宗教上的看法和我們不同的人，應當具著一種容忍的態度。

（三）王明道出版著作目錄

編者按

王明道的文章，主要刊於各期《靈食季刊》（1927 ~ 1955，共 114 冊）。然後他再按不同主題選擇若干文章，結集出版單行本，由靈食季刊出版社出版。部分單行本會再作增訂出版。下列著作目錄，其中《基督的新婦》、《受苦有益》於 1926 年出版，即早於《靈食季刊》創刊。

1976 至 1978 年間，台灣的王正中編輯出版了《王明道文庫》（斗六：浸宣出版社）共七冊如下：第一冊《窄門》；第二冊《小徑》；第三冊《靈食》；第四冊《餘糧》；第五冊《天召》；第六冊《借鏡》；第七冊《衛道》。《文庫》並沒有收入王明道的所有著作。《文庫》出版後，不少出版社又出版了王氏從未印成單行本的著作。此外，香港靈石出版社又把若干刊於《靈食季刊》而又未收入《文庫》或其他重刊單行本的文章，結集出版。

本目錄主要據《靈食季刊》各期廣告，把由靈食季刊出版社出版的著作列出。

《基督的新婦》1926 年

《受苦有益》1926 年

《基督是誰》1928 年

《復活的基督》1928 年

《基督再來》1929 年

《你們心持兩意要到幾時呢？》1929 年

《角聲》1930 年

《隱密處的靈交》1930 年 1955 年 4 版

《我為甚麼信聖經是神所默示的》1933 年；1955 年 3 版

《現代教會的危險》1933 年

《人能建設天國麼？》1933 年；1951 年再版

《基督徒的言語》1933 年 1950 年 3 版

《聖經光亮中的靈恩運動》1934 年

《信徒鍼砭》1935 年；1951 年再版

《重生真義》1935 年；1954 年 4 版
《寫給受苦的聖徒》1935 年
《謹防魔鬼的詭計》1935 年；1954 年 3 版
《真偽福音辨》，1936 年
《普世人類都是神的兒子嗎？》1936 年
《創世記第五章中的福音》1936 年
《世上最高的梯子》1936 年；1955 年再版
《恩賜賞賜與獎賞》1936 年；1951 年再版
《基督果真復活了麼？》1936 年
《信徒處世常識》1936 年；1950 年 4 版
《靈食寓言集》1940 年；1950 年再版
《在密雲黑暗的日子》1941 年
《基督徒與婚姻》1943 年
《感恩的人》1944 年；1950 年再版
《金錢不能買的幾樣東西》1946 年
《在火窰與獅穴中》1947 年；1953 年再版
《基督徒必須守安息日麼？》1948 年

《寫給青年的基督徒》1948 年
《五十年來》1950 年；1954 年再版
《寫給受苦的聖徒》1950 年增訂版
《寫給青年的基督徒》1953 年增訂版
《我們的主》1953 年
《作主精兵》1953 年；1955 年再版
《看這些人》（第一輯）1953 年
《看這些人》（第二輯）1953 年
《聖徒藥石》（第一輯）1954 年
《聖徒藥石》（第二輯）1954 年
《神的七個見證》1954 年
《施恩的宣召》1954 年
《我們因信基督耶穌得了甚麼？》1954 年
《真偽福音辨》1954 增訂版
《幾個重要的問題》1955 年
《時代的信息》1955 年
《我們是為了信仰》1955 年

(四) 王明道研究目錄索引

編者按

在眾多中國基督教人物中，中外學者對王明道的研究已累積了一定成果，編者特整理有關文獻目錄，為日後有興趣研究者提供指引。本索引亦收入與王明道有關的回憶類文章及著作，並把五十年代國內基督教界累牘連篇，鋪天蓋地的批判王明道資料整理成目錄。

研究類

古靜娥：〈王明道的道德觀〉。香港建道神學院道學碩士畢業論文，2000。

吳利明：〈王明道〉。收氏著：《基督教與中國社會變遷》。香港：基督教文藝出版社，1981，頁133～69。

李靜宜：〈王明道的社會觀〉。香港建道神學院道學碩士畢業論文，1992。

邢福增：〈「反革命分子」的最後聲音——王明道「平反文稿」論析〉。載《十字架前的思索：文本解讀與經典詮釋》，頁319～354。王成勉主編。台北：黎明文化事業出版，2010。

邢福增：〈王明道與華北中華基督教團——淪陷區教會人士抵抗與合作的個案研究〉。《建道學刊》，期17（2002年1月），頁1～56。修訂本收氏著：《衝突與融合——近代中國基督教史研究論集》。台北：宇宙光出版社，2006，頁103～174。

邢福增：〈王明道談中國教會的人與事：1980年代的一次談話考釋〉。《近代中國基督教史研究集刊》，期8（2009年12月），頁80～91。

邢福增：〈革命時代的反革命：基督教「王明道反革命集團」案始末考〉。《中央研究院近代史研究所集刊》，期67（2010年3月），頁97～147。

林榮洪：《王明道與中國教會》。香港：中國神學研究院，1982。

林麗玲：〈王明道的處世觀〉。香港建道神學院神學士畢業論文，1980。

唐偉權：〈王明道基督教思想特色及時代先知意識初探〉。中國神學研究院道學碩士畢業論文，2010。

梁家麟：〈王明道與北京基督徒學生會〉。收氏著：《他們是為了信仰——北京基督徒學生會與中華基督徒佈道會》。香港：建道神學院基督教與中國文化研究中心，2001，頁 2 ～ 139。

梁家麟：〈亂世中的靈光？——再思王明道的福音觀〉。載《天問》，頁 72 ～ 85。橄欖系列編委會編。香港：香港大學學生會基督徒團契，1991；原刊於《橄欖》，期 35（1982 年 1 月）。

梁壽華：〈超然信仰的社會實效性——王明道社會觀的再詮釋〉。《道風漢語神學學刊》，期 9（1998），頁 169 ～ 200。

許惠善：〈從王明道的護教神學看他的救贖觀〉。台灣中華福音神學院論文，1992。

許頌聲整理：〈王明道先生著述繫年〉，1996 年，未刊稿。

許頌聲：〈王明道與《天風》，1954 ～ 1955〉，1997 年，未刊稿。

許頌聲：〈《真偽福音辨》發微〉，1998 年，未刊稿。

黃劍昌：〈王明道與三自愛國運動〉。香港建道神學院道學碩士畢業論文，2001。

葉敬德：〈王明道的婚姻理論〉。載《基督教與近代中西文化》，頁 118 ～ 150。

羅秉祥、趙敦華合編。北京：北京大學出版社，2000。

蘇遠泰：〈剖析王明道的聖經觀與釋經學〉。《建道學刊》，期 12（1999 年 7 月），頁 297 ～ 323。

Cook, Richard R. “Fundamentalism and Modern Culture in Republican China: The Popular Language of Wang Mingdao, 1900 ～ 1991.” Ph. D. Dissertation, University of Iowa, 2003.

Cook, Richard R. “Wang Mingdao and the Evolution of Contextualized Chinese Churches.” in *Contextualization of Christianity in China: An Evaluation in Modern Perspective*, 209 ～ 223. Edited by Peter Chen-Main Wang. Sankt Augustin: Institut Monumenta, 2007.

Harvey, Thomas Alan. *Acquainted with Grief: Wang Mingdao's Stand for the Persecuted Church in China*. Grand Rapids, MI: Brazos Press, 2002.

Harvey, Thomas Alan. “Challenging Heaven's Mandate: An Analysis of the Conflict between Wang Mingdao and the Chinese Nation-state.” Ph. D. Dissertation, Duke University, 1998.

Ng, Lee-ming. “Wang Ming-Tao: An Evaluation of His Thought and Action.” *Ching Feng* 16: 2 （1973）: 51 ～ 80.

Sun, Poling J. “Jesus in the Writings of Wang Mingdao.” in *The Chinese Face Of Jesus Christ*. Vol.3a, 1137 ～ 1148. Edited by Roman Malek. Sankt Augustin: Institut Monumenta Serica & China-Zentrum, 2005.

Vala, Carsten T. "Failing to Contain Religion: The Emergence of a Protestant Movement in Contemporary China." Ph.D. Dissertation, University of California, Berkeley, 2008, Ch.3.

Yieh, John Y H. "Cultural Reading of the Bible: Some Chinese Christian Cases." in *Text & Experience: Towards a Cultural Exegesis of the Bible*, 122 ~ 153. Edited by Daniel Smith-Christopher. Sheffield : Sheffield Academic Press, 1995.

一　回顧、傳記類　一

〈王明道先生九秩高壽特輯〉。《今日華人教會》，1990 年 7 月號，頁 32 ~ 39。

〈讀汪維藩〈吳耀宗與王明道〉後〉。《呼喊季刊》，期 58（1990 年 2 月），頁 120 ~ 128。

于力工：〈真理的勇士——王明道〉。收氏著：《西方宣教運動與中國教會之興起》。台北：橄欖出版社，2006，頁 108 ~ 119。

大衛弟兄：《走窄路——王明道真實故事》。俞路加譯。香港：基道書樓，1990。

中國基督教兩會（三自愛國運動委員會及中國基督教協會）：〈王明道「信仰」析〉（附〈編者的話〉）。《會訊》，1999 年增刊（1999 年 12 月）。

中教：〈王明道生平傳略〉。《中國與教會》，期 86（1991 年 11 月），頁 17。

王文基：〈明證真道的一生——從《又四十年》認識王明道先生〉。《中國與福音》，期 32（1999 年 9 月），頁 28。

王長新：〈《又四十年》是怎樣寫成的〉。《生命季刊》，期 18（2001 年 6 月）。

王長新：《又四十年》。加拿大：福音出版社，1997。

王約瑟：《王明道見證》。香港：中華福音服務社，2000 增訂版。

汪維藩：〈吳耀宗與王明道〉。《天風》，1989 年 9 月號，頁 12 ~ 13。原未經刪改版及作者按語收氏著：《廿載蒼茫：汪維藩文集（1979 ~ 1998）》。香港：基督教中國宗教文化研究社，2011，頁 557 ~ 562。英譯：Wang Weifan. "Wu Yaozong and Wang Mingdao." *Chinese Theological Review* 5 (1989): 44 ~ 48.

林秋香、章冠英：《受傷的勇士——王明道的一世紀》。台北：橄欖文化，2006。

林獻羔：〈我所認識的王明道先生〉。《中國與教會》，期 86（1991 年 11 月），頁 9。

施美玲：《六十三年——與王明道先生窄路同行》。香港：靈石出版社 2001。

袁相忱：〈憶神僕王明道先生〉。《中國與教會》，期 86（1991 年 11 ~ 12 月），頁 11。

馬非比：〈王師母眼中的王明道〉。《中國與教會》，期 86（1991 年 11 月），頁 8。

陳福中編譯：《王明道小傳》。香港：基督徒出版社，2002。

趙中輝：〈王明道憶述第一次進監情形〉。《中國與教會》，期 86（1991 年 11 月），頁5。

趙中輝記錄：〈王明道先生訪問記〉。《信仰與生活》，期156（1988年10～11月），頁53。

趙天恩：〈略述王明道先生對中國教會的貢獻〉。《中國與教會》，期86（1991年11月），頁2。

銘言：〈懷念王伯伯（王明道先生）——並憶述王明道逝世過程〉。《中國與教會》，期86（1991年11月），頁13。

Lyall, Leslie T. *Three of China's Mighty Men*. London: Overseas Missionary Fellowship Books, 1973。中譯：賴恩融著：《中國教會三巨人》。張林滿錢等譯。台北：橄欖基金會，1990。

Jiang, Peifen. "An Appeal to Mr. Wang Mingdao." *Chinese Theological Review* 3（1987）: 57～59.

一　五十年代批判王明道史料（按刊物及出版時序）：

《天風》

天風週刊資料室編：《揭露反革命分子王明道的反動言論》。上海：廣學會，1955。

天風週刊資料室編：《控訴揭發王明道反革命集團》。上海：廣學會，1955。

秦牧：〈「你們和不信的原不相配，不要同負一軛」的正意與曲解〉。《天風》，期453（1955年2月28日），頁6～10。

崔憲詳：〈一定要鞏固和擴大我們的團結〉。《天風》，期464（1955年5月16日），頁2～4。

汪維藩：〈我們雖多，仍是一個身體〉。《天風》，期465（1955年5月23日），頁5、9。

王治心：〈基督徒必須反帝愛國〉。《天風》，期467（1955年6月6日），頁4。

彭善彰：〈「三股合成的繩子，不容易折斷」〉。《天風》，期468（1955年6月13日），頁3。

〈加強團結，明辨是非〉。《天風》，期471～472（1955年7月11日），頁3～5。

〈西安各教會舉行座談會批判王明道破壞三自愛國運動〉。《天風》，期 471 ～ 472（1955 年 7 月 11 日），頁 7。

秦牧：〈反「現代派」呢？反三自愛國運動呢？〉。《天風》，期 473 ～ 474（1955 年 7 月 21 日），頁 8 ～ 12。

丁靈生：〈讀王明道先生「幾個重要的問題」後感想〉。《天風》，期 473 ～ 474（1955 年 7 月 21 日），頁 13。

江文漢：〈我們是為了反帝愛國〉。《天風》，期 473 ～ 474（1955 年 7 月 21 日），頁 14。

汪維藩：〈是為了信仰麼？〉。《天風》，期 473 ～ 474（1955 年 7 月 21 日），頁 15 ～ 16。

孫鵬翕：〈我們是為了愛國！〉。《天風》，期 475 ～ 476（1955 年 8 月 6 日），頁 12 ～ 13。

竺規身：〈我參加了三自愛國運動，我的信仰沒有改變〉。《天風》，期 475 ～ 476（1955 年 8 月 6 日），頁 14。

郁罕：〈王明道先生的「欣喜」與「患痛」〉。《天風》，期 475 ～ 476（1955 年 8 月 6 日），頁 15 ～ 16。

葉保羅：〈忠告王明道先生不要被帝國主義利用了〉。《天風》，期 475 ～ 476（1955

年8月6日），頁17～19。

吾真：〈我讀《靈食季刊》的體會〉。《天風》，期475～476（1955年8月6日），頁20。

〈批判破壞三自愛國運動的錯誤言行，南京三自愛國促進會召開座談會〉。《天風》，期475～476（1955年8月6日），頁21。

〈揭露王明道的反動言行〉。《天風》，期477～478（1955年8月15日），頁5。

本刊資料室：〈從王著《五十年來》看王明道是怎樣的一個人〉。《天風》，期477～478（1955年8月15日），頁6～13。

崔憲祥：〈「信仰」的偽裝騙不了人〉。《天風》，期477～478（1955年8月15日），頁14～15。

〈合肥市同道座談「一定要鞏固和擴大我們的團結」〉。《天風》，期477～478（1955年8月15日），頁15。

丁光訓：〈正告王明道〉。《天風》，期477～478（1955年8月15日），頁16～20。

〈瀋陽市各教會批判王明道的反動言行〉。《天風》，期477～478（1955年8月15日），頁15～22。

〈蘇州同道舉行座談會討論「一定要鞏固和擴大我們的團結」〉。《天風》，期

477～478（1955年8月15日），頁23。

本刊資料室：〈王明道的漢奸論調〉。《天風》，期479（1955年8月22日），頁2～3。

〈天津市基督教舉行座談揭發並批判王明道破壞三自愛國運動的反動言行〉。《天風》，期479（1955年8月22日），頁5～6。

〈全國各地同道紛紛來信一致憤怒聲斥王明道〉。《天風》，期479（1955年8月22日），頁7～9。

〈徹底揭穿王明道的宗教外衣〉。《天風》，期480～481（1955年9月5日），頁2。

本刊資料室：〈王明道的反動政治立場〉。《天風》，期480～481（1955年9月5日），頁3～7。

本刊資料室：〈王明道的洋奴言論〉。《天風》，期480～481（1955年9月5日），頁8～9。

〈堅決與王明道劃清敵我界線〉。《天風》，期480～481（1955年9月5日），頁10～13。

〈各地同道一致聲斥王明道〉。《天風》，期480～481（1955年9月5日），頁15～16。

〈王明道是人民的敵人〉。《天風》，期480～481（1955年9月5日），頁16～17。

〈喪盡天良的王明道〉。《天風》，期 480 ～ 481（1955 年 9 月 5 日），頁 17。

〈不容許一個反革命分子濟過去〉。《天風》，期 480 ～ 481（1955 年 9 月 5 日），頁 17。

〈堅決和王明道反革命集團劃清敵我界限〉。《天風》，期 482 ～ 483（1955 年 9 月 19 日），頁 2。

鄭壁如：〈我對王明道反革命集團的控訴和揭發〉。《天風》，期 482 ～ 483（1955 年 9 月 19 日），頁 3 ～ 8。

〈各地教牧人員舉行座談會紛紛聲討王明道〉。《天風》，期 482 ～ 483（1955 年 9 月 19 日），頁 9 ～ 10。

赫康成：〈我要控訴反革命分子王明道〉。《天風》，期 484（1955 年 9 月 26 日），頁 3 ～ 4。

梁家驤：〈依法制裁王明道〉。《天風》，期 484（1955 年 9 月 26 日），頁 4。

余國梅：〈再不上反革命反子王明道的當了〉。《天風》，期 484（1955 年 9 月 26 日），頁 5。

〈各地同道繼續聲討王明道〉。《天風》，期 484（1955 年 9 月 26 日），頁 17。

〈《揭露反革命分子王明道的反動言論》序言〉。《天風》，期 485（1955 年 10 月 6 日），頁 4 ～ 5。

〈王明道與帝國主義和反動派的關係〉。《天風》，期485（1955年10月6日），頁6～8。

陳崇桂：〈新誡命（第十一條誡命）〉。《天風》，期485（1955年10月6日），頁15～16。

金陵協和神學院學習委員會：〈王明道分子怎樣破壞金陵協和神院〉。《天風》，期486～487（1955年10月17日），頁5～9。

楊紹唐：〈基督徒應當加強學習提高認識〉。《天風》，期486～487（1955年10月17日），頁10。

劉闓生：〈我控訴王明道的反革命罪行〉。《天風》，期486～487（1955年10月17日），頁10。

李奇芬：〈王明道毒害了我〉。《天風》，期486～487（1955年10月17日），頁10～11。

〈廣大同道一致聲討王明道〉。《天風》，期486～487（1955年10月17日），頁33。

〈肅清王明道的反動影響〉。《天風》，期488～489（1955年10月31日），頁2。

〈廣州各教會同道揭露王明道分子林獻羔等反革命罪行〉。《天風》，期488～489（1955年10月31日），頁3～6。

朱維鎔：〈我控訴披著宗教外衣的反革命分子王明道〉。《天風》，期488～489

（1955年10月31日），頁8～9。

〈《控訴揭發王明道反革命集團》的前言〉。《天風》，期490～491（1955年11月14日），頁2～3。

真：〈「但以理小組」與「三不」〉。《天風》，期490～491（1955年11月14日），頁3。

〈各地同道憤怒聲討王明道反革命集團〉。《天風》，期490～491（1955年11月14日），頁4～5。

崔思忠：〈我痛恨王明道〉。《天風》，期490～491（1955年11月14日），頁6～7。

金陵協和神學院學習委員會：〈聖經真理和帝國主義思想絕對不能調和〉。《天風》，期492～493（1955年11月23日），頁2～11。

怡：〈「聖經真理和帝國主義思想絕對不能調和」讀後〉。《天風》，期492～3（1955年11月23日），頁12。

磐石：〈為甚麼會有這樣多的同情?〉。《天風》，期492～493（1955年11月23日），頁13。

陳以諾：〈請看王明道對信徒的毒害〉。《天風》，期492～493（1955年11月23日），頁13～14。

姚民權：〈挽救受毒害的青年〉。《天風》，期492～493（1955年11月23日），頁14。

譚理：〈斥《聖膏》——王明道反革命論調的上海版〉。《天風》，期494～495（1955年12月12日），頁23～27。

鄭永生：〈轉變過來了〉。《天風》，期494～495（1955年12月12日），頁27。

〈王明道害國害教，全國同道憤怒聲討〉。《天風》，期494～495（1955年12月12日），頁28。

王明道：〈我的檢討〉。《天風》，期515（1956年10月17日），頁7～9。

《田家》

〈把王明道的反動面目揭露出來〉。《田家》，1955年16期（8月15日），頁13～15。

〈各地同道紛紛揭發王明道的反動罪行〉。《田家》，1955年20期（10月15日），頁9～11。

〈徹底肅清一切披著宗教外衣的反革命分子！〉。《田家》，1955年21期（11月1日），頁12～17。

〈堅決、徹底、乾淨、全部地肅清一切反革命分子！〉。《田家》，1955年22期（11

月15日），頁6～9。

〈徹底肅清一切披著宗教外衣的反革命分子！〉。《田家》，1955年23期（12月1日），頁6～8。

〈徹底肅清一切披著宗教外衣的反革命分子！〉。《田家》，1955年24期（12月15日），頁8～11。

〈歡迎基督徒會堂負責人王明道改正錯誤〉。《田家》，1956年21期（年11月3日），頁12～14。

其他

徐如雷：〈《靈食季刊》二十九年來為誰服務〉。《金陵協和神學誌》，期4（1955年11月），頁20～28。

金陵協和神學院學習委員會：〈聖經真理和帝國主義思想絕對不能調和〉。《金陵協和神學誌》，期4（1955年11月），頁29～38。

金陵協和神學院學習委員會：〈王明道分子怎樣破壞金陵協和神院！〉。《金陵協和神學誌》，期4（1955年11月），頁38～42。

賈泰祥：〈王明道先生的錯覺〉。《牧聲》，新期 19（1955 年 8 月），頁 3 ～ 4。

基督教復臨安息日會中華總會三自革新籌備委員會擴大會議：〈關於聲討披著宗教外衣的反革命分子王明道的決議〉。《牧聲》，新期 20 ～ 21（1955 年 9 月），頁 3 ～ 4。

〈單樂天牧師發言摘要〉。《牧聲》，新期 20 ～ 21（1955 年 9 月），頁 15 ～ 16。

〈劉常禮牧師發言摘要〉。《牧聲》，新期 20 ～ 21（1955 年 9 月），頁 16 ～ 17。

北京基督教三自愛國運動學習委員會資料室：〈王明道的反革命真面目〉。收《揭開王明道的宗教外衣》。出版地不詳，1955。

黃耀光：〈受王明道毒害最深的我今天明白過來了〉；劉惠玲：〈王明道毒害了我〉；金華平：〈我肯〔終〕於把頭腦冷靜下來的時候，才能認識王明道的反動本質〉。載《聖誕節特刊》。頁 35 ～ 39。北京市基督教三自愛國運動學習委員會主編。北京：該會，1955。

先知成仁，使徒取義，受命傳道，首重剛毅。熟讀《聖經》，洞曉真理，堅貞不屈，頂天立地。

——王明道

王明道（1900～1991）
劉景文（1909～1992）